⑮ 초등수학교육

예비교사와 현직교사를 위한

학교수학과 교구

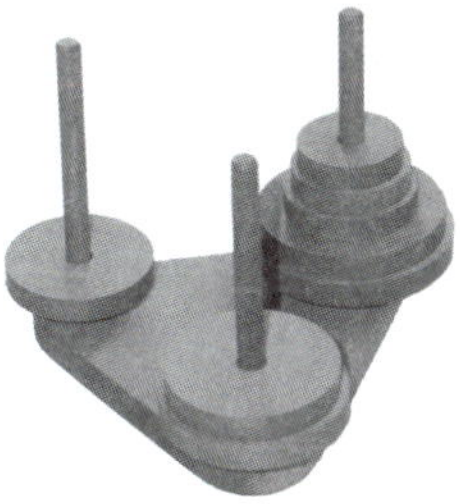

⑮ 초등수학교육

예비교사와 현직교사를 위한

학교수학과 교구

김남희 지음

KM 경문사

머리말

이 책은 수학교육 연구에서 그 교육적 논의가 활발히 이루어졌던 교구들을 소개하고 교구의 이해를 돕는 설명과 그 활용 방법을 정리하여 제시한 것이다. 10여 년 전 중학교 현장에서 학생들을 지도하면서 수학교육학을 공부하던 시절, 저자는 교구의 교육적 활용에 대해 공부하고 여러 편의 논문을 발표한 적이 있다. 그 이후 학교 현장의 수학교사들로부터 수학교육용 교구에 대해 참고할 만한 책을 집필해 달라는 요청을 계속 받아왔다. 그러나 좀 더 자료를 찾고 내용을 보강하여 책을 집필해야 한다는 생각에 책의 출판을 계속 미루고 있었다. 그러던 중, 작년 가을에 어느 지역의 초등교육연구원에서 실시한 수학교육세미나에서 교사들을 대상으로 학교수학과 교구에 대한 특강을 하게 되었다. 그 때 현장 수학교사들과 만나게 되는 자리에서 이 책의 집필을 서둘러야 한다는 결심을 굳히게 되었다. 저자의 입장에서는 다소 부족한 내용이라 하더라도 이제까지 연구된 내용을 정리하여 책으로 묶어내면, 현장 교사들의 교육활동과 연구에는 적지 않은 도움을 줄 수 있게 될 것이라는 확신이 들었기 때문이다. 이런 연유로 하여 1999년~2001년 사이에 저자가 대한수학교육학회지 <학교수학>에 게재한 교구 관련 논문 6편의 내용을 기초로 하여 이 책을 집필하게 되었다.

책의 내용은 크게 세 부분으로 이루어져 있다. 제1장에서는 교수매체, 교육과정, 수학학습, 수학교사 측면에서 교구 활용에 대한 교육적 논의를 한다. 제2장에서는 수학교육용 교구를 탐색한다. 기하판, 딘즈블럭, 퀴즈네어 막대, 탱그램, 대수타일을 예로 하여 각 교구에 대한 설명과 활용방법을 다룬다. 초등 수학의 지도내용에 적합한 내용이 주로 제시되지만 일부 내용은 중학교 수학 혹은 고등학교 수학에서 적용가능한 내용도 있다. 제3장에서는 국내, 국외에서 실행된 수업을 예로 하여 교구를 활용한 교수학습 사례를 살펴본다.

이 책의 집필 과정에서 저자는 현장 수학 교사시절부터 교구에 대해 공부하면서 축적해 왔던 자료들을 재정리하고, 새로운 관점에서 교구를 이해하는 학습의 기회를 가지게 되었다. 개인적으로 배움의 기쁨을 느낀 좋은 기회였을 뿐만 아니라 책의 출판으로 인해 그 동안 현장 교사들의 요청에 부응해야 한다는 연구자로서의 의무가 실천적으로 실행되었다는 기쁨과 보람도 함께 누렸다.

아무쪼록 이 책이 수학 교사들이 교구를 이해하고 활용하는 과정에 도움을 주는 훌륭한 안내서가 될 수 있길 기대한다.

2008. 8.

저자 김남희

차례

Chapter 01 수학교육과 교구

Chapter 02 수학교육용 교구 탐색

Chapter 03 교구를 활용한 교수 · 학습 사례

chapter

01

수학교육과 교구

교구는 수학 교수·학습을 위한 보조도구의 하나이다. 학교수학에서 교구의 사용은 구체적 조작에 의한 탐구 활동을 가능하게 한다. 수학교육용 교구를 여러 가지 측면에서 탐색해 보는 것은 그 교육적 활용 가능성을 높이는 점에서 의의가 있다. 이 장에서는 교수매체로서 교구의 역할, 교구 활용에 관한 우리나라 교육과정의 제안, 수학학습의 관점에서 본 교구, 교구를 사용하고자 하는 수학교사의 자세 등에 대해 살펴보고자 한다.

01 교수매체와 교구

교수매체라는 용어는 다음에서 알 수 있듯이 학생들의 학습 활동을 도와줄 수 있는 제 자료를 통틀어 칭하는 말이다.

> 교수매체란, 교수의 매개체란 뜻으로, 목표로 하는 교수 또는 학습을 성공적으로 실현시키는 데 필요한 매개체로, 모든 종류의 교수 학습 자료를 포함하는 일체의 교육환경을 말한다. 여기서 말하는 교육 환경은 교사의 교수 기술 및 학습 분위기까지도 포함한다. 따라서 종래의 시청각 보조물, 시청각 교재, 시청각 교구 등으로 불리는 것들은 좁은 의미의 교수매체에 해당된다고 보겠다(이영자, 1995; 15).

수학과 교수·학습에서 교수매체의 역할에 대한 선행 연구들은 수학을 가르치는데 있어서 특히 물리적이고 조작적인 자료 사용의 중요성을 강조하고 있다. 물리적이고 조작적인 자료는 다루고자 하는 개념이나 관계를 예시하거나 구성할 수 있도록 해 주므로 학생들은 그러한 자료를 통해서 새로운 개념을 이해하는데 도움을 받을 수 있다. 전평국(1999)은 수학을 지도하는데 있어서 물리적이고 조작적인 자료들이 어떤 역할을 할 수 있는 지에 다음과 같이 제시하고 있다.

- 수학을 행하는 데 있어서, 학생으로 하여금 무엇인가를 생각하도록 하고 무엇인가를 하게 한다. 그것은 탐색적 접근방법을 조장하며 학생이 자료에서 얻은 피드백을 가지고 발전적인 아이디어를 생각해 내도록 촉진한다. 예를 들면, 100을 나타내는 블록 7개, 10을 나타내는 블록 2개, 1을 나타내는 블록 3개를 상자 5개에 어떻게 똑같이 나누어 놓을 수 있을까를 아동에게 생각해 보도록 할 때 그들은 여러 가지 가능한 전략을 가지고 실험을 할 기회를 갖게 된다. 이와 대조적으로 723÷5를 종이위에 세로 나눗셈으로 계산하도록 하는 것은 해답 지향적이라 깊은 사고가 필요 없다. 이 계산에서 아동이 신경을 써서 주의를 기울이는 것은 그 계산을 옳게 마무리하는 것일 뿐

이다. 이 계산의 결과에서 나올 수 있는 오류는 아동들에게 계산 실수에 대한 불안감이나 좌절감만 주는 원인이 될 수 있다.

- 수학적 아이디어를 창조하는데 필요한 사고를 좀 더 수월하게 할 수 있도록 도와준다. 물리적이고 조작적인 자료는 추상적 관계를 나타내고자 할 때, 수학적 모델링을 하기 위한 구체적인 자료로, 추측을 확인하기 위한 수단으로, 설명을 논리적으로 하는데 도움을 주는 자료로 이용될 수 있다.
- 학생들은 주어진 자료를 통해 개념을 반영하고 그것에 의해서 적절한 관계를 구성하는데 도움을 얻을 수 있다. 수학적 개념은 관계이고, 그것의 실체는 물리적으로는 존재하지 않는다. 그러나 물리적이고 조작적인 자료를 적절히 사용함으로써 반영적 사고를 할 수 있고, 다루고자 하는 개념을 모델화할 수 있다.
- 물리적이고 조작적인 자료는 개념과 기호 사이의 연결을 만드는 것을 도와주고 수학적 의사소통 능력을 향상시켜 줄 수 있다. 자료로 수학적 모델을 구성하는 과정에서 학생들은 개념이나 절차를 이해하고 이를 기호로 적절히 나타내는 과정을 배우게 된다.
- 학생의 이해를 평가하는 데 도움이 된다. 최근 수행평가에서 강조하고 있는 중요한 사항 중의 하나는 수업에서 사용했던 접근방법과 활동을 이용하여 학생의 학습을 평가하도록 요구하고 있는 점이다. 만약, 학생의 이해가 물리적이고 조작적인 자료의 사용과 밀접하게 관련되어 있으면, 그들이 평가를 받는 동안에도 그들의 지식을 나타내 보이기 위하여 이 자료들을 사용하게 함으로써 학생의 이해를 평가할 수 있다.
- 자료(또는 모델)를 언어로, 또는 기호로 표현하는 번역 능력을 향상시킬 수 있다. 이러한 능력을 신장시키는 것은 수학적 아이디어를 학습 초기에 획득하여 잘 사용하게 되는데 도움을 준다(전평국, 1999; 23-24).

수학 수업에서 사용가능한 물리적이고 조작적인 자료로는 교구, 사진, 모형물, 계산기, 컴퓨터 수학 프로그램 등의 다양한 것을 생각해 볼 수 있는데, 이중 가장 대표적인 자료가 교구이다. 우리는 위의 제시 내용을 통해 교구가 물리적이고 조작적인 교수매체로서 수학 교수·학습의 과정에서 어떤 역할을 할 수 있는지를 짐작해 볼 수 있다.

한편, Resnick & Ford(1981)는 우리가 수학 교육용 교구를 구조지향적인 수학 교수·학습에 유용하게 활용할 수 있다고 말한다. 그 이유는 첫째, 교구는 학생들의 주의를 집중시키는 특징이 있고 둘째, 수학적 구조를 기호로 표현하지 않고도 교구를 통해 구체화할 수 있기 때문이라는 것이다. 교구를 효과적으로 이용하면 수를 직접 다루지 않거나 기호를 사용하지 않고도 수학에서 다루는 개념이나 원리들을 익힐 수 있다. 물론 학습이 진행되면서 궁극적으로 수학적 내용이 기호와 연결되어 다루어지겠지만. 수학의 내용이 형식적으로 처리되기 이전 단계에서 교구의 사용은 다루고자 하는 개념이나 원리에 대한 이해를 보조하는데 훌륭한 역할을 할 수 있다.

수학 수업에서 교구는 직접적인 조작을 통하여 수학을 행할 수 있도록 도와주는 훌륭한 교수매체로서 이제까지 여러 연구자들이 수학적인 개념이나 절차의 이해를 돕는 다양한 교구들을 개발하고 연구해 왔다. 현재 널리 알려져 있는 교구로는 기하판, 딘즈 블럭, 퀴즈네어 막대, 탱그램, 대수타일, 도미노, 패턴블럭, 소마큐브 등이 있다.

02 교육과정과 교구

우리나라 제7차 수학과 교육과정은 자기 주도적으로 지적 가치를 창조할 수 있는 창의적인 인간상 구현을 위해 제반 고등사고 능력의 신장을 도모하는 '수학적 힘'의 육성에 초점을 두고 있다.

이를 실천하기 위해 교육과정에서 제시하고 있는 여러 가지 구체적 제안 사항 중 하나는 '교수·학습 방법의 다양화'이다. 교수·학습 방법의 다양화는 수학적 개념, 원리, 법칙에 대한 학생들의 이해를 돕기 위하여 다양한 수업 방법을 동원할 필요가 있음을 강조하는 것이다. 특히 이 책의 논의 대상인 교구와 관련된 제안 사항을 주목해 보면 수학 수업에서 학생들에게 구체적 조작활동의 기회를 제공할 것을 적극적으로 권장하고 있음을 알 수 있다. 다음은 제 7차 교육과정의 제시내용이다.

> **구체적 조작활동**과 사고과정을 중시하고, 원리나 법칙을 학생 스스로 발견하고 해결할 수 있는 기회를 제공하여 학생으로 하여금 발견의 즐거움을 맛볼 수 있도록 한다.

그림 1-1 제7차 교육과정: 교수·학습 방법(교육부, 1997; 60)

제7차 교육과정에서는 구체적 조작활동의 기회 제공을 교육과정의 각 영역별 지도 내용과도 관련지어 보다 적극적으로 제안한다. 예를 들면, <그림 1-2>에 제시한 바와 같이 도형 영역의 지도상의 유의점에는 여러 가지 구체적 조작물의 활용을 통해 직관이나 관찰에 의한 수학 학습이 이루어질 수 있도록 유의해야 함을 명시하고 있다.

아. 각 영역의 내용에서는 다음 사항에 유의하여 지도하도록 한다.
…(중략)

(2) 도 형

직관에 의한 관찰이나 **여러 가지 구체적 조작물** 및 적절한 컴퓨터 프로그램을 활용하여 도형의 기초적인 성질을 알고 도형의 아름다움을 찾아볼 수 있도록 배려하며, 추론은 간단한 소재로부터 복합적인 소재로 발전시켜 연역적 추론이 통합적으로 완성되도록 유의한다.

그림 1-2 제7차 교육과정: 학습 지도상의 유의점(교육부, 1997; 61)

한편, 2006년 8월 고시되어 새롭게 개정된 2007년 개정 교육과정에서는 수학 교수·학습 과정에서 교육 기자재의 활용에 대한 제안으로 계산기, 컴퓨터, 교육용 소프트웨어 등의 공학적 도구와 함께 다양한 교구를 확보하여 활용할 것을 강조하고 있는 것이 특징이다. 제7차 교육과정에서는 '구체적 조작물', '구체적 조작 활동'이라는 표현은 사용했지만 '교구'에 대해서는 특별한 언급을 하지 않았다. 그러나 2007년 개정 교육과정에서는 <그림 1-3>에서 제시한 바와 같이 '교구'를 명시적으로 언급하면서 교구의 확보와 그 활용까지도 강조한다. 이에 비추어 볼 때, 학교수학에서 교구를 이용한 수학 수업에 대한 관심이 이전에 비해 한층 높아졌다고 해석해 볼 수 있다.

마. 수학적 개념, 원리, 법칙의 교수·학습에서는 다음 사항에 유의한다.

(1) 생활 주변 현상, 사회 현상, 자연 현상 등의 여러 가지 현상을 학습 소재로 하여 수학적 개념, 원리, 법칙을 도입한다.

(2) **구체적 조작 활동과 탐구 활동**을 통하여 학생 <u>스스로</u> 개념, 원리, 법칙을 발견하게 한다.

…(중략)

차. 수학 교수·학습 과정에서 교육 기자재의 활용은 다음 사항에 유의한다.

(1) 교수·학습의 전 과정을 통하여 적절하고 다양한 교육 기자재를 활용하여 수학 학습의 효과를 높인다.

(2) 계산 능력 배양을 목표로 하지 않는 경우의 복잡한 계산 수행, 수학적 개념·원리·법칙의 이해, 문제해결력 향상 등을 위하여 계산기, 컴퓨터, 교육용 소프트웨어 등의 공학적 도구와 **다양한 교구를 확보하여 활용**할 수 있다.

그림 1-3 2007년 개정 교육과정: 교수·학습 방법(교육인적자원부, 2007; 41-43)

2007년 개정 교육과정에서는 평가에서도 교구의 활용을 언급하고 있는 것을 주목해 볼 수 있다. 교육과정의 '평가' 란에는 수학 학습의 평가에서는 평가하는 학습 내용에 따라 학생에게 계산기, 컴퓨터와 같은 공학적 도구와 다양한 교구를 이용할 수 있는 기회를 제공할 수 있음을 명시하고 있다. 이는, 어떤 교구를 활용하여 수학 수업을 하였다면, 수학 학습의 평가에서도 해당 교구를 이용한 평가 문제를 제시할 수 있고 나아가 비록 수업 시간에 교구를 활용하지 않았다 하더라도, 학습 내용에 대한 이해를 점검하기 위해 교구를 이용한 평가를 시행할 수 있음을 말하는 것이다.

사. 수학 학습의 평가에서는 평가하는 학습 내용에 따라 학생에게 계산기, 컴퓨터와 같은 공학적 도구와 **다양한 교구를 이용할 수 있는 기회를 제공**할 수 있다.

그림 1-4 2007년 개정 교육과정: 평가(교육인적자원부, 2007; 44)

이상에서 살펴본 바와 같이, 현재 우리나라 수학과 교육과정에서는 교구를 교수·학습 방법의 다양화 측면에서, 수업과 평가의 연계성 측면에서 효과적으로 활용할 것을 명시적으로 강조하고 있음을 알 수 있다.

03 수학학습과 교구

교육은 무엇보다도 학생들의 능동적이고 활동적인 학습을 전제로 해야 가능하다. 진정으로 깨닫지 않으면 안되는 학습 원리는 '스스로 행하여야만 이해된다'고 하는 활동적 학습 원리로서 학습하는 최선의 길은 그것을 스스로 발견해 내는 것이며 이는 인류의 오랜 교육적 통찰의 결과이다(우정호, 1998; 35). 활동적 학습 원리는 전통적 학습에서 나타나는 정숙, 침묵, 부동 자세 등에 대한 반론으로 제기된 것으로 신체적 활동을 중시함은 당연하며, 활동을 유발하는 구체적 상황의 구성과 실세계를 경험하도록 돕는 활동 교구의 개발을 강조한다. 학교수학에서 교구 활용에 대한 긍정적 입장은 이러한 활동적 학습 원리에 의해 뒷받침된다.

그러나 활동을 통한 학습에서 활동이라는 '행위'는 교육의 목적이 아니라 수단일 뿐이다. 학습에서는 외적인 행동(활동)을 내적인 개념 형성으로 전환하는 '행동의 내면화'가 중요하다(강문봉 외 12인, 2001; 165-166). 행동의 내면화라는 것은 교육이 요구하는 활동의 본질을 가장 잘 나타낸 것이며, 듀이(Dewey)를 중심으로 하는 20세기 초의 활동주의를 초월하는 가장 기본이 되는 발상 가운데 하나이다(우정호, 2000; 254). 부르너(Bruner)도 그의 'EIS이론'에서 활동의 내면화를 위해서 수학학습은 세 가지 표현 단계를 고려해 진행할 필요가 있음을 강조하였다. 첫 단계에서는 구체적인 행동(concrete actions)에서 출발하고, 둘째 단계에서는 구체적인 행동에 대한 영상적 표현(iconic representations)이 있은 후, 마지막 단계에서 추상적이고 형식적인 기호적 표현(symbolic representations)을 구성해야 한다는 것이다. 이러한 과정을 잘 수행한 후에야 추상적인 기호들 위에서 형식적인 조작들이 의미있게 수행될 수 있다는 것이다.

교구를 활용한 조작활동은 수학적 개념에 대한 심상의 형성에 도움을 준다. 추상적인 수학적 개념을 이해하기 위해서는 그에 앞서 심상의 형성이 선행되어야 한다는 것은 여러 수학교육 이론에서 말하고 있는 공통된 주장이다. 심상이 형성되기 위해서는 적절한 경험이 수반되어야 하는데 교구의 활용은 바로 그러한 경험을 제공해 주는 데 좋은 역할을 할 수 있다. 학교수학에서도 특히 초등수학을 배우는 학생들은 구체물의 도움 없이 독자적으로 추상적인 사고를 하기 어려운 인지수준에 있다. 따라서 수학학습에서 교구 활용에 관한 연구는 초등 수학 분야에서 그 논의가 보다 활발하다.

Robert et al. (1998)의 책 ≪Helping Children Learn Mathematics≫에는 수학학습에 관한 여러 이론들이 시사하는 바를 반영하여 초등 수학에서 수학을 지도하는데 필요한 원리로 다음의 11가지를 제시하고 있다. 이들 원리의 구현은 모두 수학학습에서 교구를 활용하는 것과 직·간접적으로 관련이 있다.

- 원리 1: 학생들이 활동적으로 참여하도록 하라
- 원리 2: 학습은 발달과정이다.
- 원리 3: 선수 학습의 바탕 위에서 시작하라.
- 원리 4: 의사소통은 필수불가결이다.
- 원리 5: 좋은 발문은 학습을 촉진한다.
- 원리 6: 조작적인 활동은 학습을 도와준다.
- 원리 7: 메타인지는 학습에 영향을 미친다.
- 원리 8: 교사의 태도는 대단히 중요하다.
- 원리 9: 불안은 경험으로부터 영향을 받는다.
- 원리 10: 성별 적성은 동등하다
- 원리 11: 기억력은 강화될 수 있다.

수학 수업에서 교구의 활용은 위의 원리들을 구현하는 구체적 방법의 하나가 될 수 있다. 예를 들어, 교구는 학생들의 주의를 집중시키는 특징이 있으므로 교구를 수업에 활용하는 것은 학생들을 활동적으로 참여하도록 하는 원리 1의 구현에 적합하다. 다른 여러 원리들도 교구의 활용과 무관하지 않지만, 위 책에서는 특히 원리 4와 원리 6을 교구의 활용과 직접적으로 관련지어 설명하고 있다. 원리 4는 교구를 활용하면 탐구활동을 하는 가운데 학생과 교사 사이의 상호작용이 활발해질 수 있다는 것을 강조한다. <그림 1-5>의 내용에서 알 수 있듯이 서로 의문을 제기하고 이에 설명을 하면서 수학에 대해 생각하고 이야기하는 분위기가 형성되어 수학학습에 필수적인 의사소통이 자연스럽게 이루어진다는 것이다.

원리 4: 의사소통은 필수불가결이다.

모형, 교구 그리고 실세계의 여러 가지 예는 생각하고 이야기하고 들을 수 있는 많은 기회를 제공한다. 수학학습에서 의사소통의 중요성은 의사소통이 NCTM의 규준 중 모든 학년에서 강조되는 4개 중의 하나라는 사실로도 알 수 있다.

타일로 직사각형을 만드는 활동을 하면서 소수와 합성수를 탐구하는 4학년 수업에서 학생과 학생, 학생과 교사의 상호작용은 활발해진다. 학생이 의문을 제기하고, 설명을 요구하는 것은 수학에 대해 생각하고 이야기하면서 학생들로 하여금 의사소통에 참여하도록 격려하는 분위기의 교실을 만드는 훌륭한 방법이다. 이러한 상호작용은 학생들로 하여금 그들의 생각을 이야기하고, 그들의 사고에 대해 보완하게 되고, 다른 관점으로 들을 수 있는 기회를 갖게 된다. 학생들은 교사로부터만이 아니라 서로에게서 배운다.

그림 1-5 초등 수학 지도 원리 4(Robert et al, 1998/1999; 71)

원리 6은 교구가 완전한 수학적 모델이 될 수는 없지만 그것을 통해 수학적 개념을 구체화하고, 수학적 개념의 이해를 돕는 조작적 활동을 도울 수 있음을 강조한다.

원리 6: 조작적인 활동은 학습을 도와준다.

조작적인 교구과 모델들은 초등학교에서 학생들이 수학을 학습하도록 돕는데 결정적인 역할을 할 것이다. 수학적 사고는 그 속성상 추상적이다. 그래서 그들을 구체화하는 어떤 모델도 불완전하며 한계를 지니고 있다. 모델은 수학은 아니며 기껏해야 수학적 개념을 어느 정도 예시할 뿐이다. 학생들로 하여금 모델로부터 수학을 연계시키고 의미있는 가교를 설정하도록 돕는 것은 하나의 도전이지만 보상이 있는 해 볼 만한 일이다.

그림 1-6 초등 수학 지도 원리 6(Robert et al, 1998/1999; 71)

한편, Robert et al. (1998)은 위의 지도 원리와 관련하여 교사가 교수 활동을 계획하는 데 도움이 되는 유용한 권고를 제시하고 있다. 그 중 대표적인 것이 다음과 같이 수학학습에서 모델이나 교구의 사용을 권장하는 것이다.

문제를 탐구하는데 모델과 교구를 사용하라. 아동이 자신들의 수학적 사고를 구축하는데 도움이 되는 구체적 경험을 제공하라. 상이한 모델을 다양하게 제공하라. 아동에게 교구와 친숙하게 될 충분한 시간을 주어라. 그리고 그들이 모델과 자료를 관련지음으로써 지식을 구성하도록 도와주어라(Robert et al, 1998/1999; 83).

04 수학교사와 교구

수학학습에서 교구의 활용에 대해 긍정적인 입장을 보이는 사람들은 어린 아동의 수학학습에서 수학의 추상적 개념의 구체화는 반드시 필요하기 때문에 적어도 교육의 초기에는 구체적 활동을 위한 교구가 필요하다고 말한다. 학교수학에서 교구를 적절히 활용하면 수학의 추상적인 내용을 구체화하여 수학적 개념, 관계 및 구조에 대한 학생들의 이해를 도와줄 수 있다는 것이다.

기하판, 딘즈블럭 등 현재까지 널리 알려져 사용하고 있는 수학 교구들은 학생들이 직접적인 조작 활동을 통해서 수학에 친근하게 접근하도록 도와주고, 다루고자 하는 개념을 구체화해서 이해하는데 도움을 주는 학습의 보조 도구로 훌륭한 역할을 하고 있다. 하지만 이를 사용하려는 교사는 교구에 대한 충분한 이해를 바탕으로 그것을 수업에 활용해야 한다. 학생, 시간, 방법 등에 따라 여러 교육적 상황이 다양하게 존재하므로 교사는 현재의 수업상황에서 교구의 사용으로 얻을 수 있는 교육적 효과가 무엇인지 혹은 교구의 사용으로 인해 발생될 수 있는 문제점들은 무엇인지를 다양한 시각에서 미리 검토해 볼 필요가 있다. 경우에 따라서는 사용하고자 하는 교구에 대한 비판적 입장의 연구는 없는지 살펴보고, 이미 같은 교구를 사용해 본 교사들의 경험에서는 어떤 논의들이 있었는지를 충분히 알아볼 필요도 있다. 그리고 교구를 수학의 내용 지도에 적절한 범위에서 효과적으로 활용하기 위해 어떤 방법으로 사용하여야 할 것인가를 신중하게 결정해야 한다.

수학 교구가 학습에 효과적으로 활용되었느냐를 결정하는 것은 교구 그 자체의 질이 아니라 그 교구가 어떤 방법으로 사용되었는가 하는 즉, 그 교구를 가지고 학생의 활동이 얼마나 의미있게 전개되었는가 하는데 있을 것이다. 교구를 활용한 수학 수업에서 교사의 역할이 소극적이 되어서도 안 될 것이다. 교구의 활용으로 인해 학생의 활동이 활발해질 수는 있겠지만 교사가 해야 할 몫이 없어지는 것도 아니다. 수학의 어떤 내용을 다루더라도 전통적인 지필 수업에서도 중요하게 고려되는 교사의 역할들은 교구를 활용한 수학 수업 속에서도 여전히 존재하는 것이다.

chapter

02

수학교육용 교구 탐색

수학 교수 · 학습에서 교구를 활용하는 것의 교육적 효과를 극대화하려면 먼저 수학교사가 사용하고자 하는 교구를 충분히 이해하는 것이 필요하다. 이 장에서는 현재까지 외국 뿐만 아니라 우리나라에도 비교적 잘 알려진 수학교육용 교구들 중에서 기하판, 딘즈블럭, 퀴즈네어 막대, 탱그램, 대수타일을 논의의 대상으로 하여, 각 교구를 소개하고 그 특징과 활용사례에 대해 살펴보고자 한다.

01 기하판

가. 기하판이란?

기하판(geoboard)은 <그림 2-1>에 제시한 바와 같이 격자 모양으로 못이 박힌 나무(또는 플라스틱)로 된 판으로서 못에 고무줄을 걸어 여러 가지 도형을 만들 수 있는 구체적 조작물이다. 원모양이 되도록 못을 박은 원형기하판(circular-geoboard)도 있다.

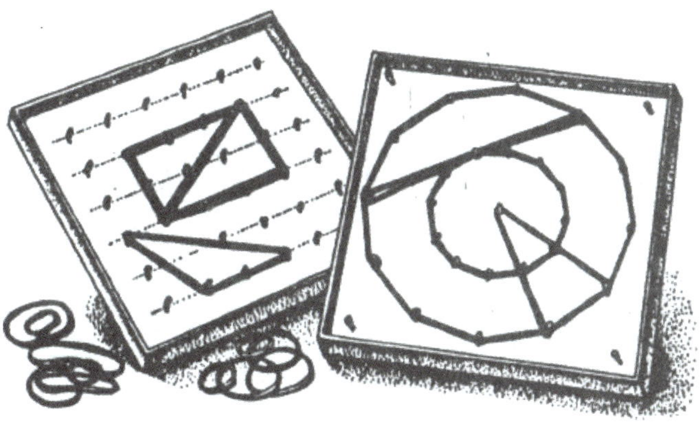

그림 2-1 기하판과 원형기하판

널빤지에 못을 박아 고무줄이나 실을 걸쳐 여러 가지 도형을 구성할 수 있도록 고안된 기하판은 체험 수학을 위한 수학과 교구로서 특히, 학교수학에서 도형을 탐구하는 학습활동에 많이 활용된다. 우리나라에서 상품으로 판매하는 기하판은 플라스틱으로 만든 것이 대부분이며, 교사들이 수업시간에 OHP 위에 놓고 설명을 할 수 있도록 만든 투명한 기하판도 있다.

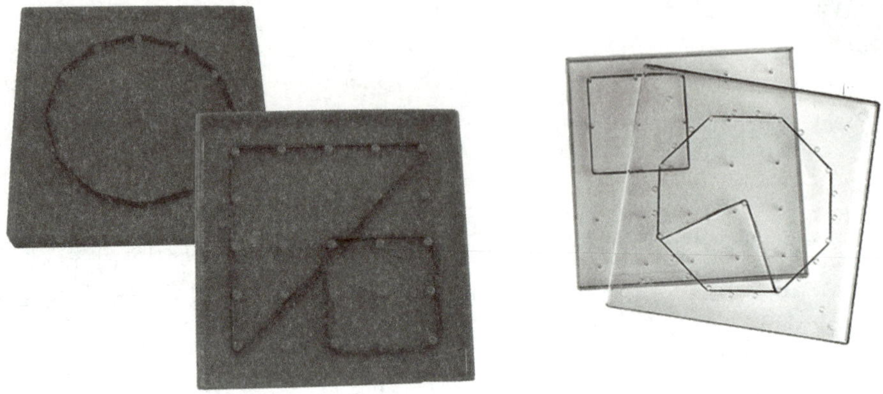

그림 2-2 플라스틱으로 된 기하판(오른쪽; 투명 기하판)

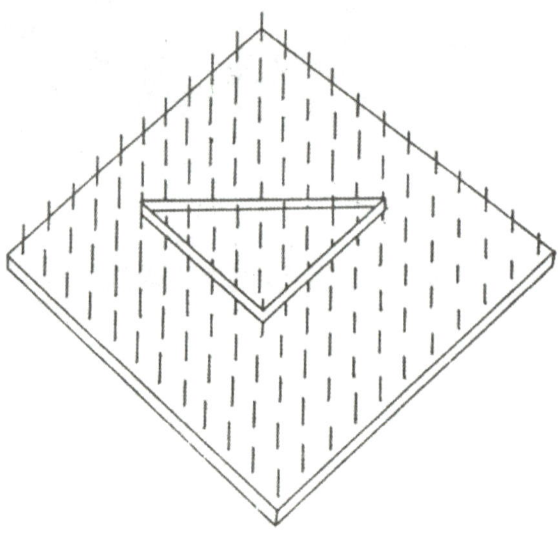

그림 2-3 페그보드의 예(Copeland, 1970; 278)

영어로 지오보드(geoboard) 또는 페그보드(pegboard: '못박이 판'이라는 의미)로 칭하는 기하판은 <그림 2-3>과 같이 고무줄을 못에 꼭 맞게 걸면 여러 가지 모양이나 기본 도형을 만들 수 있다. 기하판 위에 도형을 구성하면서 둘레나 면적 등을 탐구할 수도 있다.

기하판과 고무줄이 준비되지 않았을 경우에는 학생들에게 격자로 점이 찍혀있는 종이를 주고 펜으로 점과 점을 연결하도록 하면 기하판 위에서의 활동과 동일한 활동을 지도할 수도 있다. 격자로 점이 찍혀있는 종이는 점판이라고 부른다(부록의 종이모형 참고). 점이 찍힌 종이가 아니라도 기하판을 보통 점판으로 칭하는 경우도 있다(강완, 백석윤, 1998; 227). 다음은 우리나라 초등학교 수학 교과서에서 도형 지도 내용에 점판을 활용한 사례이다.

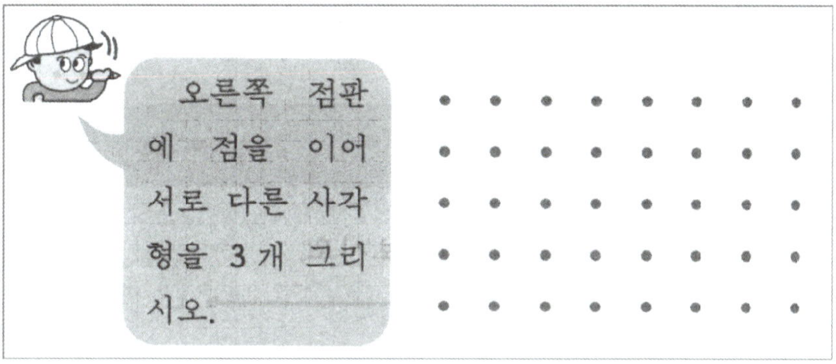

그림 2-4 초등 2학년 수학 : 점판을 이용하여 사각형 그리기(교육인적자원부, 2000; 32)

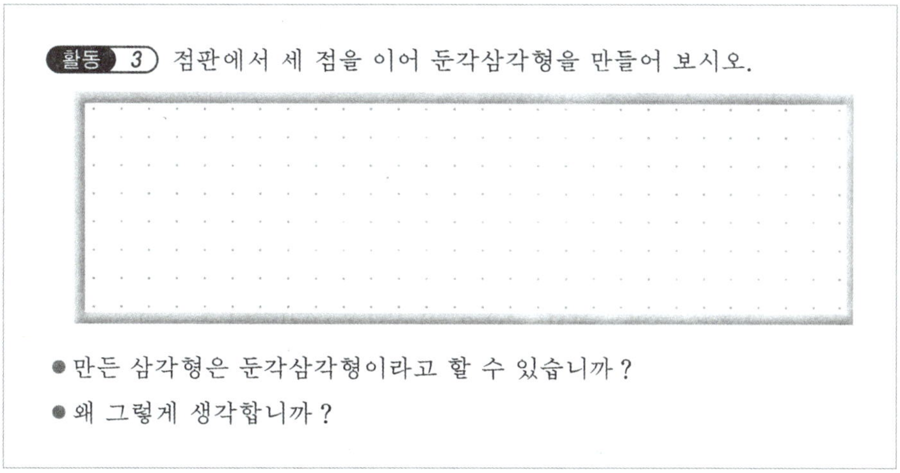

그림 2-5 초등 4학년 수학 : 점판을 이용하여 둔각삼각형 그리기(교육인적자원부, 2001; 59)

다음은 외국 교재에서 제시한 점판(기하판) 활용 사례이다. 점판 위에 단순히 도형을 만드는 단계에서 나아가 주어진 변의 길이에 대한 조건에 맞는 도형을 구성하는 좀더 발전된 학습 활동을 제시하고 있다.

변을 그려라

▶ 다음 도형을 만들기 위해 점판을 사용하여라.

1. 변이 4개이고 그 중 두 변의 길이가 같은 도형을 만들 수 있는가?
2. 변이 12개이고 모든 변의 길이가 같은 도형을 만들 수 있는가?
3. 변이 3개이고 모든 변의 길이가 같은 도형을 만들 수 있는가?
4. 변이 8개이고 그 중 네 변의 길이가 같고, 다른 네 변의 길이가 서로 같은 도형을 만들 수 있는가?
5. 변이 5개이고, 그 중 네 변의 길이가 같은 도형을 만들 수 있는가?
6. 두 쌍의 변의 길이가 각각 같은 도형 중 평행사변형이 아니면서 네 변을 갖는 도형을 만들 수 있는가?
7. 변이 세 개이고 그 중 두 변의 길이가 같은 도형을 만들 수 있는가?
8. 변이 7개이고, 변의 길이가 모두 다른 도형을 만들 수 있는가?

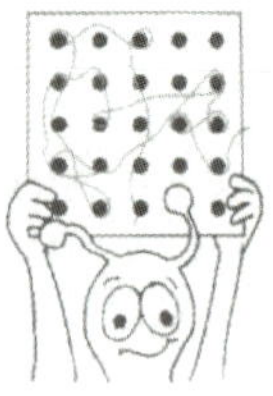

그림 2-6 점판(기하판) 활용 문제(Robert et al, 1998/1999; 466)

나. 기하판과 수학교육

1) 추상화 이전의 구체화 활동

피아제(Piaget)는 그의 발생적 인식론에 근거하여 수학학습의 지도는 구체적인 내용에서 추상적인 내용으로 나아가야 한다고 하였다. 피아제에 의하면, 학생들이 약 12~13세가 되어야 형식적 조작기에 들어가기 시작한다. 그러므로 중학교에 들어가기 이전의 학생들에게는 형식적이고 추상적인 수학학습을 지도하기 보다는 구체물을 이용하거나 실제적인 장면을 통한 학습을 제공할 필요가 있다.

특히, 기하의 학습은 수학적 개념이 추상화되는 근원인 실제 세계를 여러 가지 방식으로 관찰하면서 시작되어야 한다. 학생들이 기하의 아이디어들을 탐구할 때에는 물리적인 모델을 사용하는 것이 바람직하며 교사는 구체적 조작물을 가지고 잘 고안된 학습 활동을 안내해야 한다. 어떤 수학교육자들은 학생들이 촉각, 청각,

시각적인 교수양식 중에서 특히 손으로 조작하는 활동들에 더 잘 반응한다고 주장한다. 아울러 초등수준의 기하학습에서는 기하판이나 아래 그림과 같은 거울(mirror)등을 적극적으로 사용하여 수학적 개념을 구체화하는 활동의 기회를 많이 제공해 줄 것을 권장하고 있다(Geddes & Fortunato, 1993; 216-217).

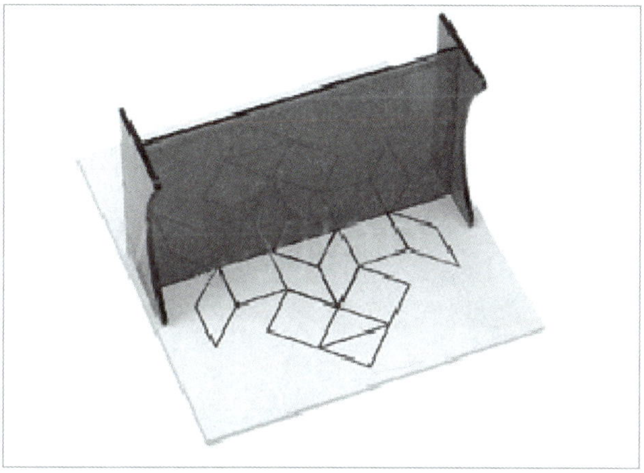

그림 2-7 도형 학습용 거울

2) 구성적 사고의 발달

'구성(Constructing)'에는 다양한 의미가 있다. 특히 유클리드 기하에서 구성(Constructing; 작도)은 눈금 없는 자와 컴퍼스만을 가지고 도형을 그리는 것을 뜻한다.

초등수준에서 할 수 있는 자연스러운 의미의 '구성'은 특별한 조건 아래에서 어떤 모양이나 도형을 결합하거나 만드는 것이다. 이러한 학습의 시작단계에서는 블럭과 같은 구체적 조작물로 활동을 하고 이후 단계에서는 정신적으로 그 활동을 재구성하는 과정이 진행된다(대한수학교육학회, 2000; 146). 수학교육학자 딘즈(Dienes)는 아동은 분석적 사고를 하기 이전에 구성적 사고를 발달시키므로, 아동에게 제시하는 수학적 상황은 분석보다는 구성을 요구하는 것이 우선되어야 한다고 주장하였다. 그의 주장은 수학학습 원리인 '구성의 원리'로 설명된다. 아동은 논리적 판단을 할 준비가 되어 있지 않더라도 여러가지 수학적 개념을 잘 구성할 수 있으며, 구성한 것에 대한 논리 분석적 탐구는 자연스럽게 몇 년 후에 나타나게 된다(황혜정 외 5인, 2001: 175).

초등수준의 학생들 뿐만 아니라, 형식적 조작기에 있는 고등학교 학생들에게도 분석 이전에 구성이 선행되면 수학학습의 효과가 높아질 수 있다. 예를 들어, <표 2-1>과 같이 원뿔곡선에 대한 분석을 하기 이전에 <그림 2-8>, <그림 2-9>처럼 도형의 절단이나, 그리기 조작으로 원뿔곡선을 구성해 보는 활동을 하고 나면 원뿔곡선에 대한 정의를 이해하거나, 원뿔곡선을 해석기하적으로 접근하는 과정에 대한 이해가 더 수월하게 이루어질 수 있다.

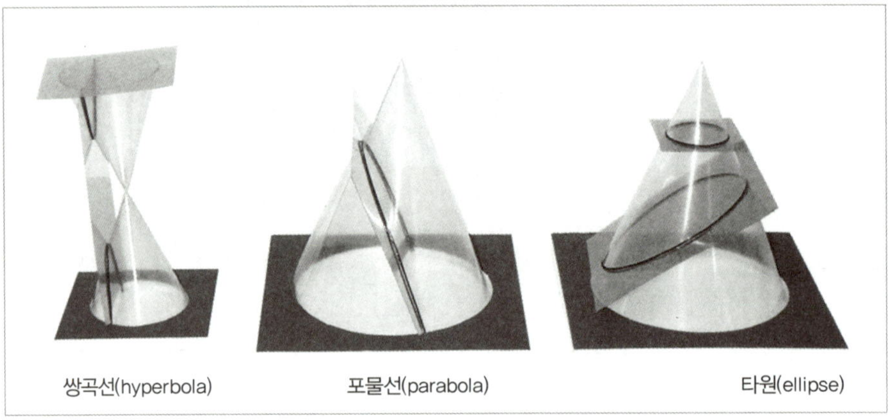

그림 2-8 원뿔의 절단에 의한 원뿔곡선의 구성

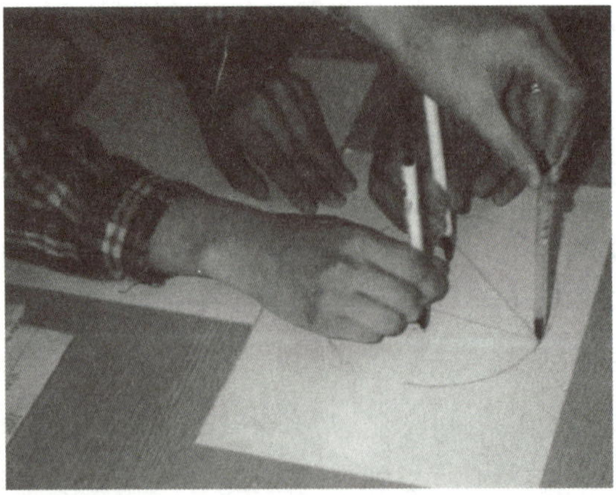

그림 2-9 그리기 조작에 의한 타원의 구성

표 2-1 원뿔곡선의 정의와 방정식

	원뿔곡선	이차곡선	
		정의	방정식
원	원뿔을 밑면과 평행하게 절단했을 때 얻어지는 곡선	한 정점으로부터 일정한 거리에 있는 점들의 집합	한 정점 $C(a, b)$를 중심으로 하고 반지름의 길이가 r인 원의 방정식은 $(x-a)^2+(y-b)^2=r^2$
포물선	원뿔을 모선과 평행하게 절단했을 때 얻어지는 곡선	한 정점(초점)과 한 직선(준선)으로부터 거리가 일정한 점들의 집합	초점이 $F(p, 0)$, 준선이 $x=-p$인 포물선의 방정식은 $y^2=4px\,(p\neq 0)$
타원	원뿔의 절단면과 밑면이 이루는 각이 0°보다 크면서 밑면과 모선이 이루는 각보다 작도록 절단했을 때 얻어지는 곡선	두 정점으로부터 거리의 합이 일정한 점들의 집합	두 정점 $F(c, 0)$, $F'(-c, 0)$에서 거리의 합이 $2a$인 타원의 방정식은 $\frac{x^2}{a^2}+\frac{y^2}{b^2}=1$ (단 $a>b>0$, $c^2=a^2-b^2$)
쌍곡선	원뿔의 절단면과 밑면이 이루는 각이 밑면과 모선이 이루는 각보다 크도록 절단했을 때 얻어지는 곡선	두 정점으로부터 거리의 차가 일정한 점들의 집합	두 정점 $F(c, 0)$, $F'(-c, 0)$에서의 거리의 차가 $2a$인 쌍곡선의 방정식은 $\frac{x^2}{a^2}-\frac{y^2}{b^2}=1$ (단 $c>a>0$, $b^2=c^2-a^2$)

'원뿔곡선'은 원, 타원, 포물선, 쌍곡선이 모두 원뿔의 절단을 통해 얻어질 수 있다는 직관적 측면에서 비롯된 용어이다. 현행 교육과정과 교과서는 원, 타원, 포물선, 쌍곡선을 나타내는 방정식이 모두 이차식으로 표현된다는 대수적 측면에 초점을 맞추어 이차곡선이라는 용어를 사용하고 있다. 수학교과서에서는 각 이차곡선의 방정식을 토대로 이차곡선의 다양한 성질을 탐구하는 내용 및 이차곡선과 직선의 관계를 다루는 해석기하학적 접근을 지도 한다.

기하판은 여러 가지 다른 구체적 조작물들과 함께 딘즈가 말하는 '구성의 원리' 구현에 적합하게 활용할 수 있는 수학학습 도구이다. 김용태 외 3인(1998)도 기하판은 도형의 구성, 도형의 관찰, 도형의 면적과 둘레의 측정 등의 학습에 사용될 수 있는 훌륭한 수학 교구로서 자와 컴퍼스를 이용하지 않고도 초등수준에서 기하개념 지도할 수 있는 구체적 조작물이라 하였다.

3) 현실적 수학교육과 기하

네델란드의 수학자 프로이덴탈(Freudenthal)을 중심으로 창시된 현실적 수학교육(RME; Realistic Mathematics Education)에서는 학교수학교육과정에서 기하교육에 포함해야 할 주요 항목들로 다음을 제시한다.

보기와 투영하기(Sighting and projecting)
방향 정하기와 위치 정하기(Orienting and locating)
공간추론(Spatial reasoning)
변환(Transforming)
그리기와 구성하기(Drawing and constructing)
측정하기와 계산하기(Measuring and calculating)

현실적 수학교육 이론이 반영된 네덜란드의 수학교재를 살펴보면, 다양한 기하 문제 상황에서 위에 제시된 주요 항목들을 염두에 둔 학습 내용들이 구체적 조작물의 사용과 함께 제시되어 있음을 확인할 수 있다.

현실적 수학교육은 기하 학습의 초기 수준에서는 아동의 현실에서 출발할 것을 강조한다. 예를 들어, 주변 사물, 블럭, 수직선, 자 등의 여러 가지 구체적 자료를 활용하여 아동이 구체적인 실체를 통해 문제들을 시각화하여 다룰 수 있도록 안내할 것을 제안한다.

기하문제는 동기를 유발하는데 유용하다. 기하문제를 해결하기 위해서는 직관, 착오, 그리기, 추론 등을 혼합하여 활용하여야 하는 바, 알고리즘만으로는 기하문제를 해결할 수 없다. 또한 문제를 해결하기 위한 추론은 항상 시각적 보조도구의 뒷받침을 필요로 한다(대한수학교육학회, 2000; 131-154).

현실적 수학교육에서 기하는 종이와 연필만을 가지고 하는 학습이 아니다. 또한 교사가 내용만 설명하고 학생은 교사가 설명하는 것을 모방하는 방식으로 학습을 하는 것도 아니다. 현실적 수학교육에서 기하의 교수·학습 과정은 구체적 조작에 의한 탐구, 실험, 논의, 반성의 과정과 함께 이루어진다(대한수학교육학회, 2000; 150).

현실적 수학교육의 관점에서 볼 때 기하판은 시각적으로 보고, 만지고, 조작할 수 있는 아동의 현실에서 출발하여 기하 학습에 대한 동기를 유발하고 수학의 개념이해나 문제 해결에 이르도록 안내할 수 있는 유용한 학습 보조도구이다.

4) 기하적 사고와 수학화

심상을 수반하는 시각적 기호를 구사하는 기하적 사고는 수학의 학습과 연구에 없어서는 안 되는 자산이다. 프로이덴탈(1973)은 기하적 사고를 개발하기 위한 진정한 방식은 학생들에게 기하와 관련된 활동을 경험하도록 하는 것이라고 하면서 기하의 학습은 공간에 대한 경험을 조직화하는 수학화 활동이어야 함을 강조하였다.

수학화란 수학을 수학 내적, 외적인 현상을 통해 더 높은 수준의 본질로 창안해 나가는 과정을 말한다. 기하학은 공간을 수학화하는 것이다. 여기서 공간적인 형태를 도형으로 파악하는 것은 공간을 수학화하는 것이며, 평행사변형의 여러 가지 성질을 정리하여 평행사변형을 정의하는 것은 평행사변형의 개념을 수학화하는 것이다. 평행사변형의 여러 가지 성질을 논리적 관계에 따라 구조화하는 것도 수학화이다.

프로이덴탈은 기하가 기성의 논리체계로서 학생들에게 부과할 것이 아니라 공간내의 현상을 수학적으로 조직화하는 것으로부터 시작해야 한다고 주장하였다. 학생이 도형을 기하의 내용으로 파악하게 되면 그는 다양한 조직화를 시작할 수 있게 된다. 일단 많은 평행사변형을 관찰한 학생은 평행사변형이 무엇인가를 파악할 수 있을 것이다. 그러나 통상적인 지도과정에서 교사가 평행사변형의 형식적인 정의를 전달하는 것은 학생에게 의미를 주기 어렵다. 수학화되어 있는 지식의 기록을 그대로 해설하는 것은 영원한 교육적인 어리석음이다. 활동으로서 수학이 학습자에게 교육되어야 한다(우정호, 1998; 308-309).

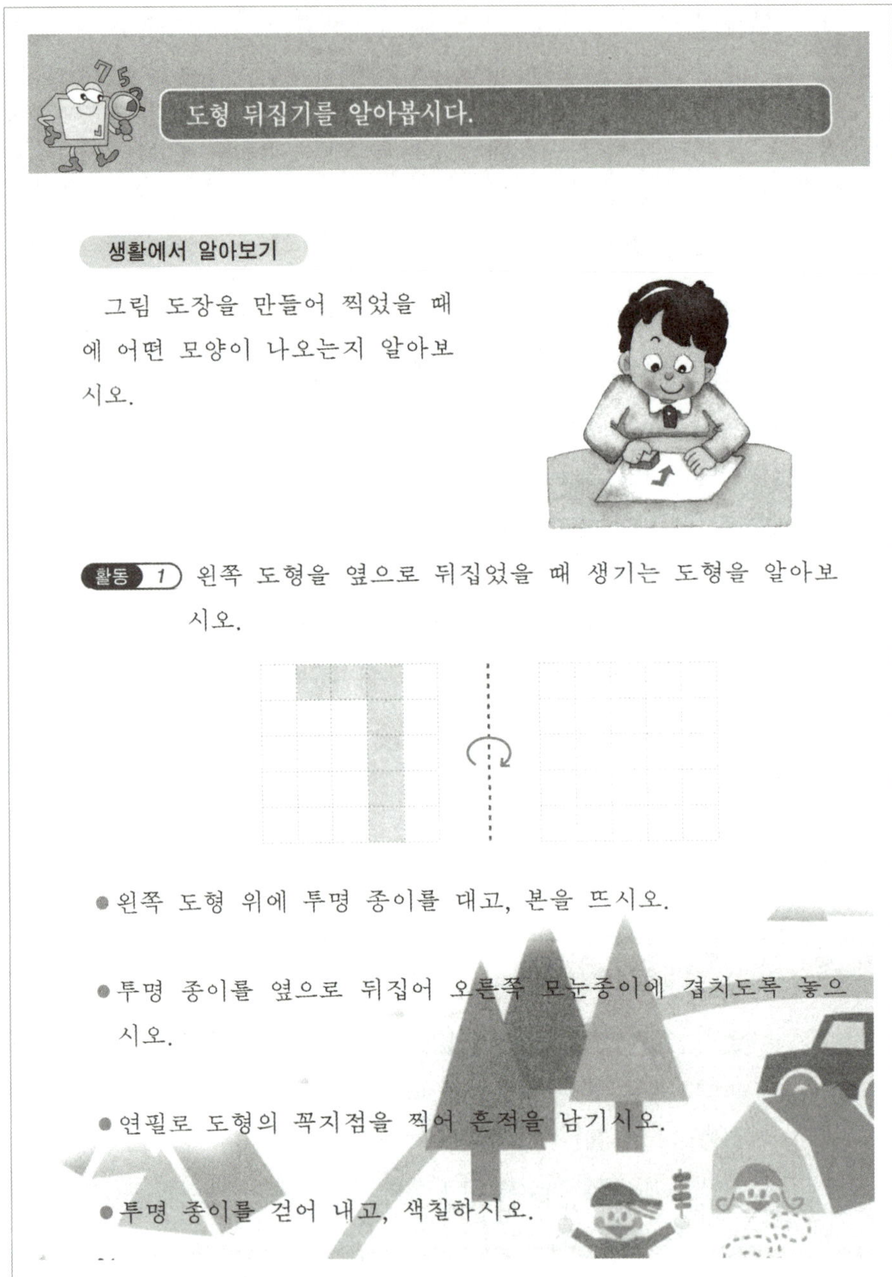

도형 뒤집기를 알아봅시다.

생활에서 알아보기

그림 도장을 만들어 찍었을 때에 어떤 모양이 나오는지 알아보시오.

활동 1 왼쪽 도형을 옆으로 뒤집었을 때 생기는 도형을 알아보시오.

- 왼쪽 도형 위에 투명 종이를 대고, 본을 뜨시오.
- 투명 종이를 옆으로 뒤집어 오른쪽 모눈종이에 겹치도록 놓으시오.
- 연필로 도형의 꼭지점을 찍어 흔적을 남기시오.
- 투명 종이를 걷어 내고, 색칠하시오.

그림 2-10 초등 3학년 수학: 선대칭 개념을 구체화 한 도형 뒤집기(교육인적자원부, 2001, 64)

프로이덴탈의 수학화 이론에 의하면 학생들의 기하적 사고를 개발하기 위해서는 먼저 학생의 현실 속에서 기하와 관련된 활동을 통해 수학적 개념을 도입하고 논의해야 한다. 간단한 예로 기하의 '선대칭'의 개념을 지도한다면, <그림 2-10>과 같이 선대칭 도형을 생활 속의 예를 통해 실질적인 의미로 취급하고 <그림 2-11>과 같이 선대칭도형의 이미지를 다룰 수 있게 한 후, 선대칭도형에 대한 형식적인 뜻을 지도하는 것이 바람직할 것이다.

2. 오른쪽 도형을 거울에 비춰보면 어떤 모양일지 그려 보아라.

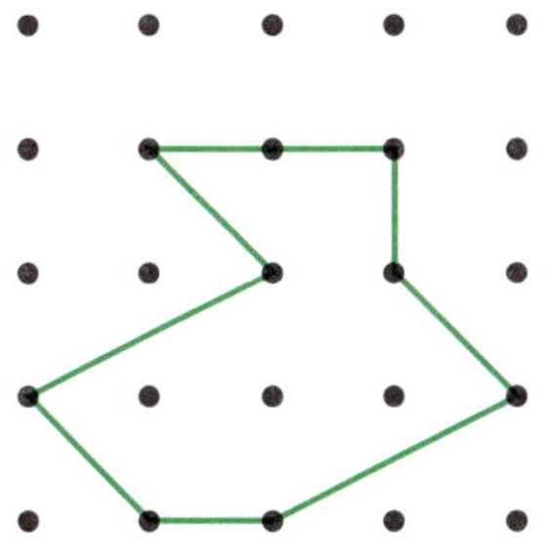

그림 2-11 기하판을 이용한 도형 뒤집기 활동(수학사랑, 2000: 72)

기하판을 활용하면 도형을 표현하고, 도형을 정의하고, 도형 사이의 관계를 탐구하는 학습 활동을 안내할 수 있다. <그림 2-12>는 우리나라 수학교과서에서 기하판의 아이디어를 모눈종이 위에서 구현한 예이다. 교과서에서는 도형의 구분, 도형의 구성, 도형의 시각화, 도형의 특성을 탐구하는 여러 가지 학습활동을 제공한다. 이러한 학습활동을 통해 많은 종류의 직사각형, 정사각형을 구성하고 관찰한 학생들은 통상적인 지도과정에서 도형의 형식적인 의미만을 다룬 학생들보다 도형의 정의, 도형 사이의 관계 등을 더 잘 파악하고 이해하게 된다.

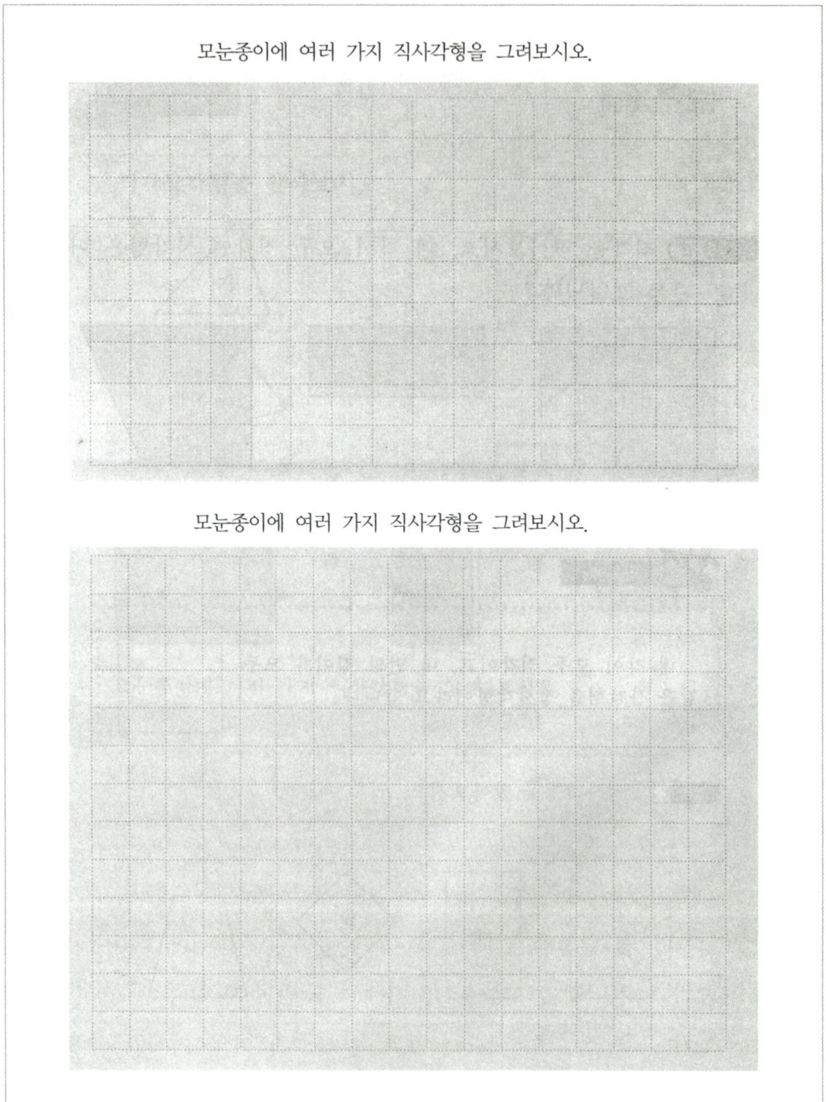

그림 2-12 초등 3학년 수학: 기하판 활동과 유사한 모눈종이 위에서의 활동(교육인적자원부, 20

<그림 2-13>은 학생들이 기하판 위에 합동이 되지 않는 다양한 사각형을 구성한 활동이다. 사각형의 구성 활동에서 더 나아가 오목사각형과 볼록사각형을 분류하는 활동을 지도할 수도 있다. 기하판 위에서 다각형을 구성하고 이들을 적절한 기준에 의해 분류하는 활동을 하는 것은 도형 사이의 포함관계를 파악하는 의미 있

는 학습 활동이 될 수 있다. 학생들은 다양한 사각형의 기본적인 특성을 탐구하고, 시각화를 통해 합동이 되지 않은 도형의 모양을 관찰할 수 있다. 오목과 볼록의 의미, 특히 사각형 중에서 어떠한 특성을 같은 것들을 마름모, 평행사변형, 정사각형, 직사각형 등으로 부르게 되는지를 생각해보게 하는 것도 좋은 학습이 될 수 있다.

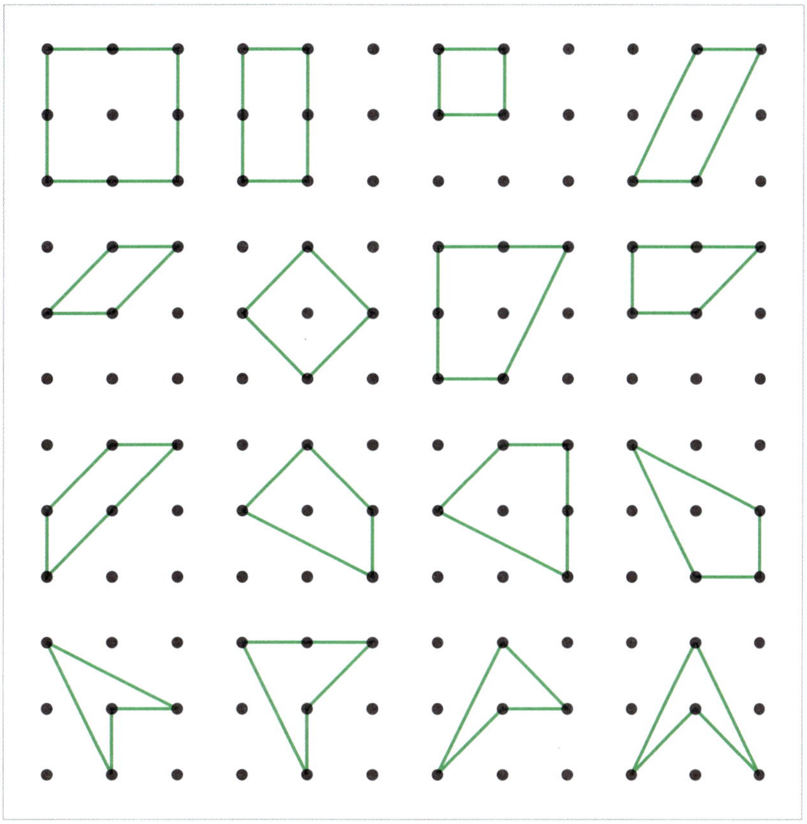

그림 2-13 사각형의 구성 및 분류

다. 기하판의 활용

수학교사는 기하판을 활용해서 도형 영역의 학습내용을 구체화하거나 도형과 관련된 수학적 개념을 다루는 탐구활동을 제공할 수 있다. 뿐만 아니라 학교수학에서 다루는 도형 영역 이외의 지도 영역에도 기하판을 활용한 학습 활동을 계획해 볼 수 있다.

1) 도형의 구성 및 탐구

도형 학습에서 학생들은 도형을 그리고, 분류하고, 설명할 수 있어야 한다. 기하판을 이용하여 도형을 시각화하고 도형과 관련된 여러 가지 탐구활동을 제공해 보자.

① 도형 사이의 관계

학생들은 다양한 모양의 도형을 구성해 보면서 그 도형이 갖는 기본적인 특성을 탐구할 수 있다. 학교수학에서 다루는 마름모, 평행사변형, 정사각형, 직사각형, 사다리꼴 등의 개념을 기하판 위에서 다루어 보면서 이 도형들 사이의 관계를 탐구할 수 있다.

[문제 1]은 주어진 도형으로 지정한 도형을 만드는 것이다. 원래 도형인 직사각형으로 평행사변형이나 마름모를 구성하면서 직사각형과 평행사변형, 직사각형과 마름모 사이의 관계를 탐구할 수 있다.

문제 1

기하판 위에서 직사각형으로 평행사변형과 마름모를 만들어 보아라.

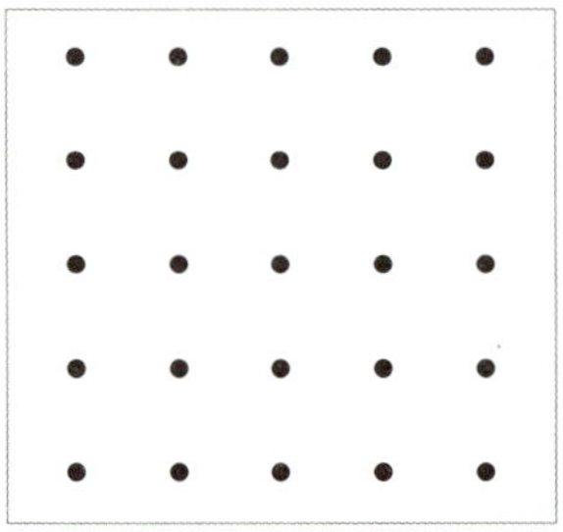

[문제 2]는 주어진 조건에 맞는 도형을 구성하는 것이다. 도형을 이루는 요소인 각과 변을 염두해 두고 도형의 넓이를 고려하는 탐구활동이다. 도형을 구성하는 문제지만 넓이를 고려해야 하므로 측정 영역과 연결된 문제이기도 하다.

문제 2

다음 설명에 해당하는 도형을 기하판 위에 구성해 보자.

> 나는 한 개의 직각과 두 개의 예각을 가지고 있으며 네 개의 변으로 되어있습니다.
> 나의 넓이는 3이고 내부에는 점이 없습니다.
> 나를 그려 보세요.

(해답)

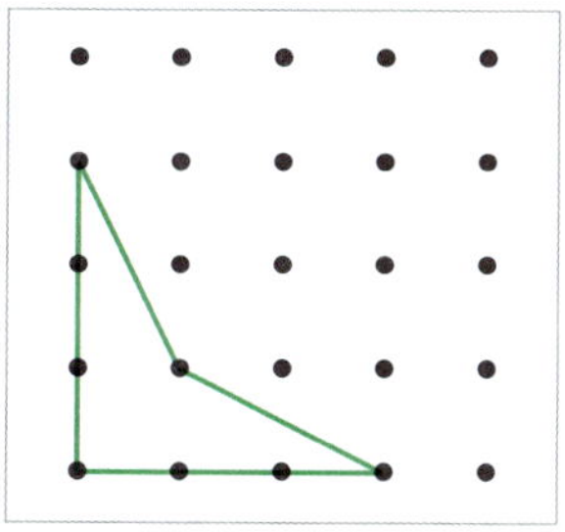

---

② **도형의 닮음, 합동, 대칭**

[문제 3]에서는 닮은 도형을 만들고, 변의 길이와 넓이를 비교함으로써 서로 닮음인 도형 사이에 어떤 관계가 있는지를 탐구하는 것이다.

[문제 4]는 합동 개념을 묻는 문제이다. 합동인 도형은 도형의 위치에 무관함을 인식할 수 있다. 나아가 기하판 위의 격자점을 활용하면 좌표를 이용해서 도형의 합동을 설명할 수도 있다.

문제 3

주어진 삼각형과 닮은 삼각형을 두 개만 더 구성하여 각 변의 길이와 넓이를 비교하라.

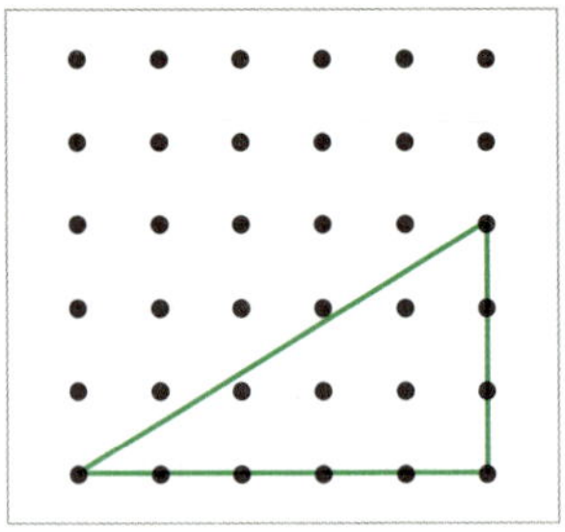

문제 4

기하판 위에 주어진 두 도형이 합동임을 설명하라.

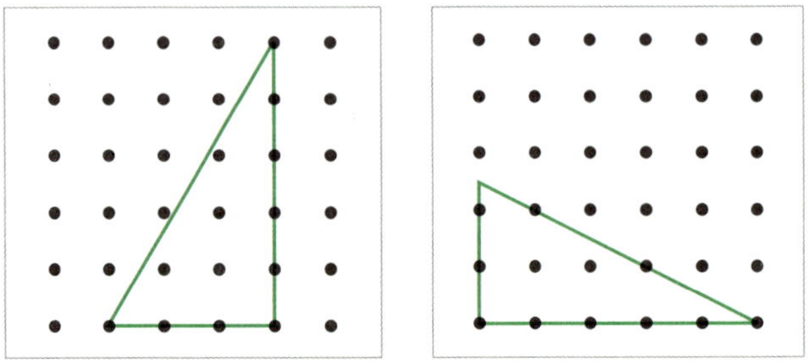

[문제 5]는 기하판 위에서 선대칭 도형의 이미지를 다룬 것이다(수학사랑, 1999; 61). 선대칭 도형을 구성하면서 선대칭의 의미를 생각하고 이를 구체화해보는 기회를 갖게 된다.

문제 5

기하판을 이용하여 선대칭 도형을 그려보자.

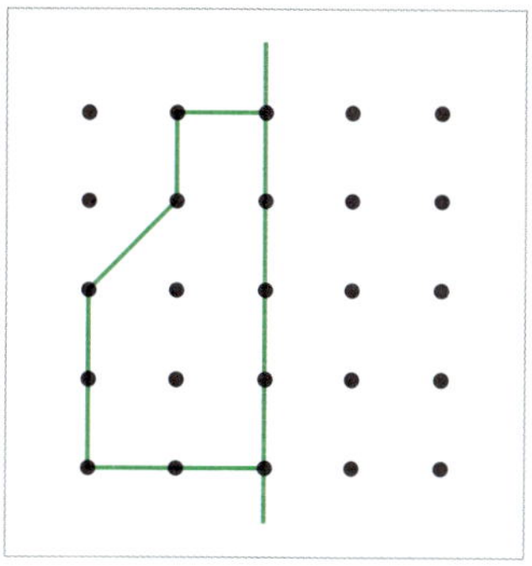

③ **원과 각**

원형기하판을 사용하면 원과 관련된 개념을 지도하는데에도 도움을 얻을 수 있다.

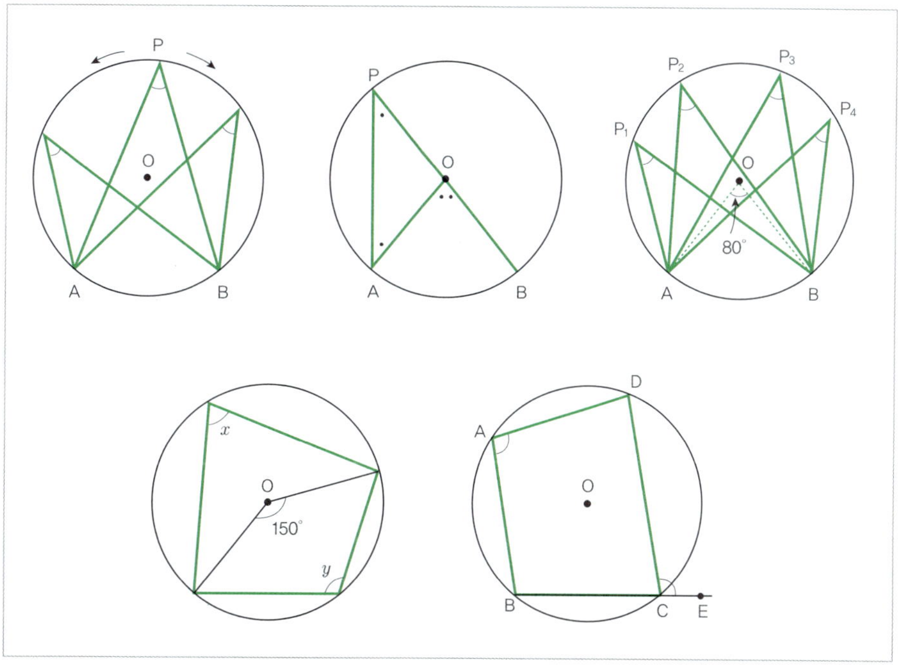

그림 2-14 중학교 3학년 수학 : '원과 각' 학습 관련

다음은 원형기하판을 이용해 중학교 3학년 수학에서 다루는 '원과 각'의 학습 내용을 구체화한 활동 그림이다.

원주각과 중심각의 크기 사이의 관계를 탐구하는 경우, 한 호에 대한 원주각의 크기가 모두 같음을 학습할 때, 원에 내접하는 사각형이 갖는 성질을 탐구하는 경우 등에 그 내용에 대한 귀납적 추측을 유도하는 구체적 조작 활동으로 원형기하판을 활용할 수 있다.

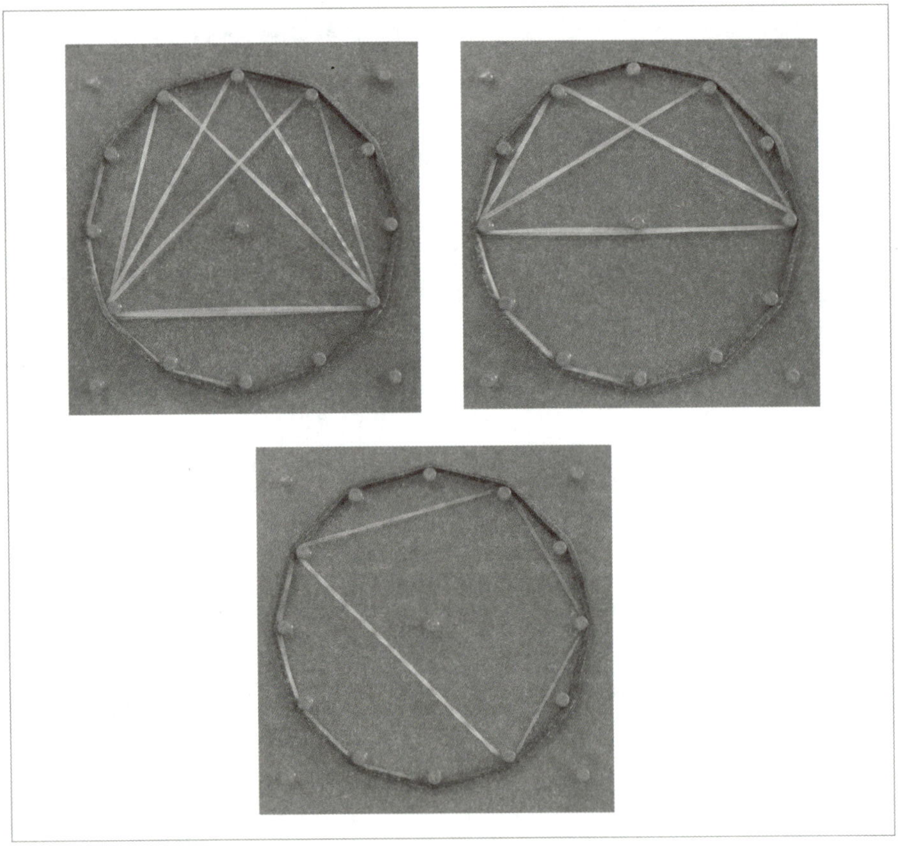

그림 2-15 원과 관련된 기하 개념의 구체화(원형 기하판 사용)

2) 도형의 측정

도형 영역은 제시하는 문제 상황에 따라 측정 영역과도 연결할 수 있다. 기하판을 이용하여 도형의 아이디어를 측정과 관련지어 다루어 보자.

① **도형의 넓이**

초등수준에서 선분으로 이루어진 복잡한 도형의 넓이를 구하는 문제를 해결하기 위해서는 서로 다른 두 가지 방법으로 접근해 볼 수 있다. 도형의 넓이를 구하는 첫 번째 접근 방법은 도형을 에워싸고 있는 큰 직사각형의 넓이를 구하여 그것에서 그려진 도형에 속하지 않는 부분의 넓이를 빼는 것이다. 도형의 넓이를 구하는 두 번째 접근 방법은 도형을 작은 영역으로 분할하여 분할된 각 영역의 넓이를 구해 합하는 것이다.

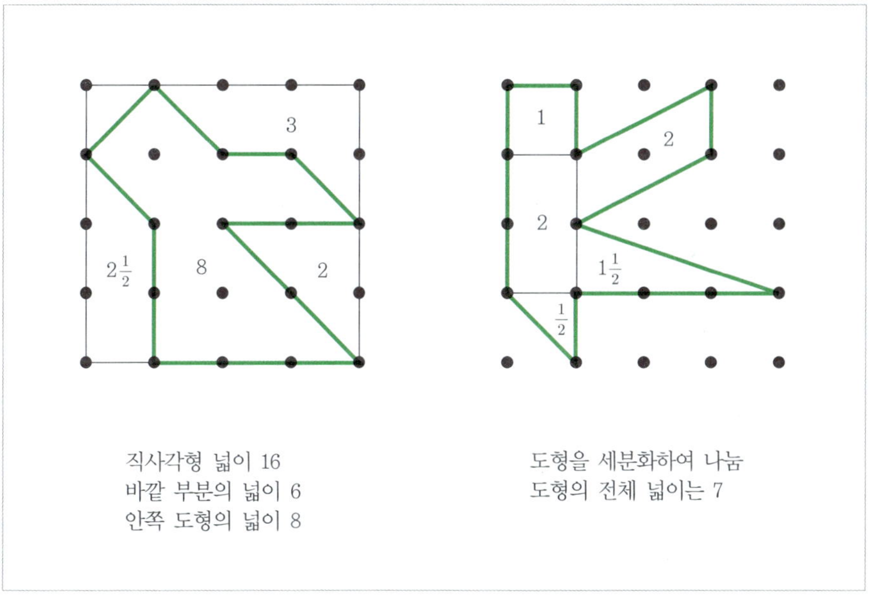

그림 2-16 도형의 넓이 구하기

<그림 2-16>과 같이 주어진 도형의 모양이 불규칙할 때, 그 넓이를 구하기 위해서는 폴리아(polya)가 문제해결 계획의 작성 단계에서 제시하는 다음과 같은 발문이 유용하다. 즉, '문제를 단순화할 수 있는가?' '현재 해결할 수 없는 문제는 당장 해결할 수 있는 간단한 형태로 바꿀 수 있는가?'라는 발문을 통해 학생들은 넓이를 구할 수 있는 도형의 형태로 원래 문제를 바꾸어 나가야 한다. <그림 2-16>에 제시된 두 가지 방법은 모두 넓이를 구할 수 있는 도형(직사각형 또는 삼각형)으로 문제를 변형시켜 해결한 그림이라고 할 수 있다. 때론 측정의 단위를 결정해

서(이를테면, 가로, 세로가 1인 넓이 1의 정사각형) 주어진 도형 안에 몇 개의 단위가 포함되어 있는지를 생각할 수도 있다. 위의 방법으로 넓이를 구하는 과정을 탐구한 후에는 학생들에게 아래와 같이 좀 더 복잡한 모양의 도형을 주고 그 넓이 또는 둘레의 길이를 구하는 문제를 제시해 볼 수 있다.

문제 6

아래에 그려진 도형을 기하판 위에 고무줄로 구성해 보아라. 고무줄 하나로 전체 모양을 만들어도 좋고 여러 개의 고무줄로 도형을 분할하여 만들어도 좋다. 여러 개의 고무줄을 이용하면 그림에 고무줄이 나타나는 선을 표시하여라. 그리고 도형의 넓이와 둘레의 길이를 구하여라.

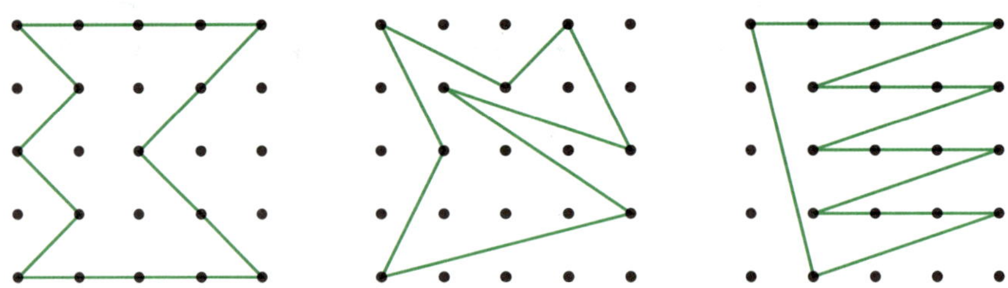

넓이=( ) 둘레의 길이=( )	넓이=( ) 둘레의 길이=( )	넓이=( ) 둘레의 길이=( )

미국에서 출판된 ≪중학생들을 위한 수학적 도전≫이라는 책에는 가장 작은 정사각형의 넓이를 1로 하여 <그림 2-17>에 제시한 도형의 넓이를 구하는 문제가 있다(Jamski, 1990; 25). 위에 소개한 방법으로 넓이를 구할 수 있으며 답은 왼쪽부터 차례로 5, 12, 6이 된다.

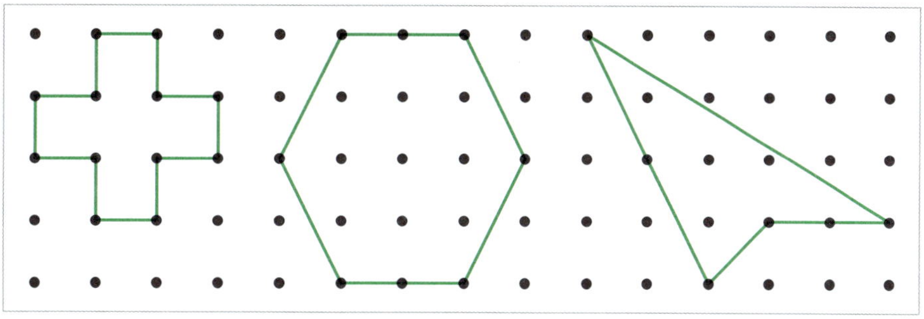

그림 2-17 도형의 넓이 구하기

위의 책에는 다음과 같이 도형의 넓이를 주고 도형을 구성하라는 문제도 있다.

문제 7

다음 도형을 기하판 위에 구성하여라.

(1) 넓이가 6인 직사각형

(2) 넓이가 10인 팔각형

(3) 넓이가 8이면서 둘레의 길이가 가장 짧은 다각형

－점과 점 사이의 길이는 1이다－

≪중학생들을 위한 수학적 도전 (Jamski, 1990)에서≫

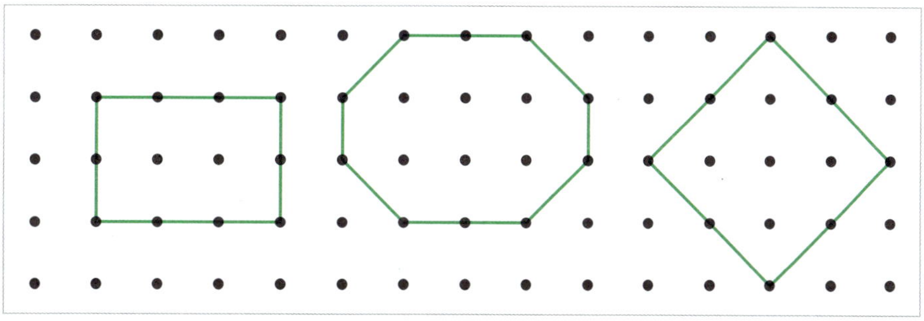

그림 2-18 [문제 7]의 해답(Jamski, 1990; 45)

우리나라 중학교 1학년 수학 교과서에서도 넓이에 대한 조건을 주고 도형을 구성하는 문제를 탐구활동으로 제시한 경우를 찾아볼 수 있다.

탐구 활동 연필, 자

오른쪽 그림과 같이 가로, 세로로 간격이 일정한 25개의 점이 있다. 이 점들을 연결하는 선분을 그어 다음 조건에 알맞은 그림을 그려 보자.

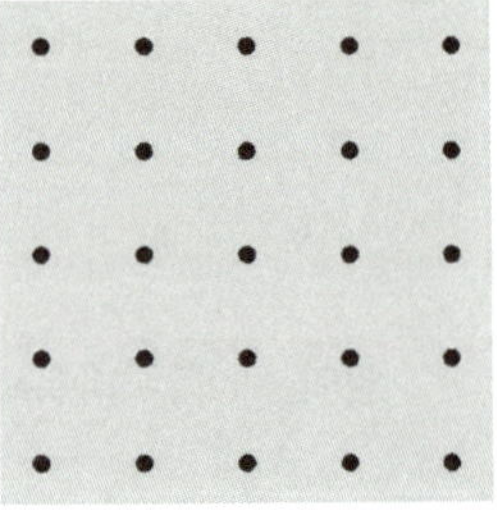

(1) 넓이가 가장 큰 사각형
(2) 넓이가 가장 큰 직각삼각형
(3) 넓이가 가장 큰 오각형

그림 2-19 중학교 1학년 수학: 탐구활동(강옥기 외 2인, 2000; 82)

② 도형의 변형

도형의 넓이와 둘레 등을 구하는 측정 문제를 조건에 맞는 도형을 만드는 문제에 연결시킬 수도 있다. [문제 8]이 그 예이다. 이 문제를 해결하려면 학생들은 도형을 결합하고, 쪼개면서 변화시킨 결과가 어떻게 될지를 예측할 수 있어야 한다. 도형을 측정하는 단위를 생각하고 조건에 맞는 도형이 몇 개의 단위로 이루어져야 하는지를 생각하면서 주어진 도형의 모양을 변형해야 한다.

문제 8

오른쪽 도형을 다음과 같이 바꾸어 보아라.
① 같은 넓이에 둘레는 더 길게
② 같은 넓이에 둘레는 더 작게
③ 둘레는 같고 넓이는 더 크게
④ 둘레는 같고 넓이는 더 작게

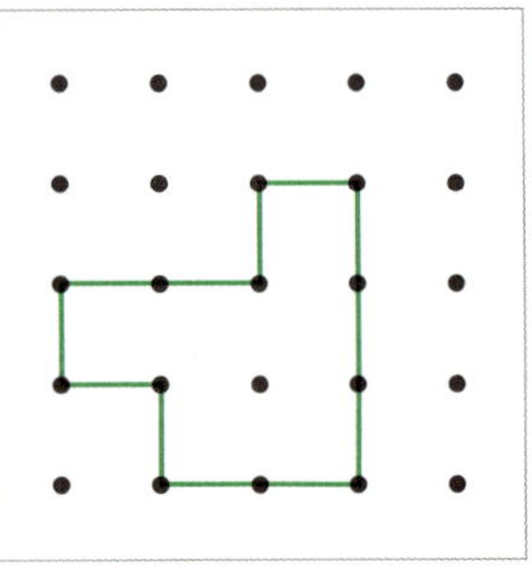

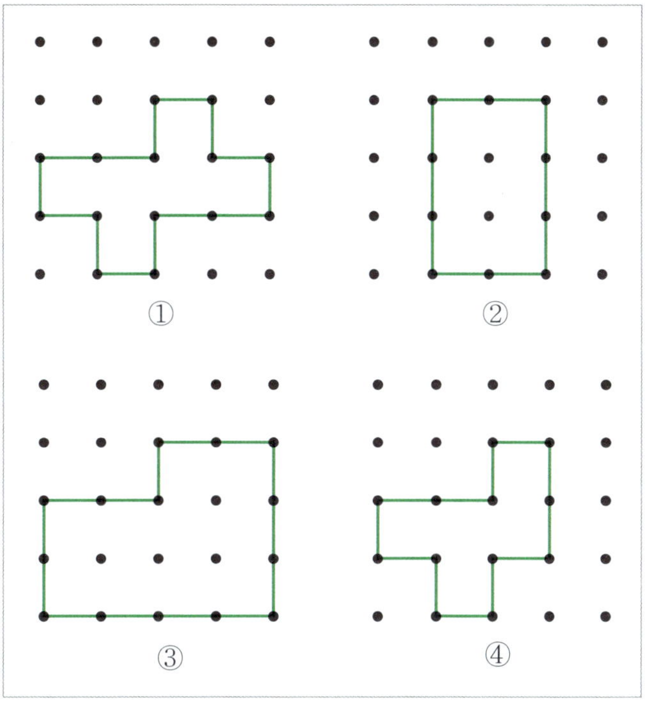

그림 2-20 [문제 8]의 해답

[문제 9] 역시 측정과 관련하여 조건에 맞는 도형을 만드는 활동이다. 이러한 문제의 해결 활동은 측정 개념, 도형에 대한 감각 이외에도 연산 능력 및 추론 능력을 필요로 하며 창의적인 사고도 요구된다.

문제 9

① 왼쪽 기하판에 주어진 도형과 넓이가 같은 도형을 오른쪽 기하판에 그려보시오.

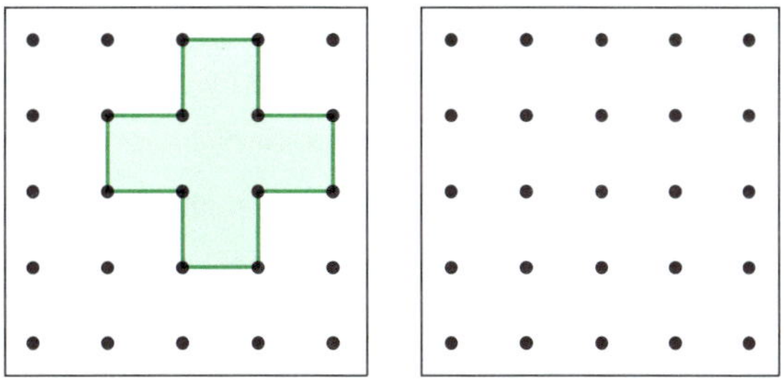

② 왼쪽 기하판에 주어진 도형과 넓이가 같은 도형을 오른쪽 기하판에 그려보시오.

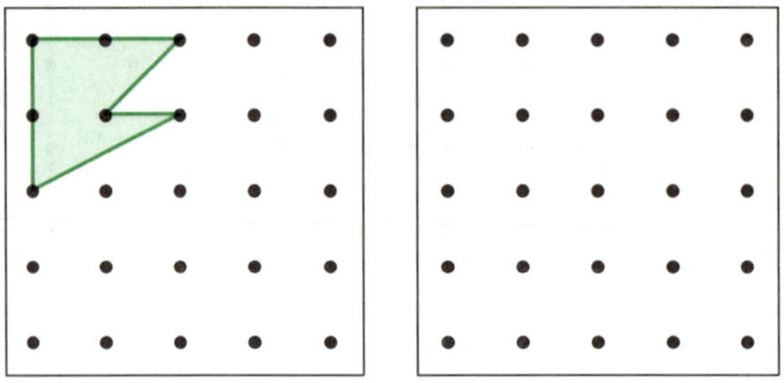

③ 아래 주어진 기하판의 못 사이의 간격은 1cm이다.
주어진 기하판에 고무줄을 연결하여 넓이가 $\frac{5}{2}$ 인 도형을 많이 만들어 보아라.

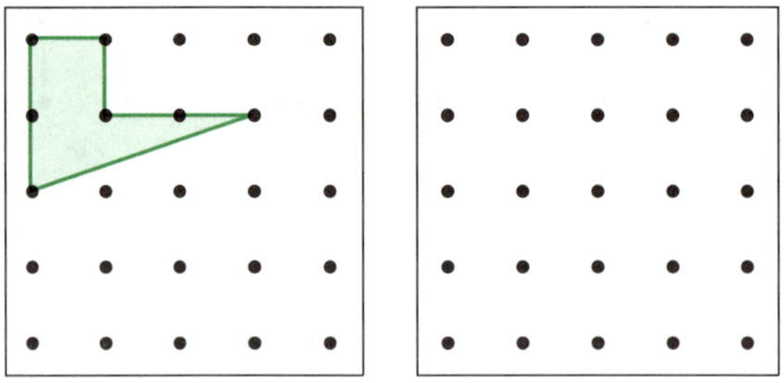

[문제 10]은 자신이 임의로 측정의 단위를 설정하고, 설정한 단위로 도형의 넓이를 생각하는 문제이다. 다양한 관점에서 넓이를 분할해보는 창의적인 사고를 요구한다.

문제 10

기하판에 주어진 직사각형의 넓이를 반으로 나누는 방법을 제시하여라.

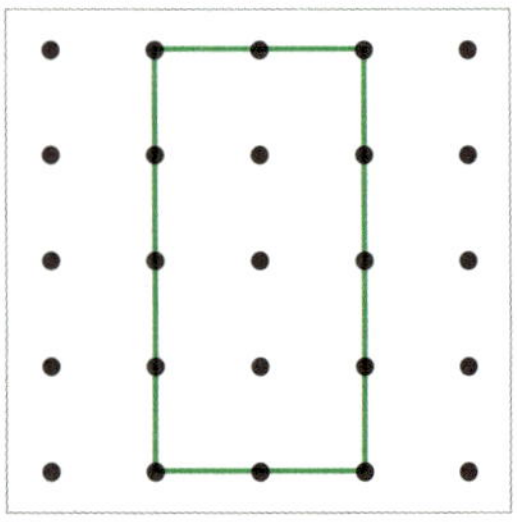

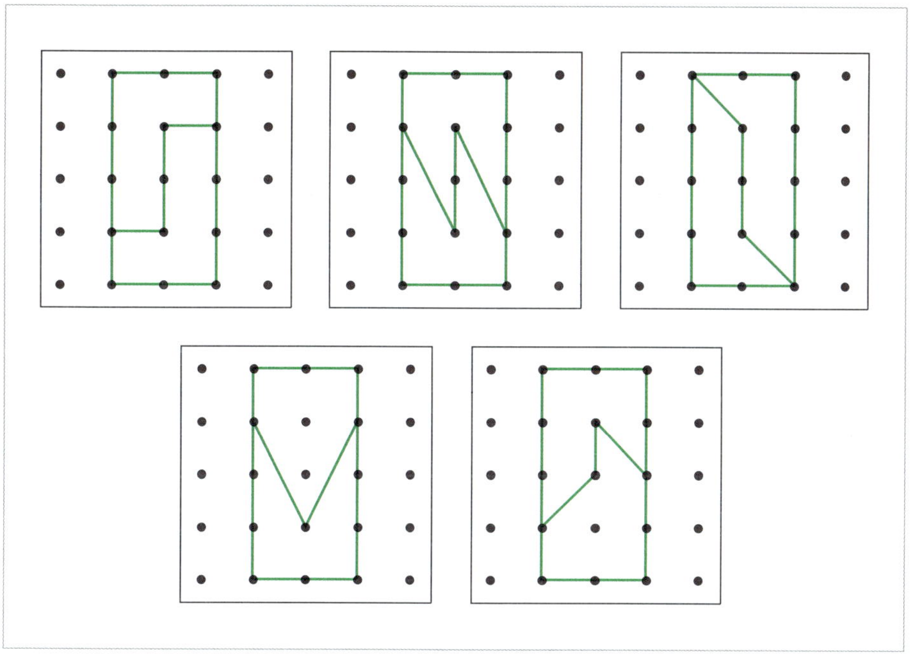

그림 2-21 [문제 10]의 풀이 예

다음은 한국교육과정평가원에서 기하판을 활용한 수행과제로 제시한 서술형 주관식 검사이다. 도형의 넓이에 대한 조건을 가지고 도형을 변형하면서 여러 가지 경우의 답안을 찾아가는 활동으로 수학적 창의성을 요구하는 과제이다. 수행과제의 채점은 답안의 개수만 고려하는 방안, 답안의 개수와 답안의 유형을 고려하는 방안, 답안의 개수와 유형뿐만 아니라 답안의 창의성까지 고려하는 방안이 있을 수 있다.

수행 과제	도형 만들기
관련 학년	1, 2, 3학년
관련 영역	도형(대영역) - 평면도형 (중영역)

【수행 목표】

-평면도형의 넓이 구하는 방법을 알고 이를 활용할 수 있다.
-창의적인 사고를 통해 주어진 넓이를 갖는 다양한 도형을 만들 수 있다.

【예시 평가 과제】

다음과 같이 가로-세로의 방향으로 한 칸이 1cm인 9개의 점이 찍혀 있다. 이 9개의 점을 연결하여 넓이가 2㎠인 도형을 될 수 있는 한 많이 그려보아라. 단, 서로 포개어 질 수 있는 것은 하나로 보며, 도형의 내부는 하나로 연결되어 있어야 한다.

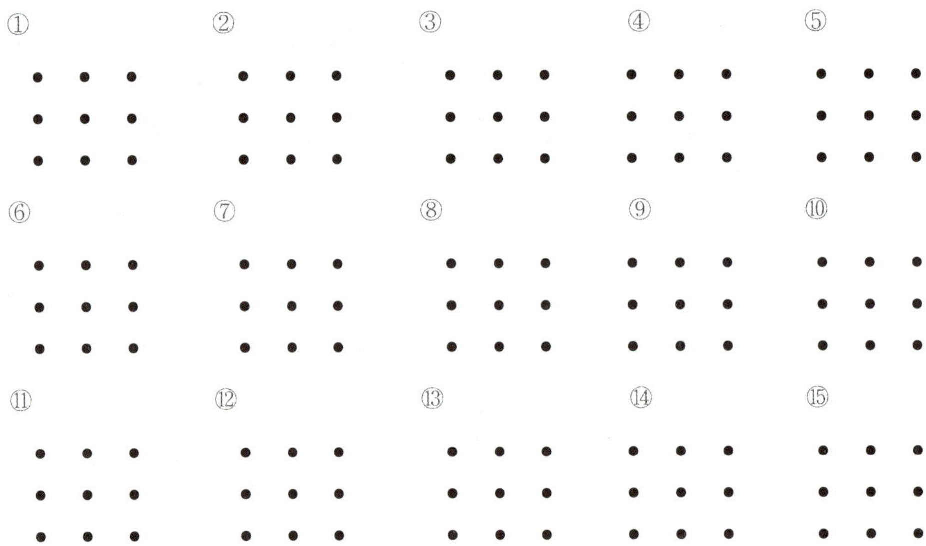

【평가 관점】

- 앞의 문제와 마찬가지로 확산적 요구하는 문제로, 학생들에게 가능한 한 다양한 형태의 도형을 많이 만드는 것이 필요하다는 점을 주지시킨다.

그림 2-22 서술형 주관식 검사 예시평가과제(한국교육과정평가원, 1998; 258-261)

【풀이 예시】
I. 직선을 이용한 단순한 모양
II. 직선을 이용한 복잡한 모양 (1점)
III. 가운데 점을 이용 (2점)
등등
IV. 곡선(원)을 이용 (3점)

그림 2 –22 (계속)

3) 규칙성 찾기

규칙성은 우리 주변 어느 곳에나 존재한다. 우리 주변에서 다양한 규칙성을 확인하고, 이를 기술하는 활동은 주어진 정보를 분석하여 체계적으로 정리하고 표현하는 능력을 향상시키는데 도움을 준다.

① 수열의 합

기하판을 이용하여 규칙을 찾는 문제 상황을 제시하고, 학생들이 규칙성을 발견하고, 이를 표현할 수 있도록 지도할 수 있다.

문제 11

기하판(또는 점판) 위에 고무줄로 높이가 밑변 보다 1이 큰 직각삼각형을 구성해 보아라. 구성된 직각삼각형 내부에 있는 점의 수를 모두 합하여보자. 어떤 규칙이 있는지 알아보고 높이가 밑변 보다 1이 큰 직각삼각형의 내부에 있는 점의 총수를 구하는 식을 만들어 보자.

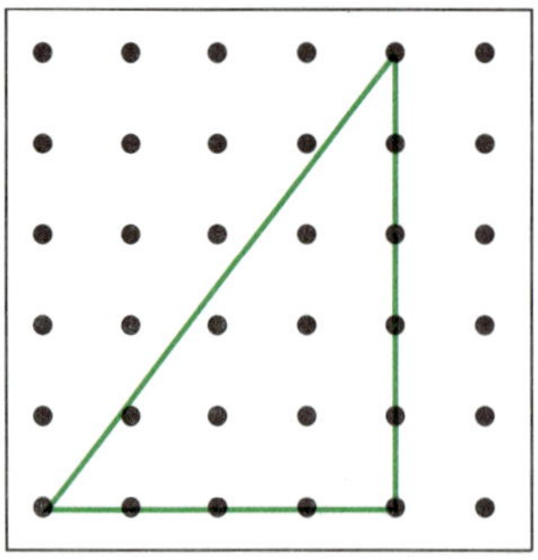

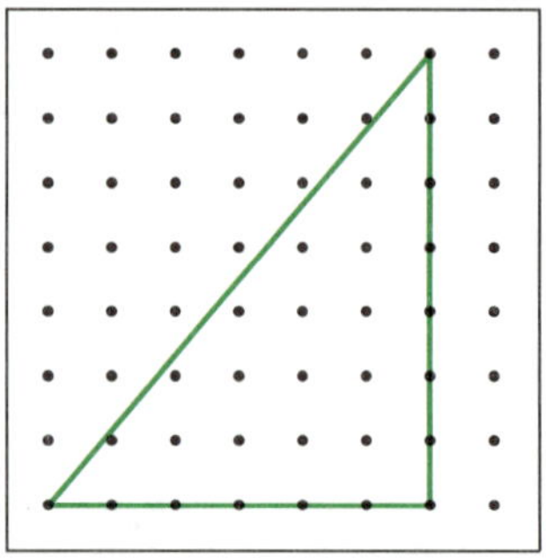

위의 그림에서 주어진 도형 내부에 있는 점의 총수는 왼쪽부터 차례로, 3+2+1=5(개), 5+4+3+2+1=15(개)이다. 중학교 단계에 이르면 학생들은 위와 같은 문제 상황에서 몇 개의 사례를 확인한 후 귀납적인 방법에 따라 1부터 n까지 자연수의 합에 대한 공식 즉, $1+2+3+\cdots+(n-1)+n=\frac{n(n+1)}{2}$을 발견할 수도

있다. 다음과 같이 수학자 가우스(Gauss)가 했던 방법을 이용하여서 문제해결 과정을 식으로 만들 수도 있다.

$$\begin{array}{r} 1+\ \ 2+\ \ 3+\cdots+\ 98+\ 99+100 \\ 100+\ 99+\ 98+\cdots+\ \ 3+\ \ 2+\ \ 1 \\ \hline 101+101+101+\cdots+101+101+101 \\ \hline \therefore (101\times 101)\div 2=5050 \end{array}$$

그림 2-23 1부터 100까지의 합 구하기

고등학교 단계에서는 발견한 규칙을 등차수열의 합의 공식을 이용하거나 다음과 같은 그림을 이용하여 나타낼 수도 있다.

$$1+2+3+\cdots+(n-1)+n=\frac{n\{1+1+(n-1)\cdot 1\}}{2}=\frac{n(n+1)}{2}$$

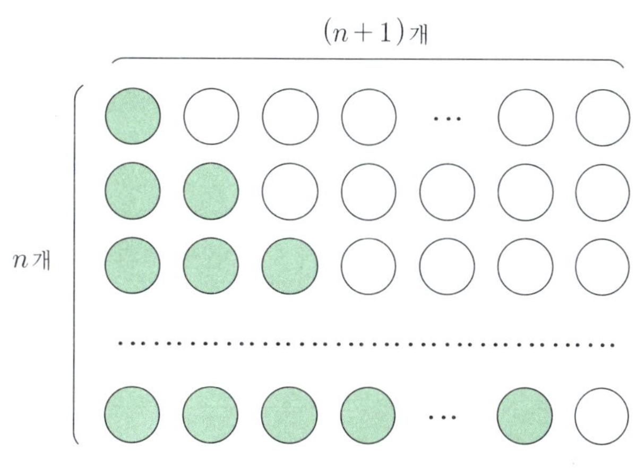

그림 2-24 그림을 이용한 합

② 문제의 일반화

기하판을 이용한 탐구 활동으로 규칙이 있는 패턴을 일반화하는 학습을 제공할 수 있다. 앞의 예에서는 도형의 내부에 있는 점의 개수로 1부터 n까지 자연수의 합을 일반화할 수 있음을 보여주었다. [문제 12]~[문제 14]는 기하판에서 선분을 구성하는 활동 속에서 규칙을 찾고 일반화를 해보는 활동이다.

문제 12

① 기하판 위에서 인접한 두 점 사이의 길이 중 가장 짧은 길이를 1이라고 하자. 길이가 1인 선분을 몇 개나 그릴 수 있을까? 예를 들어, 기하판 크기가 4×4라고 하면 몇 개가 그려질까? 기하판의 크기에 따라 길이가 1인 선분을 몇 개 그릴 수 있는지 아래의 표에 기록해 보아라.

기하판의 크기	2×2	3×3	4×4	5×5	6×6	7×7	8×8	9×9	10×10	....
길이가 1인 선분의 개수										....

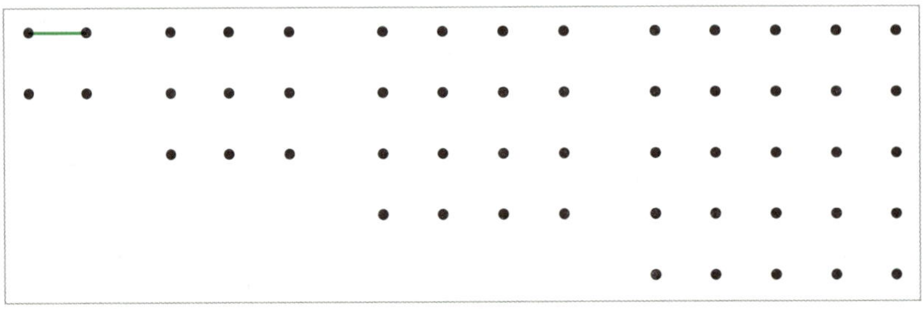

② $n\times n$ 기하판 위에는 길이가 1인 선분을 몇 개나 그릴 수 있을까?

문제 13

①  왼쪽의 그림과 같은 길이의 대각선 선분을 생각하자. 기하판의 크기에 따라 위와 같은 길이를 갖는 대각선 선분을 몇 개 그릴 수 있는지 아래의 표에 기록해 보아라.

기하판의 크기	2×2	3×3	4×4	5×5	6×6	7×7	8×8	9×9	10×10	....
선분의 개수										....

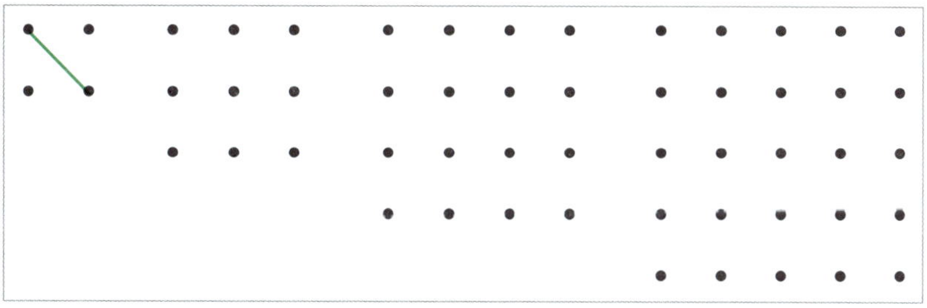

② $n \times n$ 기하판 위에서는 위와 같은 길이를 갖는 대각선 선분을 몇 개나 그릴 수 있을까?

문제 14

①  왼쪽의 그림과 같은 길이를 갖는 대각선 선분을 생각하자. 기하판의 크기에 따라 위와 같은 길이를 갖는 대각선 선분을 몇 개 그릴 수 있는지 아래의 표에 기록해 보아라.

기하판의 크기	2×2	3×3	4×4	5×5	6×6	7×7	8×8	9×9	10×10	....
선분의 개수										....

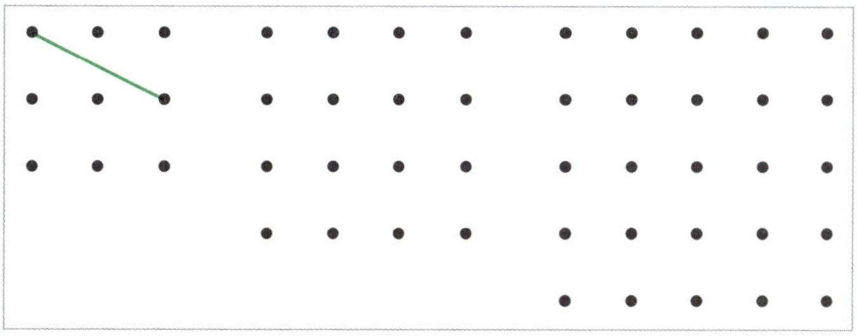

② $n \times n$ 기하판 위에서는 위와 같은 길이를 갖는 대각선 선분을 몇 개나 그릴 수 있을까?

기하판을 가지고 위 문제에 제시된 것과 다른 길이를 갖는 선분에 대해서도 비슷한 형태의 문제를 계속 만들어 볼 수 있다. 학생들은 패턴을 관찰하는 과정 속에서 구체적인 몇 가지 예를 통해 귀납적인 탐구를 거쳐 문제 상황을 일반화할 수 있다.

③ 문제해결 전략 사용

규칙을 발견하거나, 발견된 규칙을 일반화하는 과정에서는 목록이나 표를 만들면 규칙이 있는 패턴을 찾기가 쉬워진다. 기하판을 이용한 문제해결의 실행에서 문제를 체계적으로 접근하는 방법으로 목록이나 표를 만드는 전략을 사용해 보자.

기하판 위에서 할 수 있는 흥미로운 문제 중의 하나는 [문제 15]와 같이 주어진 기하판 위에 정사각형을 구성하는 문제이다.

문제 15

주어진 기하판 위에 정사각형을 몇 개나 구성할 수 있는가?

주어진 기하판 위에 여러 가지 정사각형을 구성해 나가는 과정에서 학생들은 다양한 크기를 갖는, 다양한 위치에 있는 정사각형을 생각할 필요가 있음을 인식해야 한다. 그리고 정사각형은 기하판의 밑변에 평행하지 않게도 구성될 수 있다는 사실을 깨달아야 한다. 문제를 체계적으로 해결하려면 다음과 같은 방법으로 서로 다른 크기의 기하판에 대해서 문제를 순차적으로 해결해 볼 필요가 있다.

- 2×2 기하판의 경우

  2×2 기하판에서는 단 하나의 정사각형을 구성할 수 있다. 그리고 이 정사각형은 기하판의 밑변에 평행하다.

- 3×3 기하판의 경우

  3×3 기하판에서는 모두 6개의 정사각형을 구성할 수 있다. 이 중 5개만이 기하판의 밑변에 평행하다. 정사각형의 종류는 아래에 보는 바와 같이 3종류이다.

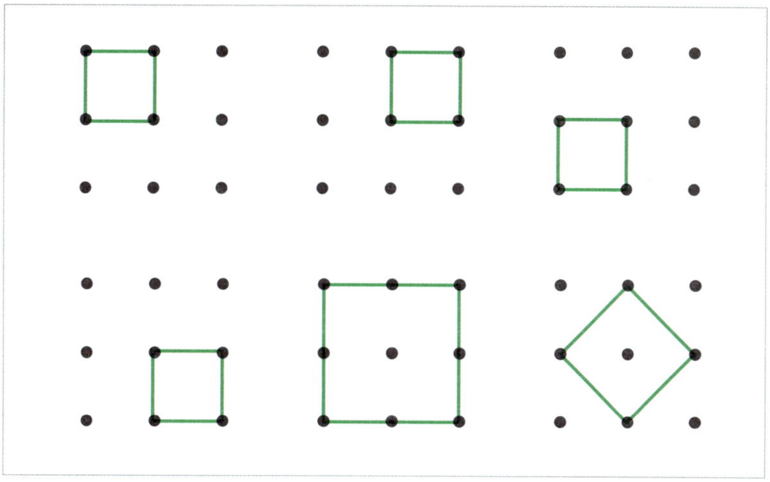

• 4×4 기하판의 경우

4×4 기하판 위에 구성될 수 있는 모든 정사각형을 찾아보자.

이 단계에 이르면 문제를 좀 더 체계적으로 접근해 가야할 필요성이 생긴다. 기하판의 밑변에 평행하면서 서로 크기가 다른 정사각형을 찾고 그러한 정사각형이 총 몇 개인지를 구하는 것부터 시작해야 한다. 다음에는 기하판의 밑변에 평행하지 않은 정사각형을 찾고 그러한 정사각형의 총 개수 구하는 것을 행할 수 있다. 문제를 합리적으로 해결하기 위해서는 아래에 제시한 것과 같이 체계적인 접근이 필요하다.

• 4×4 기하판의 경우: 체계적인 접근

여러 가지 크기의 정사각형을 아래의 점판에 그려보고 그 정사각형이 총 몇 개씩 구성되는지를 기록하여보자.

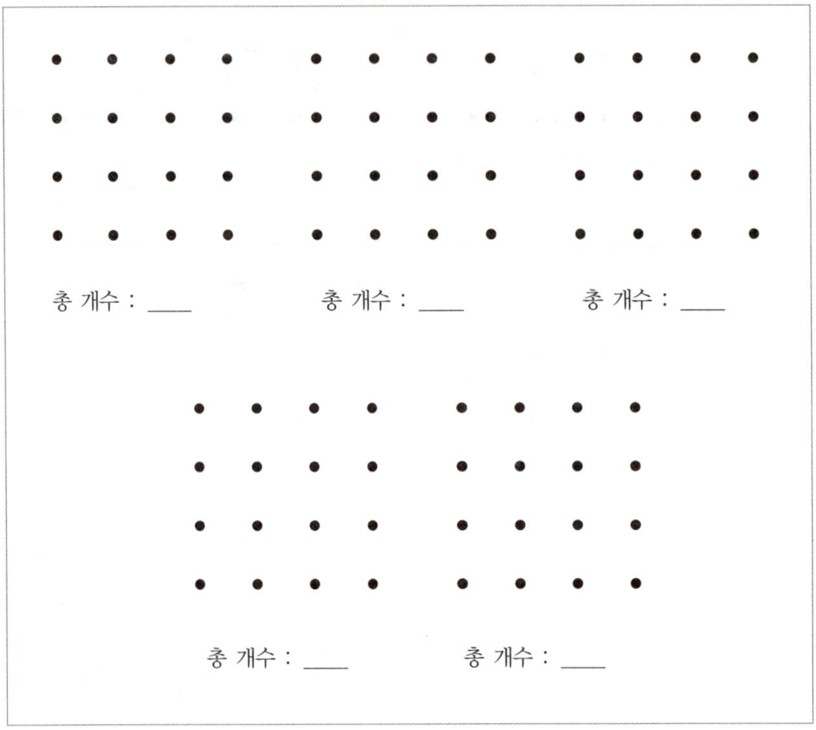

4×4 기하판에서 했던 위의 과정을 5×5 기하판의 경우에도 그대로 적용해 볼 수 있다.

- 5×5 기하판의 경우

5×5 기하판 위에 구성할 수 있는 모든 정사각형을 찾아보자. 기하판의 밑변에 평행하면서 서로 크기가 다른 정사각형을 찾고 그러한 정사각형이 총 몇 개인지를 구하는 것부터 시작하자. 다음에는 기하판의 밑변에 평행하지 않은 정사각형을 찾고 그러한 정사각형의 총 개수 구하는 것을 해보자. 여러 가지 크기의 정사각형을 아래의 점판에 그려보고 그 정사각형이 총 몇 개씩 구성되는지를 기록하여보자.

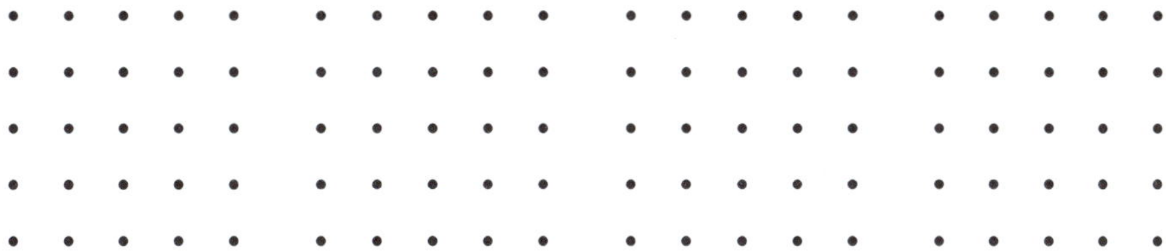

총 개수 : ____ 총 개수 : ____ 총 개수 : ____ 총 개수 : ____

총 개수 : ____ 총 개수 : ____ 총 개수 : ____ 총 개수 : ____

• 문제해결의 방법을 다양한 경우에서 실행

위에서 조사한 결과를 이용하여 아래의 표를 완성해보자. 표에 나타나는 일정한 패턴을 이용하여 그 결과들을 6×6, 7×7, 8×8, 9×9, 10×10 기하판의 경우에까지 확장하여 보아라.

기하판의 크기	기하판의 밑변에 평행		기하판의 밑변에 평행아님		
	정사각형 종류	정사각형 개수	정사각형 종류	정사각형 개수	총합계
1×1	0	0	0	0	0
2×2	1	1	0	0	1
3×3	2	5	1	1	6
4×4					
5×5					
6×6					
7×7					
8×8					
9×9					
10×10					

문제해결에서 목록이나 표를 만들어 접근하는 전략은 여러 가지의 경우를 빠짐없이 꼼꼼히 검토하기 위해서 필요하다. 기하판을 이용한 도형의 구성 문제를 적절히 제공하면 가능한 모든 경우를 빠짐없이 체계적으로 고려하는 문제 해결 전략을 경험시킬 수 있다.

4) 수와 연산

기하판 위에 표현된 도형을 활용하여 여러 가지 수의 개념과 연산을 학습할 수 있는 자연스러운 문제 상황을 제공해보자.

① 분수와 소수

분수를 배우는 초기 단계에서는 주어진 무엇인가를 똑같이 분할하는 경험이 필요하다. 단위의 개념과 주어진 단위를 똑같은 부분으로 나누는 활동에서 부분이 전체에서 차지하는 비율로 분수를 다루고, 수의 또 다른 표현 방법으로 소수를 도입할 수 있다.

기하판에서 주어진 영역을 합동인 몇 개의 부분으로 나누는 활동으로 분수나 소수 개념을 구체화해 보자. <그림 2-25>는 사각형을 네 부분으로 똑같이 나누는 활동으로 분수 $\frac{1}{4}$, 소수 0.25의 개념을 시각화한 것이다.

<그림 2-25>와 같이 수를 도형의 넓이와 관련지어 구체화하는 활동에서 학생들은 수가 사용되는 상황으로부터 수의 의미를 이해할 수 있는 기회를 갖게 된다.

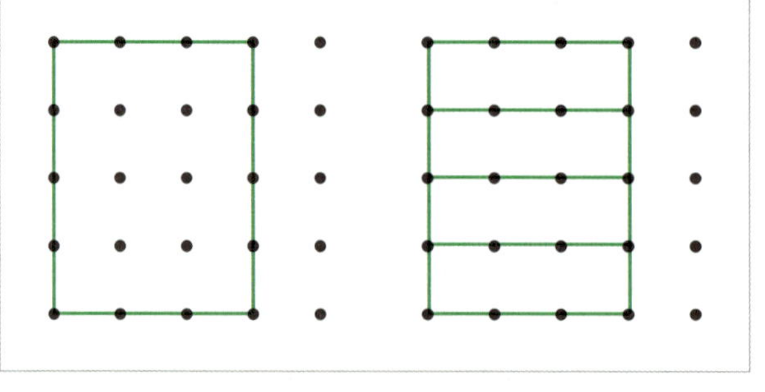

그림 2-25 기하판 위에서의 도형 분할: $\frac{1}{4}$, 0.25 개념의 구체화

위의 분할에 의한 결과는 3×4=12, 12÷4=3이라는 곱셈과 나눗셈의 연산으로도 해석 가능하다. 따라서 위의 사례는 약수와 배수 개념의 지도를 위한 도입 단계의

탐구 활동과도 연결될 수 있다(김효정, 1995; 31). 주어진 대상을 분해하거나 결합하면서 수와 연결지어 사고하는 활동은 구체적 조작 경험을 통해 수를 탐구할 수 있도록 한다. 뿐만 아니라 표현된 수의 상대적인 크기에 대한 직관을 개발시켜 줄 수도 있다.

② 무리수

무리수는 우리나라 중학교 3학년 수학교과서에 제곱근의 뜻과 그 성질의 학습에서 도입된다. 제곱근의 뜻은 <그림 2-26>와 같이 격자가 있는 정사각형의 한 변의 길이를 구하는 탐구활동에서 다룰 수 있다.

● 제곱근이란 무엇인가?

탐구 활동

아래 그림은 넓이가 각각 1, 4, 9, 16, 25인 정사각형을 나타낸 것이다. 이 그림을 보고 다음 표를 완성하여 보자.

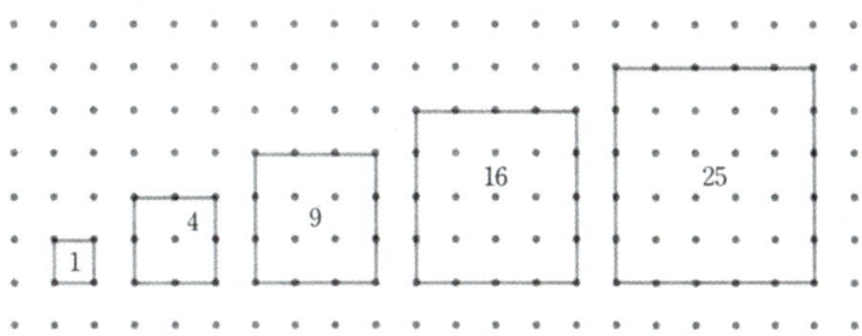

정사각형의 넓이	1	4	9	16	25
정사각형의 한 변의 길이					

제곱하여 1, 4, 9, 16, 25가 되는 수를 각각 구하여 보자.

$1^2=1$, $(-1)^2=1$

$2^2=4$, $(-2)^2=4$

$3^2=9$, $(-3)^2=9$

$4^2=16$, $(-4)^2=16$

$5^2=25$, $(-5)^2=25$

● 절대값이 같고 부호가 다른 두 수의 제곱은 서로 같다.

그림 2-26 중학교 3학년 수학: 제곱근 개념 학습 탐구 활동(강행고 외 8인, 2002; 10)

위의 탐구활동을 확장하여 직각삼각형의 빗변의 길이를 구하는 문제를 만들면 피타고라스의 정리와 연결된 무리수의 도입 문제를 만들 수 있다. <그림 2-27>은 기하판 위에 직각삼각형을 구성하고 빗변의 길이를 구하는 탐구활동이다. 이 문제에서 학생들은 $a^2+b^2=c^2$의 식을 이용한 연산 과정 즉, 피타고라스의 정리를 실행하여야 하며 선분의 길이로서 무리수를 다루어야 한다.

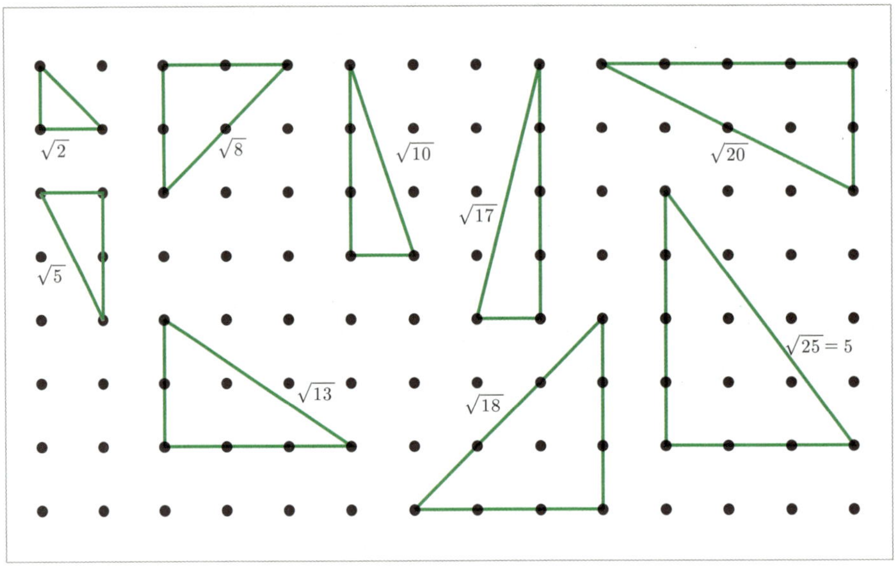

그림 2-27 직각삼각형의 빗변의 길이

5) 픽(Pick)의 정리

① **픽의 정리(Pick's Theorem)란?**

픽의 정리는 격자를 이용하여 다각형의 넓이를 구하는 방법을 제공한다. 픽의 정리는 다각형의 꼭지점이 격자점일 때 다각형의 변(경계)위의 점의 수를 b라 하고 다각형 내부(안)에 들어있는 점의 수를 i라고 하면 '다각형의 면적은 $i+\frac{b}{2}-1$'라는 것이다. 픽의 정리를 이용하면 기하판 위에 구성된 도형의 넓이를 쉽게 계산할 수 있다. 기하판에서 삼각형이나 사각형의 넓이를 픽의 정리로 확인해 보고 불규칙한 도형의 넓이를 픽의 정리를 이용하여 구해보자.

<그림 2-28>에서 기하판의 점과 점 사이의 간격이 1이라면 왼쪽 그림의 정사각형 도형의 넓이는 $0+\frac{4}{2}-1=1$이다($b=4$, $i=0$이므로). 나머지 두 그림에 제시된 복잡한 도형의 넓이도 픽의 정리를 사용하여 쉽게 구할 수 있다.

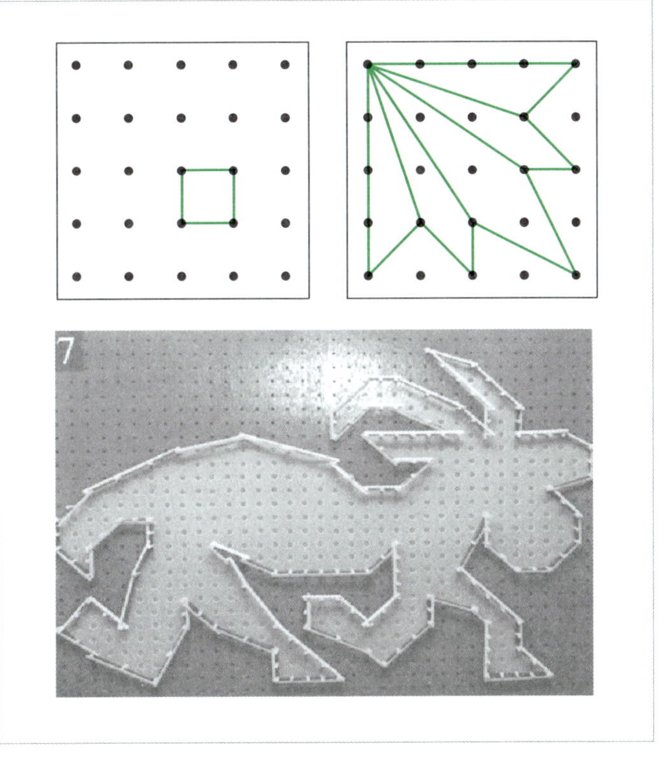

그림 2-28 픽의 정리로 넓이 구하기(수학사랑, 1999; 92)

② 픽의 정리 : 확인 및 발견

• 특수화에 의한 픽의 정리 확인

복잡한 도형의 넓이는 픽의 정리를 사용하지 않고도 <그림 2-16>에 제시된 방법을 이용하여 구할 수 있다. 픽의 정리에 대한 확인은 우리나라 중학교 수학 교과서에서 다음과 같이 제시하고 있다. <그림 2-29>에 제시한 문제에서 도형의 넓이를 앞에서 소개된 두 가지 방법을 이용하여 구하고 그 결과를 비교해 보는 것도 픽의 정리로 구한 결과를 확인하는데 도움이 될 것이다.

탐구 활동

오른쪽 그림과 같이 가로, 세로의 간격이 1로 일정한 25개의 점이 있다. 이 25개의 점 중 일부를 이어서 다각형을 만들고, 그 경계에 있는 점의 수를 x, 그 내부에 있는 점의 수를 y라고 할 때, 다음 물음에 답하여 보자.

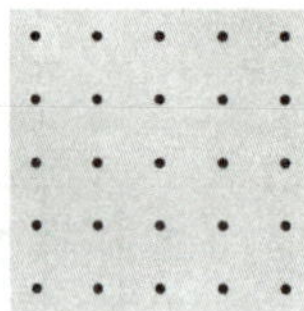

(1) 다음 표에 제시된 x, y의 값을 만족하는 다각형들을 그려 보아라.

x	4	5	8	6
y	1	2	1	4
그림	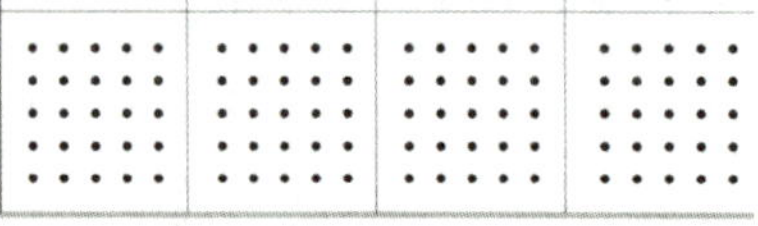			

(2) (1)에서 그린 다각형의 넓이를 S라고 하면 S는

$$S=\frac{1}{2}x+y-1$$

을 만족한다고 한다. (1)에서 그린 그림으로 확인해 보아라.

(3) $S=2$일 때, 이를 만족하는 x와 y의 값을 구하여라.

풀이

(1)

x	4	5	8	6
y	1	2	1	4
그림	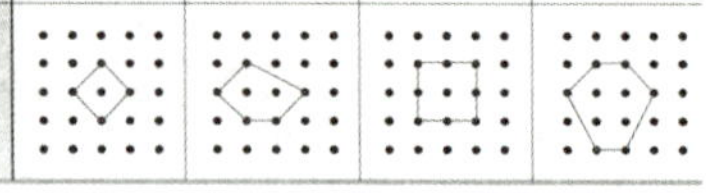			

(2) $x=4$, $y=1$인 경우 $S=2\left(\frac{1}{2}\times2\times1\right)=2$이므로

$x=4$, $y=1$, $S=2$를 $S=\frac{1}{2}x+y-1$에 대입하면

$$2=\frac{1}{2}\times4+1-1$$

따라서, $S=\frac{1}{2}x+y-1$이 성립한다.

마찬가지로 각 경우에 대하여 다각형을 삼각형과 사각형으로 나누어 넓이를 계산하여 보면 등식이 성립함을

그림 2-29 중학교 2학년 수학: 특수화에 의한 픽의 정리 확인(강옥기 외 2인, 2001; 74)

• 픽의 정리 추측 및 발견

기하판을 이용하여 다각형의 변 위에 놓이는 점의 수와 다각형의 내부에 있는 점의 수를 다양하게 변화시켜가며 도형을 구성해보고 각 점의 수와 그 넓이 사이의 관계에 주목하게 하면 픽의 정리에 대한 추측과 발견의 과정을 안내할 수 있다.

<그림 2-30>은 우리나라 고등학교 수학에서 픽의 정리에 대한 추측을 제시한 탐구활동이다.

픽의 정리를 다음의 순서로 발견해보도록 지도해 보자.

탐구활동

기하판 위의 삼각형

준비물
기하판, 고무줄

기하판 위에 고무줄을 걸어 다음과 같은 삼각형을 만들어 보자.

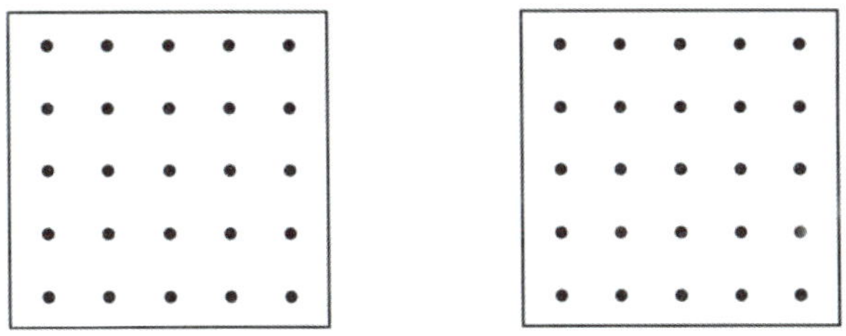

1 경계에 6 개의 못이 있는 삼각형을 만들어 보자.

2 경계에 6 개, 내부에 1 개의 못이 있는 삼각형을 만들 수 있는가?

3 경계에 6 개, 내부에 3 개의 못이 있는 삼각형을 만들 수 있는가?

4 경계에 있는 못의 수, 내부에 있는 못의 수, 만들어진 삼각형의 넓이 사이에 어떤 관계가 있는지 추측해 보자.

그림 2-30 고등학교 1학년 수학: 픽의 정리 탐구 활동(임재훈 외 7인, 2001; 194)

픽의 정리의 발견 1단계: 도형 내부에 점이 하나 있는 경우

도형 내부에 점이 하나가 있는 경우를 여러 개 그려보고 도형의 선분 위에 놓인 점의 수를 세어본 후 각 도형의 넓이를 구하여보자.

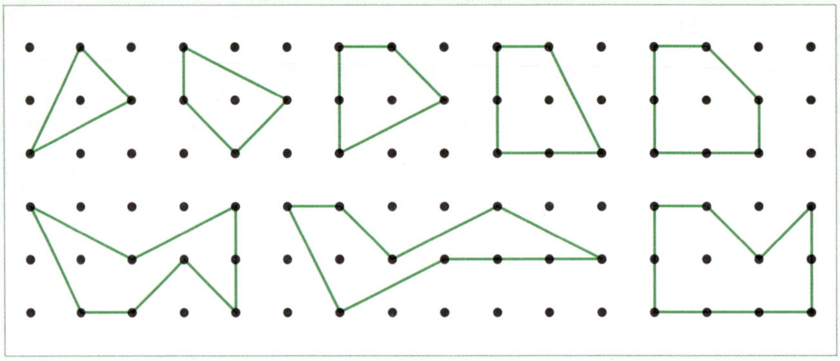

결과를 아래의 표에 기록해보자. 여기서 나온 정보를 이용하여 도형의 선분 위에 놓인 점의 수가 n개인 경우에까지 결과를 일반화하여 보아라.

도형의 선분 위에 놓인 점의 수	3	4	5	6	7	8	9	10	…	n
도형의 넓이										

픽의 정리의 발견 2단계: 도형 내부에 점이 하나도 없는 경우

도형 내부에 점이 하나도 없는 경우를 기하판에 만들어보고 도형의 선분 위에 놓인 점의 수를 세어 본 후 각 도형의 넓이를 구하여 보자. 도형의 선분 위에 놓인 점의 수가 n개인 경우에 넓이를 계산하는 공식을 추측하여 만들어 보아라.

도형의 선분 위에 놓인 점의 수	3	4	5	6	7	8	9	10	…	n
도형의 넓이										

픽의 정리의 발견 3단계: 도형 내부에 점이 두 개 있는 경우

위와 같은 방법으로 도형 내부에 점이 두 개 있는 경우를 조사해보자. 도형의 선분위에 놓인 점의 개수를 세어본 후, 각 도형의 넓이를 구하여 보자. 도형의 선분위에 놓인 점의 수가 n개인 경우에 넓이를 계산하는 공식을 추측하여 만들어 보아라.

도형의 선분 위에 놓인 점의 수	3	4	5	6	7	8	9	10	…	n
도형의 넓이										

픽의 정리의 발견 4단계: 도형 내부에 점이 세 개 있는 경우

위와 같은 방법으로 도형 내부에 점이 세 개 있는 경우도 조사해보자. 도형의 선분위에 놓인 점의 수를 세어본 후 각 도형의 넓이를 구하여 보자. 도형의 선분위에 놓인 점의 수가 n개인 경우에 넓이를 계산하는 공식을 추측하여 만들어 보아라.

도형의 선분 위에 놓인 점의 수	3	4	5	6	7	8	9	10	…	n
도형의 넓이										

픽의 정리의 발견 5단계: 도형 내부에 점이 k개 있는 경우

이제까지의 조사결과를 이용하여 도형의 선분위에 놓인 점의 수가 n개 일 때 넓이를 구하는 식을 구하는 아래의 표를 완성해보자. 여기서 규칙을 발견하여 보자. 발견한 규칙을 가지고 도형 내부에 점이 k개 있는 경우에까지 일반화하여 보아라.

도형 내부의 점의 수	0	1	2	3	4	5	…	k
도형의 넓이 (도형의 선분위에 놓인 점이 n개)								

도형 내부에 점이 k개 있을 경우: 도형의 넓이 구하기

마지막 문제에서 구한 식이 바로 픽의 정리에서 제시하는 도형의 넓이를 구하는 일반화된 공식이다. 미국에서 출판된 책 ≪중학생들을 위한 수학적 도전≫에는 다음과 같이 위 공식을 만드는 문제가 있다.

픽의 정리의 문제

임의의 다각형의 넓이를 A라 하자. 그 다각형 위에 있는 점의 수를 x라 하자. 그리고 다각형의 내부에 있는 점의 수를 y라 하자. A, x, y 사이의 관계를 나타내는 식을 만들어라(Jamski, 1990; 26).

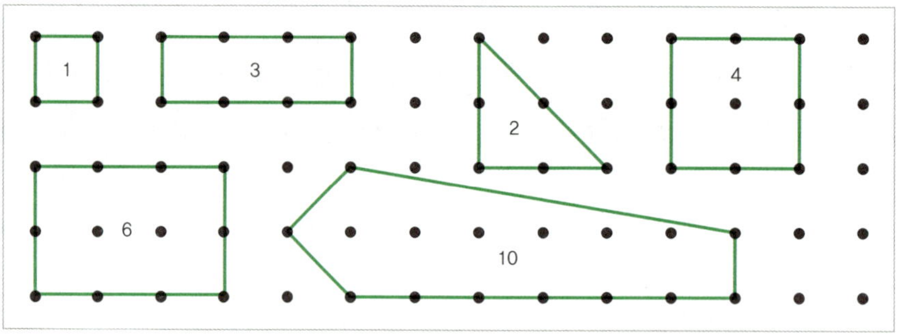

02 딘즈블럭

가. 딘즈블럭이란?

딘즈블럭은 활동주의 수학교육자인 딘즈(Z. P. Dienes)가 기호를 사용하지 않고도 수학의 구조를 지도할 수 있도록 고안한 수학학습 교구이다. 딘즈블럭은 다양한 진법체계를 구현할 수 있다는 의미에서 다진수블럭(Multibase Arithmetic Block; M. A. B.)이라고도 부른다. 딘즈블럭에는 기수(基數, base, 밑)의 값에 따라 서로 구분되는 여러 가지 세트가 있다. <그림 2-31>은 기수가 2인 세트(이진블럭)와 기수가 3인 세트(삼진블럭)의 예이다. 삼진블럭은 <그림 2-35>에 제시된 것을 주로 다루기도 한다. 이 책에 제시된 예 이 외에도 기수가 4, 5, 6, 10인 세트들도 있다. 각 세트 안의 블럭들은 나무 또는 플라스틱으로 만들어져 있고 각 블럭에는 단위블럭의 개수를 알아볼 수 있도록 선이 그어져 있으며 블럭의 부피는 일정한 비율로 커진다.

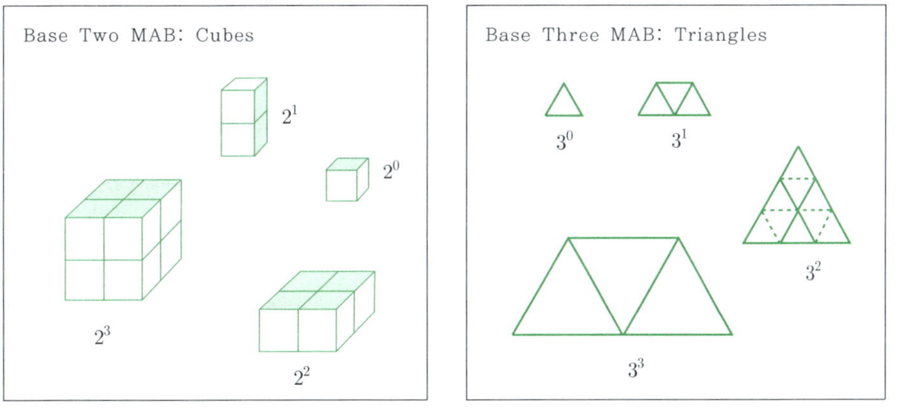

그림 2-31 다진수블럭의 예: 이진블럭과 삼진블럭(Resnick & Ford, 1981; 118)

그림 2-32 쌓기나무

우리나라 학교수학에서 흔히 다루는 딘즈블럭의 예는 <그림 2-33>, <그림 2-34>에 제시된 바와 같이 '쌓기나무' 혹은 '수모형'이라는 용어로부터 시작하여 자연수의 연산지도에 이용하고 있는 십진블럭(Base-10 blocks)이다. 엄밀히 말하자면 쌓기나무라고 부르는 교구와 딘즈블럭은 그 조작활동에 있어서 약간의 차이가 있다. 쌓기나무는 <그림 2-32>와 같이 홈이 파여져 있어서 서로 연결하거나 분해할 수 있지만 딘즈블럭은 일정한 개수의 블럭들과 바로 상위 단계의 블럭 1개를 서로 교환하는 것이다.

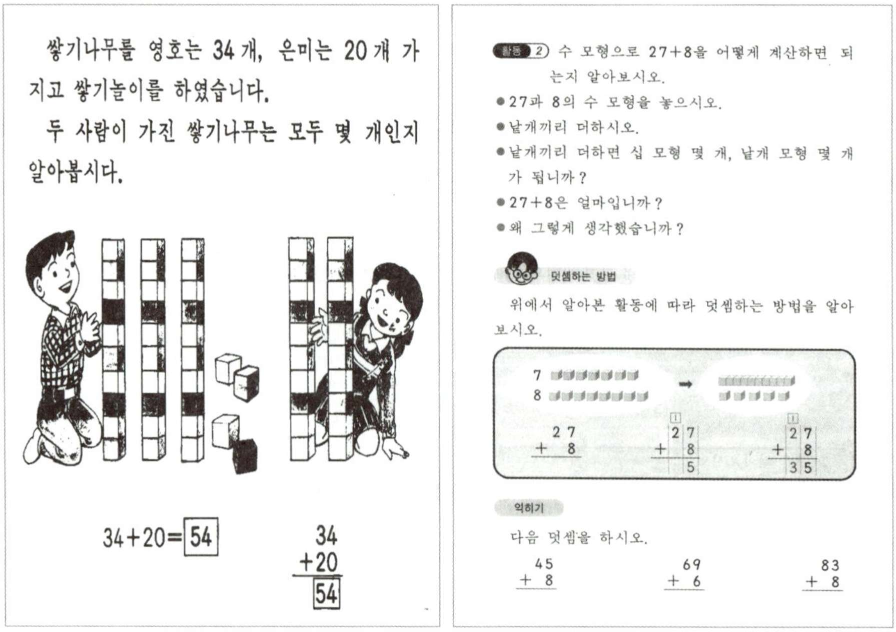

그림 2-33 초등 2학년 수학: 자연수의 덧셈(교육인적자원부, 2000; 21)

활동 2 수 모형으로 32－8을 어떻게 계산하면 되는지 알아보시오.

- 32의 수 모형을 놓으시오.
- 십 모형 하나를 낱개 모형 10개로 바꾸시오.
- 낱개 모형 12개에서 8개를 덜어 내시오.
- 낱개 모형은 몇 개 남았습니까?
- 32－8은 얼마입니까?
- 왜 그렇게 생각했습니까?

뺄셈하는 방법

위에서 알아본 활동에 따라 뺄셈하는 방법을 알아보시오.

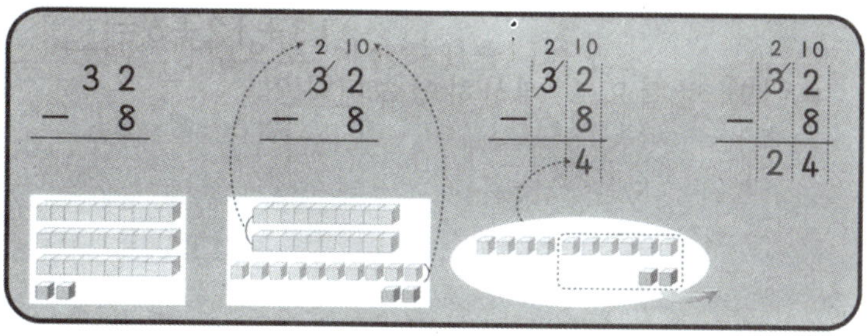

익히기

다음 뺄셈을 하시오.

$$\begin{array}{r} 45 \\ -\ 7 \\ \hline \end{array} \qquad \begin{array}{r} 56 \\ -\ 9 \\ \hline \end{array} \qquad \begin{array}{r} 61 \\ -\ 5 \\ \hline \end{array}$$

그림 2-34 초등 2학년 수학: 받아내림이 있는 뺄셈(교육인적자원부, 2000; 23)

딘즈블럭은 기수 n에 따라 한 변의 크기가 1인 정육면체 모양의 단위블럭(unit, $1 \times 1 \times 1$), 정육면체 n개를 일렬로 연결하여 고정시킨 막대블럭(long, $1 \times 1 \times n$), 막대블럭 n개를 옆으로 이어붙인 정사각형 판형의 판블럭(flat, $1 \times n \times n$), 판블럭 n개를 위로 쌓아올려 고정시킨 큰 정육면체 블럭(block, $n \times n \times n$)으로 구성된다.

기수가 10이 아닌 딘즈블럭의 구성요소들도 위와 같은 형식을 따른다. <그림 2-31> 에서 평면 도형인 삼각형을 이용해 만든 삼진블럭도 <그림 2-35>와 같이 입체 도형인 정육면체를 이용해 단위블럭에서 시작하여 부피의 비가 3이 되면서 그 크기가 증가하는 블럭들로 표현 가능하다.

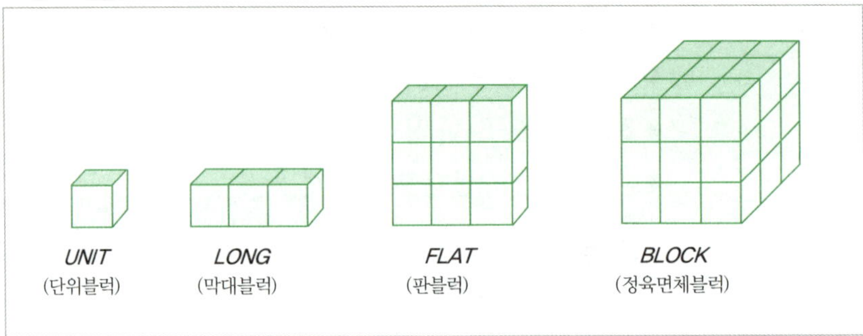

그림 2-35 삼진블럭의 구성 요소(Dienes,1960; 55)

상품으로 제작된 딘즈블럭을 구입해 사용할 수도 있지만 교사가 직접 딘즈블럭을 제작하여 사용할 수도 있다. 가장 쉬운 방법으로는 눈금이 있는 모눈종이를 잘라 사용하는 것이다. 십진블럭은 주로 입체도형으로 표현하지만 모눈종이를 잘라 사용하면 아래의 그림과 같이 딘즈블럭의 아이디어를 평면적으로 다루게 된다.

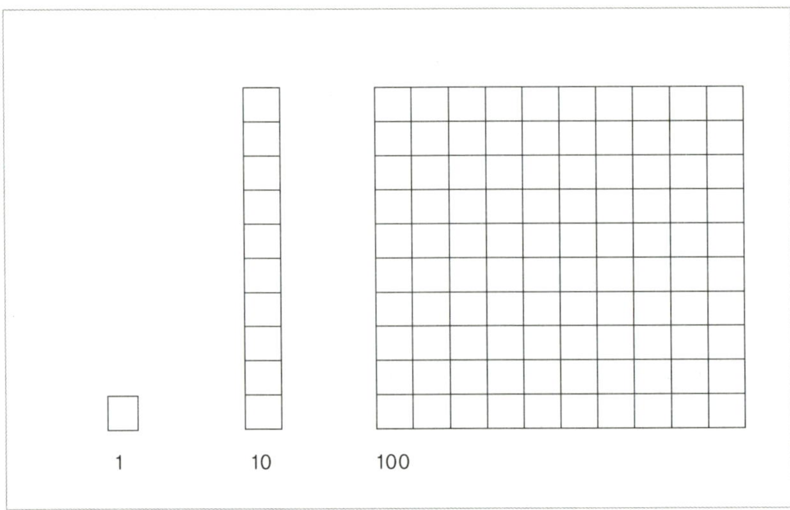

그림 2-36 모눈종이를 이용한 딘즈블럭 모형(십진블럭)

딘즈블럭은 기수법에서 자릿값의 개념이나 자연수, 소수의 사칙 연산 지도 등에 활용할 수 있다. 뿐만 아니라 기수를 변화시키면 여러 가지 진법의 지도에 활용할 수도 있어서, 구체적 자료를 통해 진법체계의 구조를 터득할 수 있는 기회를 제공할 수 있다.

나. 딘즈블럭과 수학의 구조 지도

의미 충실한 수학학습은 수학교육의 주된 관심분야로서 현재까지도 이에 대한 이론적, 실천적 연구가 계속 되고 있다. 수학학습의 의미 충실성이란 것은 사실상 그 판단 기준에 따라 서로 다르게 해석될 수 있는 여지가 있다. Resnick와 Ford(1981)는 여러 수학자들이 수학적 토대 즉, 수학의 구조를 가르침으로써 의미 있는 수학학습이 이루어질 것이라는 의견에 동의하고 있음을 강조하고 있다.

그 동안 수학교육의 연구에서는 구조 중심의 수학 지도를 위해 특별히 고안된 자료들에 관심을 가져왔는데, 특히 딘즈블럭은 수학의 기본 구조를 바탕으로 한 지도에 효과적인 구체적 조작물로 알려져 있다. 딘즈블럭은 수학의 기본 구조를 서로 다른 형태로 구체화한다. 학생들이 십진법의 원리나 십진법으로 나타낸 수의 사칙연산 규칙을 딘즈블럭을 이용한 조작 활동으로 학습을 했다면, 이후 이진법이나 오진법 등의 또 다른 기수법을 학습하게 될 때는 딘즈블럭을 이용하여 십진법을 구체화 한 조작활동 경험에 근거하여 새로운 진법체계의 원리와 연산을 쉽게 터득할 수 있게 된다.

김응태 외 2인(1985)은 딘즈블럭을 이용하여 동일한 수학적 구조를 서로 다른 형태로 구체화 한 예를 <그림 2-37>와 함께 다음과 같이 설명한다.

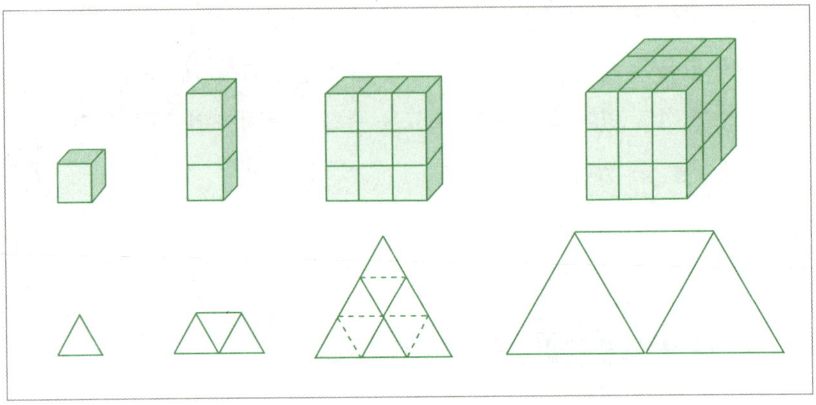

그림 2-37 서로 다른 형태로 구체화 한 삼진블럭

<그림 2-37>에 제시된 예를 가지고 다음과 같은 삼진법으로 나타낸 수의 덧셈 $22_{(3)}+12_{(3)}$ 을 생각해 보자.

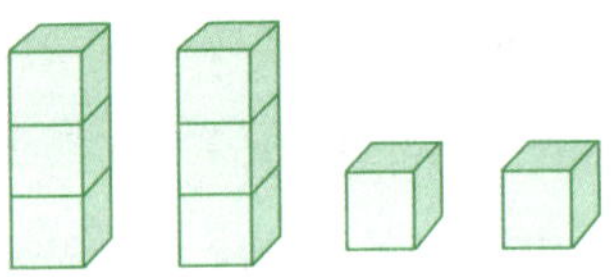 와 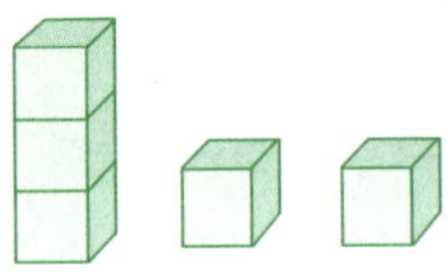 을 합하면

그 계산 결과는 다음과 같다.

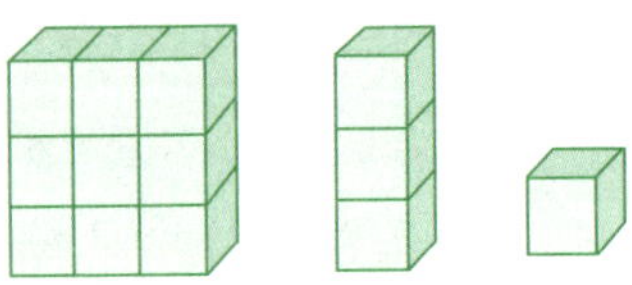

위의 덧셈 과정을 다음과 같이 표현할 수도 있다.

 와  을 합하면

그 계산 결과는

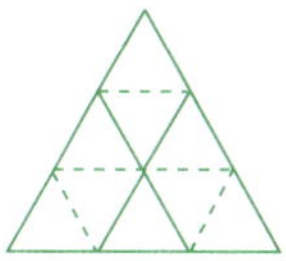   이 된다.

이 때 덧셈의 구조는

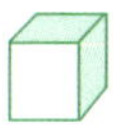 을  로,  을 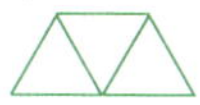 로, 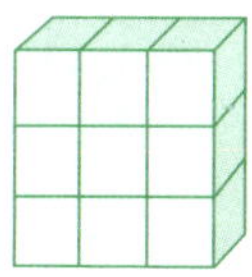 을 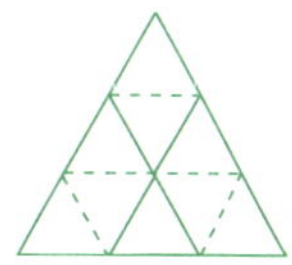 로

바꾸어 놓아도 변하지 않는다.

학생들이 딘즈블럭을 가지고 조작활동을 하게 되면 위와 같은 동형의 구조를 추상할 수 있게 하고 그것을 자신의 사고로 정리하여 다른 경우까지도 확장할 수 있게 된다. 따라서 초등수학 수준에서 수와 연산에 대한 학습에 딘즈블럭을 활용하는 것은 구체적 조작물에 의한 시각화 이상의 수학 교육적 의미가 있다고 할 수 있다. 우리나라 초등수학 교과서에는 주로 십진법으로 나타낸 수의 사칙연산을 십진블럭의 조작활동으로 구체화하여 제시하고 있는데, 이 때 경험하는 십진법의 원리는 중학교 수학에서 도입되는 이진법의 원리 학습을 이해하는 토대가 되며, 궁극적으로는 다양한 진법체계의 동일한 구조에 대한 이해로 나아갈 수 있다. 중학교 수학의 지도에서 수학교사는 학생들이 초등수학에서 학습한 내용과 연결하여 진법 체계의 기본 원리를 추상하고, 그것을 수학의 기본 구조의 하나로 통합해 나갈 수 있도록 지도해야 할 필요가 있다. 이 때 딘즈블럭의 활용이 교수·학습의 과정에 실제적인 도움을 줄 수 있다.

다. 딘즈블럭의 활용

딘즈블럭을 이용하면 자릿값의 개념, 수의 대소 관계, 수의 사칙연산 등을 구체화하여 지도할 수 있다. 뿐만 아니라 학습된 조작의 원리를 서로 다른 진법체계에 적용할 수도 있다. 여기서 소개되는 딘즈블럭의 활용 사례는 주로 기수가 10인 십진블럭의 예로 제시되지만 그 예에서 다루어지는 기본 원리나 아이디어들은 기수가 다른 진법 체계에서도 그대로 적용 가능하다.

1) 자릿값의 개념

초등수학에서는 수의 크기가 점점 커짐에 따라, 학생들에게 자릿값(place-value)을 지도해야 할 필요성이 자연스럽게 생기게 된다. <그림 2-38>은 우리나라 수학 교과서에서 십진블럭을 사용하여 자릿값을 구체화하여 지도한 예이다.

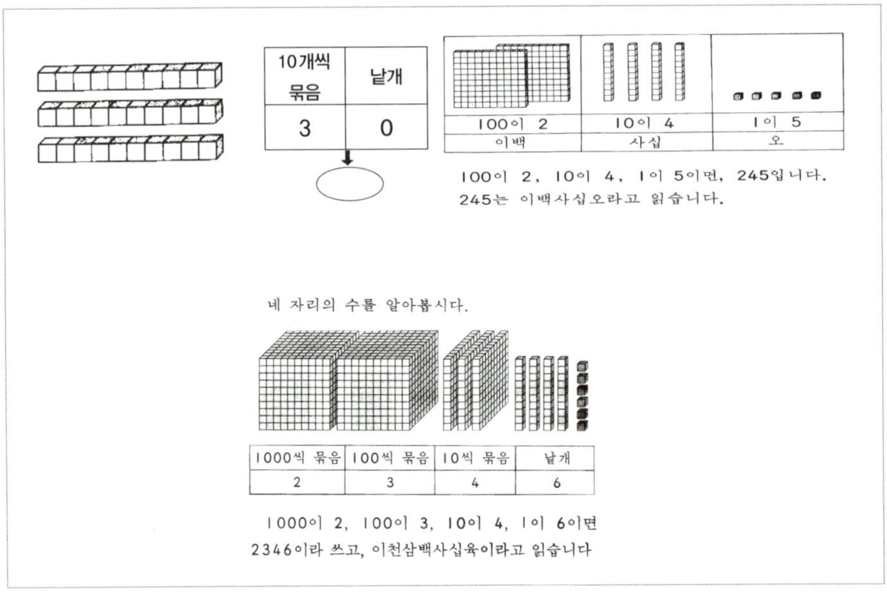

그림 2-38 십진블럭을 이용한 자릿값의 구체화

Moser(1992)는 모델을 사용하여 자릿값의 개념을 구체화, 시각화하는 것이 현재 학습에 즉각적인 영향을 미치는 것은 아니지만 십진법에서 학습한 것을 다른 수

체계로 일반화하거나, 소수의 자릿값으로 확장하거나 할 때 <그림 2-38>과 같이 구체적이고 시각적인 활동에 의한 학습 경험이 교육적 이점이 있음을 주장한다. 우리 나라 초등학교 수학 교과서에서는 자연수의 자릿값 지도에 십진블럭을 활용하고 있다. 그러나 소수 개념과 그 표현의 지도에서는 소수를 수직선 모델을 이용하여 도입하면서 곧바로 소수 위에서의 연산을 지도하고 있다. 십진블럭을 잘 활용하면 자연수에서 이미 학습한 자릿값의 개념을 소수에 적용하는 것, 소수와 분수의 상호 관계를 파악하는 것, 소수 위에서의 간단한 연산의 학습 등을 동일한 모델로 지도할 수 있다.

<그림 2-39>는 판블럭을 1로 했을때 소수의 자릿값을 십진블럭으로 나타낸 표이다.

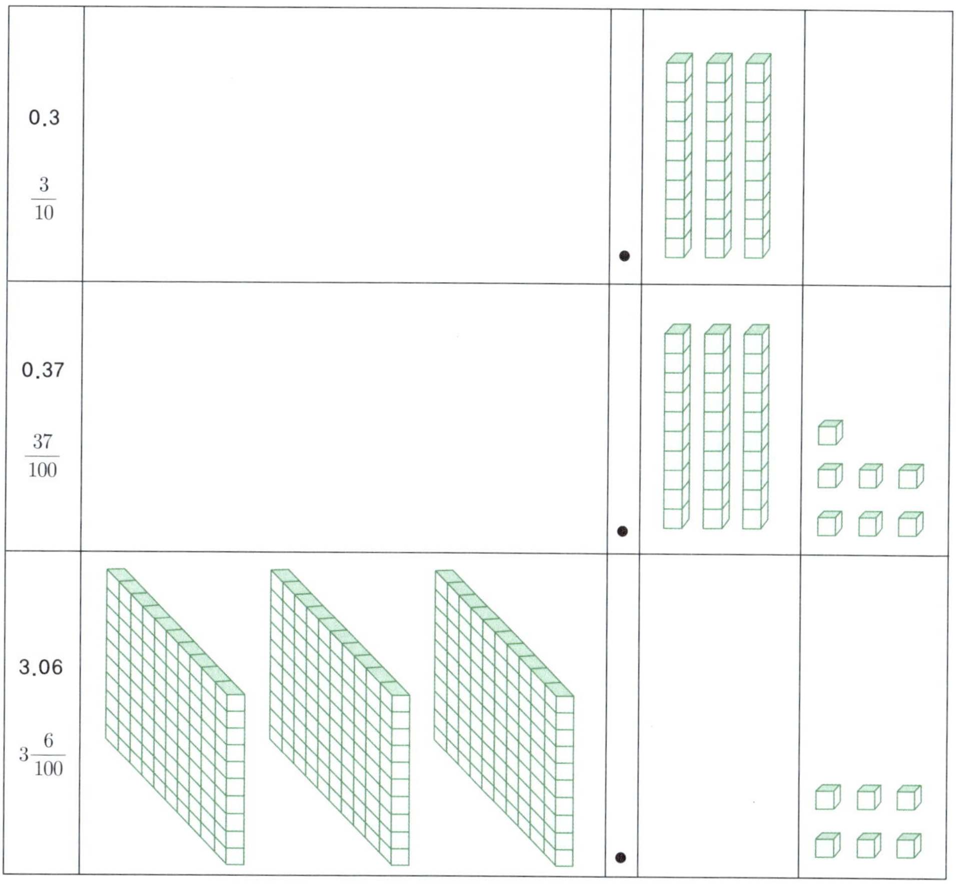

그림 2-39 소수를 십진블럭으로 나타냄: 판블럭을 1로 했을때(Behr & Post, 1992; 243)

십진블럭을 이용해 소수를 자릿값을 설명하기 위해서는 먼저 각 블럭에 대한 값을 정해야 한다. 만약 판블럭을 1로 정한다면 막대블럭은 0.1(1/10), 단위블럭은 0.01(1/100)이 되고 큰 정육면체 블럭을 1로 정한다면 판블럭이 0.1(1/10), 막대블럭이 0.01(1/100), 단위블럭이 0.001(1/1000)이 된다.

문제 상황에 따라 1로 정할 블럭을 학생들이 직접 결정하는 것도 단위의 크기를 결정하는 중요한 학습이 될 수 있다. 수의 학습에서 단위의 크기 결정은 매우 중요한 의미가 있다. 듀이(Dewey, 1895)의 수의 심리학에 의하면 수 개념은 '측정 활동'에 의해 생겨나며, 측정 활동은 다루고자 하는 전체량을 단위로 분해한 다음, 단위의 반복을 통하여 전체량을 다시 재구성하는 것이라 하였다.[1] 측정을 위한 단위를 파악하는 단계에서 중요한 것은 측정하는 주체인 당사자가 '주목하는 행동'에 의해 단위를 결정하는 것이라는 점이다. 단위를 고정하여 제시하지 않고 측정 당사자가 직접 정하도록 하는 것이 수의 학습에서 중요함을 강조한 듀이의 이론에 비추어 볼 때, 십진블럭을 이용해 소수를 자릿값을 다루면서 학생들로 하여금 1로 정할 블럭을 직접 결정하도록 하고, 나머지 자릿값을 나타내는 블럭들을 정해 보도록 안내하는 학습은 수학교육적으로도 의미 있을 것이다.

분수	100 (100의 개수)	10 (10의 개수)	1 (1의 개수)	소수점	$\frac{1}{10}$ (0.1의 개수)	$\frac{1}{100}$ (0.01의개수)
$\frac{3}{10}$				.	3	
$\frac{73}{100}$				.	7	3
$\frac{8}{10}$				.	8	
$\frac{80}{100}$				.	8	0
$3\frac{6}{10}$			3	.	6	
$15\frac{6}{100}$		1	5	.	0	6

그림 2-40 분수와 소수(Behr & Post, 1992; .243)

[1] 듀이(Dewey)가 설명하는 구성 활동에 의한 수의 학습은 다음 세 단계로 이루어진다(강흥규, 2005).
1단계: 모호한 전체(명확히 규정될 필요가 있는 한정된 크기나 양)
2단계: 전체를(명확하게) 구성하는데 도움이 되는 부분(단위)
3단계: 명확한 전체를 구성하는 측정의 과정(수의 값 결정)

Moser(1992)는 어떤 수 체계를 대상으로 하든 교사가 학생들에게 자릿값의 개념을 지도할 때 고려해야 할 중요한 측면으로 다음의 두 가지를 말한다. 첫째, 위치적 기수법에서 어떤 수를 나타내기 위해 사용하는 각 기호들의 위치는 그 기호가 나타내는 값을 결정한다. 예를 들어, 십진수에서 27302에서 처음의 2는 20000(또는 1000이 20개)이고 마지막의 2는 1이 2개인 2를 나타낸다. 둘째, 묶는 규칙과 절차가 명백하게 존재한다. 예를 들어 십진법에서 10은 1이 10개, 100은 10이 10개, 1000은 100이 10개(또한 1은 0.1이 10개, 0.1은 0.01이 10 개)이고 오진법에서 10은 1이 5개, 100은 10이 5개, 1000은 100이 5개인 것이다. 0~9까지 10개의 기호만을 사용하는 십진법은 인간이 10개의 손가락을 가졌다는 이유로 선택되었고 수학에서 기수로 10을 사용하는 것은 임의적인 것이므로 다른 기수를 갖는 수체계에서도 위와 같은 내용이 그대로 성립한다. 자릿값의 지도에서 딘즈블럭의 사용은 Moser가 말하는 위 두 가지 측면을 구체화하고 시각화하는데 도움을 주는 자료가 된다.

2) 수의 대소 관계

초등 수준에서 자연수의 대소 관계는 수직선 위의 점의 위치를 이용해 비교할 수 있다. 십진블럭을 이용하여 수의 대소 관계를 지도한다면 수의 크기를 블럭으로 구체화하여 시각적으로 비교하는 것이다. 앞에서 소개된 것처럼 소수도 십진블럭으로 표현하면 자연수의 대소 관계와 마찬가지로 소수의 대소 관계도 블럭으로 구체화할 수 있다. 초등 수학 교과서에서는 소수의 대소관계는 <그림 2-42>와 같이 분수와 관련지어 지도한다. 그러나 <그림 2-41>의 방법을 이용하여 1의 크기를 나타내는 블럭을 정하고 소수를 십진블럭으로 표현하면 비교하고자 하는 수를 모델로 나타내고 그 대소관계를 시각적으로 쉽게 비교할 수 있다.

앞의 <그림 2-49>에서 십진블럭으로 소수를 시각화한 표를 보면 0.3보다는 0.37이, 0.37보다는 3.06이 더 큰 소수임이 시각적으로 명백하다.

2600과 3100의 크기를 비교하는 방법을 생각하여 봅시다.

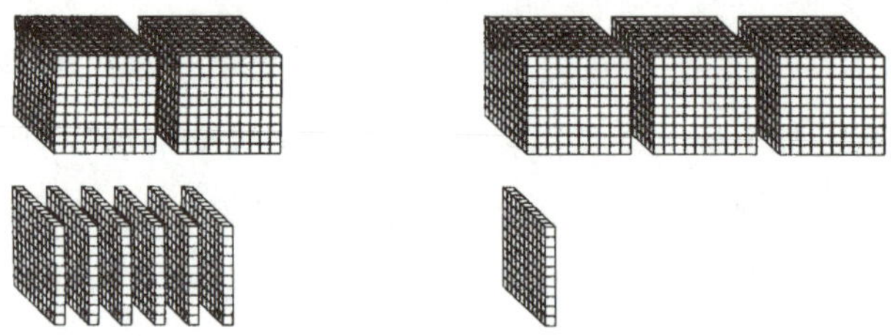

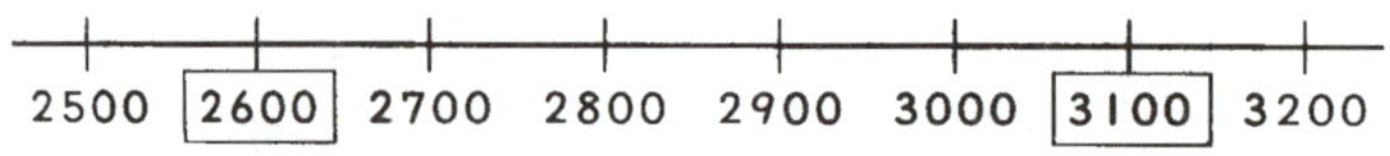

3100은 2600보다 큽니다. 또는, 2600은 3100보다 작습니다.

$3100>2600$ 또는 $2600<3100$

그림 2-41 자연수의 대소 비교

0.3과 0.6의 크기를 비교하여 보시오.

$\left.\begin{array}{l} 0.3=\frac{3}{10} \\ 0.6=\frac{6}{10} \end{array}\right\}$ 이고, $\frac{3}{10}<\frac{6}{10}$ 이므로,

$0.3<0.6$입니다.

두 수의 크기를 비교하여 >, <를 써서 나타내시오.

$\begin{cases} \frac{4}{10} \quad \frac{1}{10} \\ 0.4 \quad 0.1 \end{cases}$ $\begin{cases} \frac{7}{10} \quad \frac{9}{10} \\ 0.7 \quad 0.9 \end{cases}$

그림 2-42 소수의 대소비교

3) 수의 연산

수의 연산을 도입하는 단계에서는 학생들에게 계산 알고리즘의 기술을 빨리 습득하게 하는 것보다는 계산의 기본 원리에 대한 이해를 강조하는 것이 더욱 중요하다. Moser(1992)는 계산 알고리즘의 지도에 있어서 계산 원리에 대한 명확한 이해를 바탕으로 계산 기술을 습득하려면 특히 구체적 조작물의 사용이 효과적이라고 말한다. <그림 2-43>, <그림 2-44>는 초등 수학 교과서에서 십진블럭으로 자연수의 덧셈과 곱셈의 과정을 구체화하여 제시한 것이다.

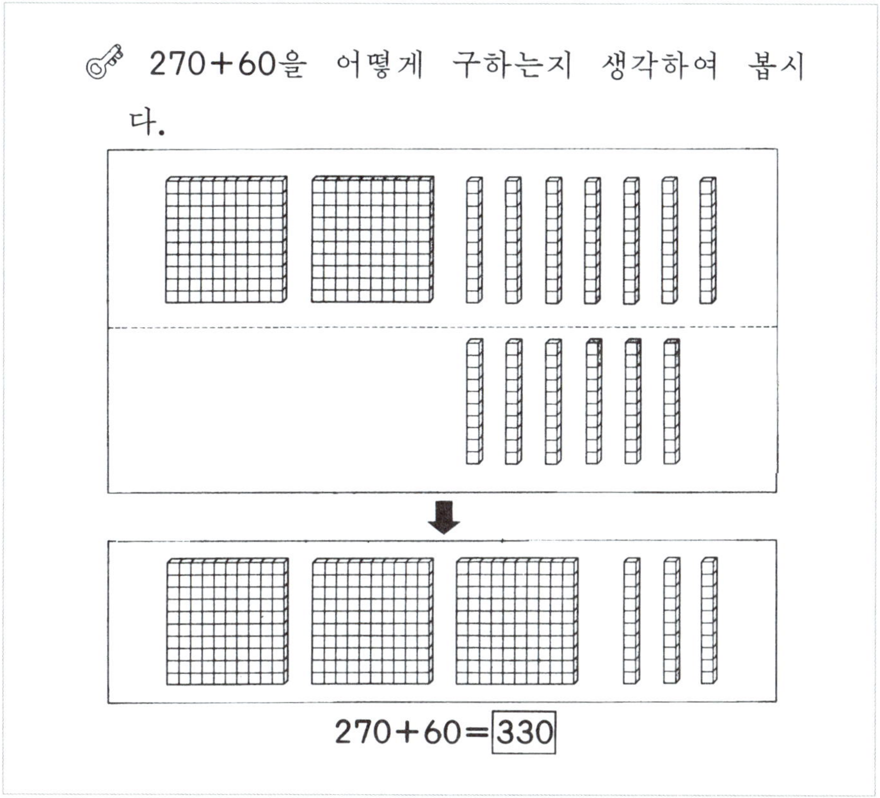

그림 2-43 받아올림이 있는 덧셈

<그림 2-45>는 자연수의 뺄셈을 십진블럭의 조작활동으로 구체화한 것이다. 계산 알고리즘에 대한 이해를 위해서 십진블럭을 활용할 때에는 그 조작의 과정이 교사의 설명과 함께 학생의 활동으로 한 단계 한 단계씩 순차적으로 진행되어야

한다. 계산 알고리즘에 대한 교사의 설명이 제시되기 이전에 먼저 학생들이 미리 준비한 십진블럭을 가지고 계산과정을 자유롭게 탐구해 나가는 단계가 있다면 교육적으로 더욱 의미있다. 교사는 십진블럭을 가지고 한 실제 조작 활동과 조작의 과정을 기호로 나타내는 것을 연결지어 지도할 필요가 있다. 학습과정에서는 실제 조작 활동과 그 조작 과정을 기호로 나타내는 기록 활동의 두 과정이 학습 상황에 따라 그 순서가 서로 바뀔 수도 있다.

314와 3의 곱을 어떻게 구하는지 알아봅시다.

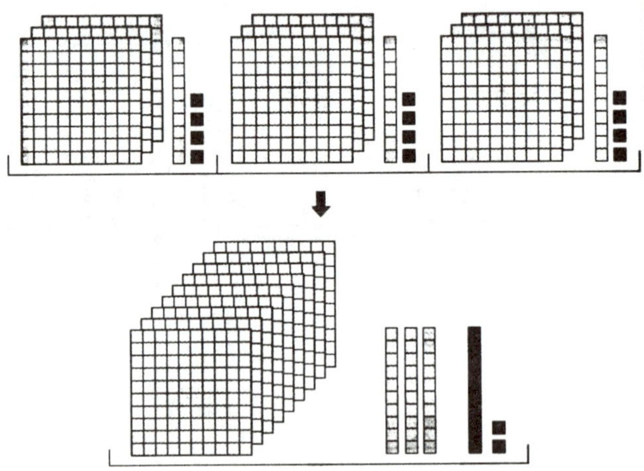

$4\times3=12$

$10\times3=30$

$300\times3=900$

$314\times3=942$ ⟶

```
  314
×   3
   12
   30
  900
  942
```

그림 2-44 받아올림이 있는 곱셈

뺄셈 알고리즘을 다루고 있는 <그림 2-45>는 받아내림의 아이디어를 받아올림의 아이디어로 바꾸어 덧셈 알고리즘에도 그대로 적용할 수 있다.

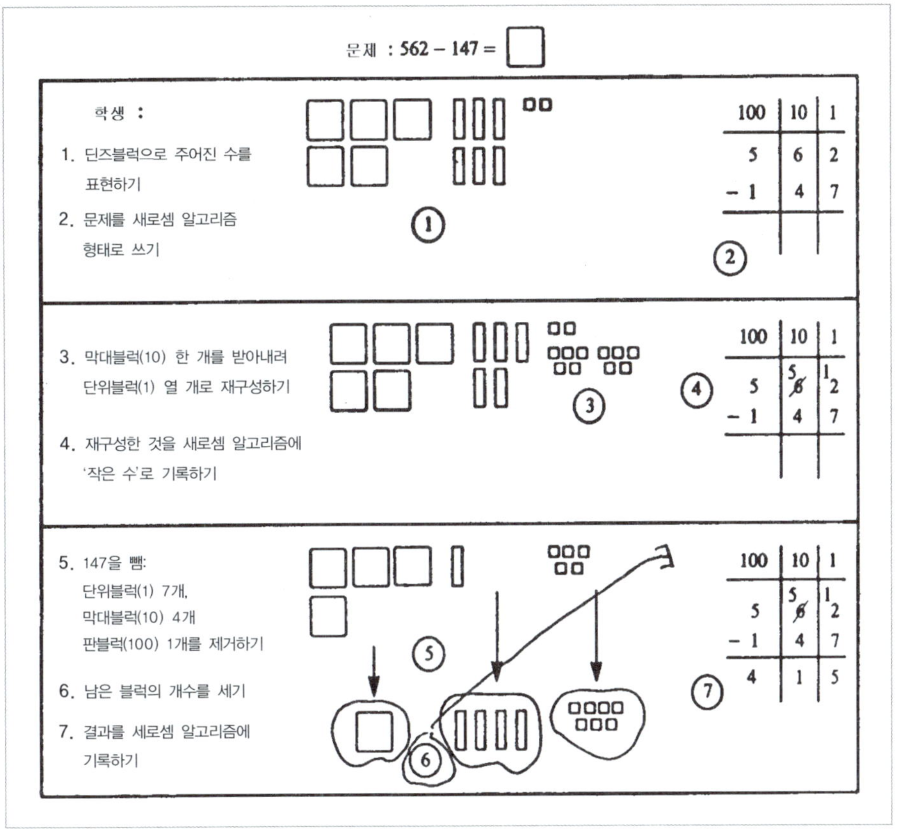

그림 2-45 받아내림이 있는 뺄셈(Moser, 1992; 148)

Anghileri와 Johnson(1992)은 수의 연산에서 특히 학생들은 곱셈(또는 나눗셈) 알고리즘을 이해하는데 오랜 시간을 필요로 하기 때문에 그 과정을 설명할 때 구체적 조작물을 사용하면 효과적이라고 주장하고 있다. <그림 2-46>은 Anghileri 와 Johnson이 곱셈 알고리즘을 십진블럭의 조작활동과 연결지어 나타낸 사례이다.

한편, Behr와 Post(1992)는 딘즈블럭을 이용하여 자연수의 연산 알고리즘의 지도가 가능하듯이, 소수의 연산에도 <그림 2-50>과 같이 Bruner의 EIS이론을 결합하여 십진블럭을 이용 소수의 덧셈을 설명할 수 있다고 한다.

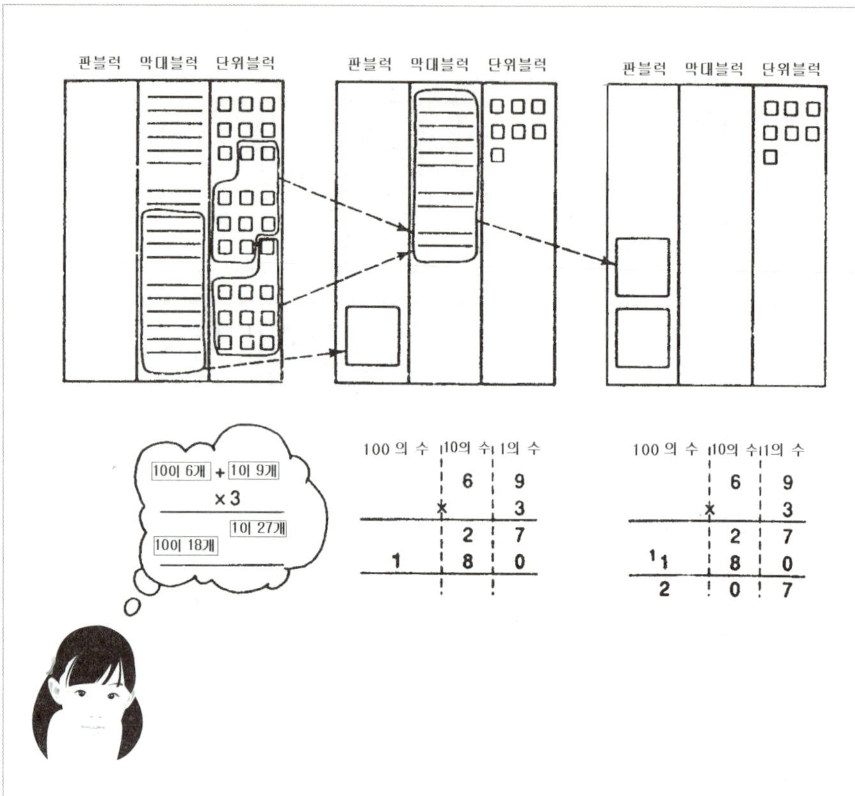

그림 2-46 십진블럭의 조작활동과 곱셈 알고리즘과의 연결(Anghileri & Johnson, 1992; 192)

<그림 2-47>에 제시된 소수의 덧셈에서는 자연수의 덧셈에서 행했던 방법이 그대로 적용되었음을 확인할 수 있다. 여기서도 각 자리의 수는 그 바로 오른쪽에 있는 자리수의 10배이고 더하는 수를 모두 한 줄로 똑바로 맞추어야 한다는 규칙을 적용한다. 자연수에서 이미 학습한 전략을 사용하면 <그림 2-47>에서 0.6+0.73의 결과를 구하는 과정을 쉽게 설명할 수 있다. 브루너(Bruner)가 말하는 활동적 표현의 조작 단계에서 학생들은 0.6과 0.73을 블럭으로 나타내고 그 합을 나타내기 위해 10개의 막대블럭을 1개의 판블럭으로 바꾸고 3개의 막대 블럭과 3개의 단위 블럭을 갖게 된다. 이것을 자릿값표에 기록하여야 하는데, 소수점의 위치를 무시하고 0.6과 0.73을 단지 기호적으로 더하면 그 합은 133이 될 것이고 소수점의 위치를 결정하는 문제만 남게 된다. 여기서 이미 학습된 분수 개념과 관련지어 생각을 해 보면, 60/100+73/100= 133/100이므로 '이것은 하나의 전체보다 조금 더 크다. 그래서

133은 1.33이 되어야 한다'는 생각에 이를 수 있다. 자연수에서 사용하였던 절차와 유사한 묶기 절차를 이용하여서 10개씩 묶어 한자리 올리는 과정으로 1.33을 답할 수도 있다. Behr와 Post(1992)는 이러한 과정에서 중요한 것은 자연수에서 이미 학습한 개념이 소수와 분수 개념과 연관되어 상호작용을 한다는 것이고 이러한 상호작용이 효과적으로 행해지면 새로운 개념과 그와 관련된 기호 표현에 대한 이해가 쉬워진다는 것이다.

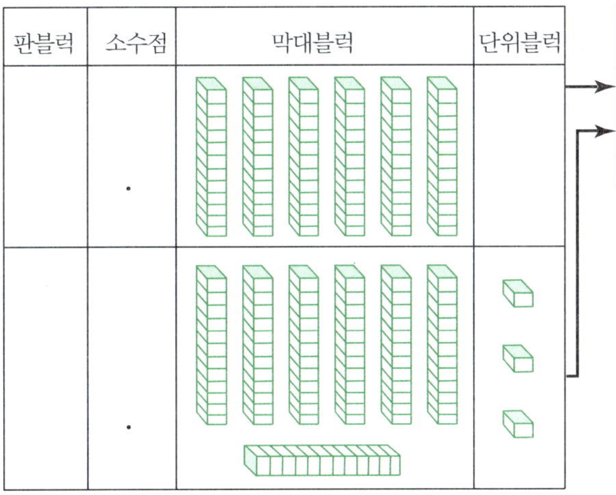

(a) 활동적 조작(Enactive manipulation)

1의 수	소수점	0.1의 수	0.1의 수
	.	6	7
	.	7	3
		13	3

(b) 상징적 표현(Symbolic mode)

그림 2-47 0.6 + 0.73의 계산: 활동적 조작과 상징적 표현(Behr & Post, 1992; .244)

4) 여러 가지 진법

딘즈블럭을 진법지도에 활용하면 수학의 구조를 바탕으로 한 지도가 가능하여 십진법, 이진법 뿐만 아니라 다른 진법의 학습도 쉽게 지도할 수 있다[2]. 예를 들어, 현재 학교 수학에서 명시적으로 다루는 이진법에서 자릿값의 개념이나 수의 연산을 학습할 때는 십진법에서 다루었던 십진블럭의 조작 원리를 그대로 적용하

[2] 우리나라에서는 제6차 교육과정기까지 학교 수학에서 십진법과 함께 이진법과 오진법을 함께 다루었다. 그러나 제7차 교육과정기 이후부터는 학습 내용 적정화 차원에서 오진법을 삭제하고 십진법과 이진법만을 다루고 있다.

면 된다. 이 때 명확히 인식해야 할 것은 수를 나타내는 기호들의 위치는 그 기호가 나타내는 값을 결정한다는 사실과 묶는 규칙과 절차가 있다는 사실이다. 현재 학교수학에서 명시적으로 제시하는 십진법, 이진법 이외의 또 다른 진법을 다루려면 단지 기수만 바뀌면서 묶는 개수가 달라질 뿐 다른 규칙과 절차는 동일함을 설명하는 것으로 충분하다. <그림 2-48>은 삼진법으로 나타낸 수를 딘즈블럭으로 나타내고, 그 수들의 덧셈을 딘즈블럭으로 구체화한 예이다.

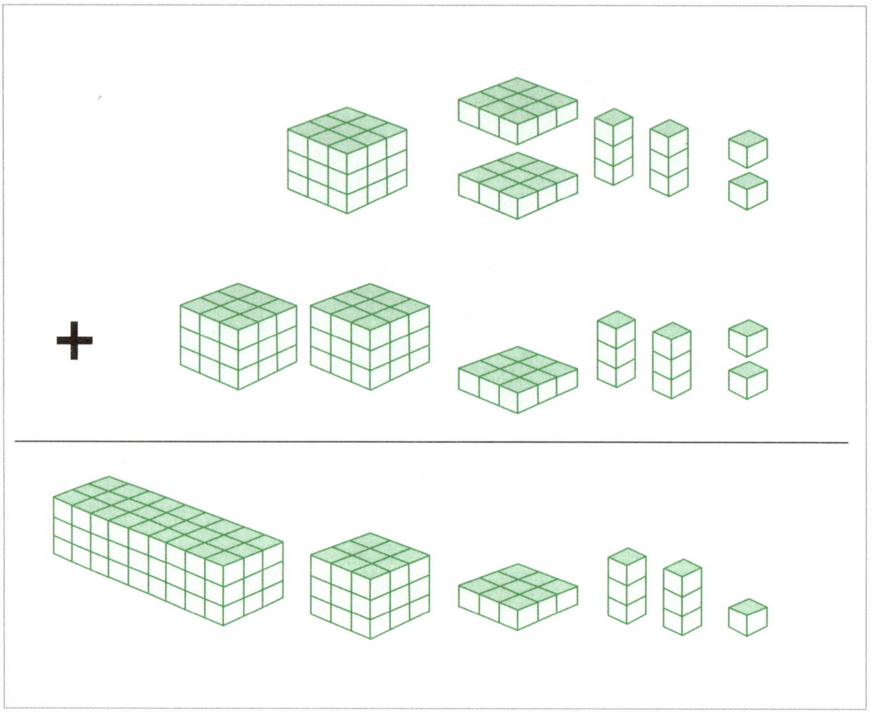

그림 2-48 $1222_{(3)} + 2122_{(3)}$의 계산 과정

딘즈블럭을 이용하면 같은 수를 서로 다른 진법으로 표현하여 시각화할 수도 있다. <그림 2-49>는 단위블럭 11개를 가지고 묶는 개수를 달리해가며 각각 십진법, 오진법, 이진법으로 나타낸 수를 표현한 것이다. 우리나라 중학교 수학에서도 십진법으로 나타낸 수를 이진법으로 나타낸 수로 혹은 그 반대의 경우로 수의 표현을 변환하는 학습을 지도한다. <그림 2-49>는 동일한 수를 각기 다른 진법으로 나타낸 수로 변환하는 과정을 학생들의 직접적인 조작활동으로 시각화 한 예라고

할 수 있다. 이런 활동을 경험면 학생들은 수를 표현하는 방법이 여러 가지가 있으며 같은 수라도 서로 다른 표현 방식으로 수를 나타낼 수 있다는 것을 인식할 수 있게 된다.

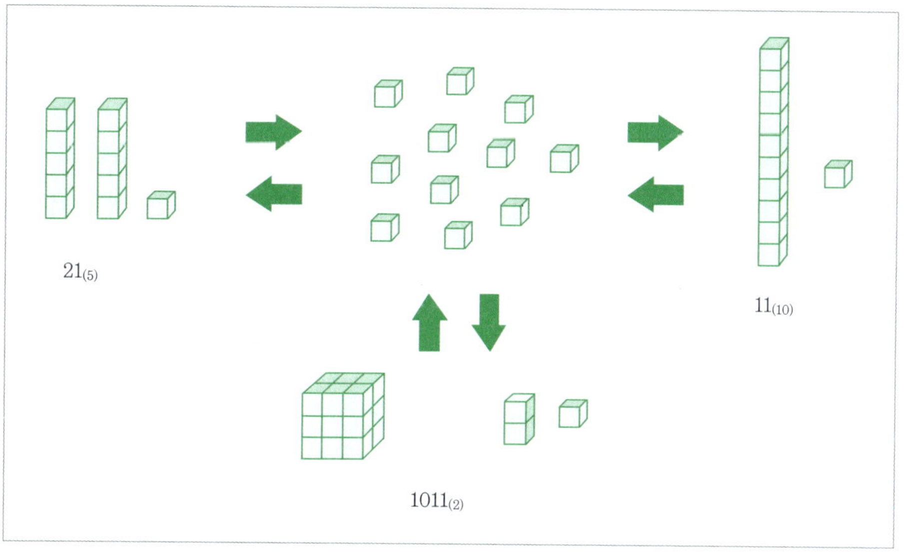

그림 2-49 동일한 수를 서로 다른 진법으로 표현

03 퀴즈네어 막대

가. 퀴즈네어 막대란?

퀴즈네어 색막대(Cusinaire color rods)를 간단히 칭하는 퀴즈네어 막대[3]는 1960년대 이후 수학교육 현대화 운동과 더불어 개발된 것으로 일단의 수학적 관계를 유기적으로 상호관련지어 이해시키고 발전시키기 위해 고안된 활동적 수학교육 교구이다.

1960년대 이후 소위 '새수학(New Math)'에서는 계산 기술의 습득보다는 수 체계의 구조에 대한 이해를 중요한 목적으로 생각하였다. 그리하여, 교구의 성격도 계산 기능의 신장보다는 수의 구조를 이해시키는데 유용한 교구를 강조하는 방향으로 바뀌었다. 실제로 퀴즈네어 막대는 수와 그 계산의 지도에 효과적인 교구로서 전세계적으로 권장되어왔으며 개념 중심의 수학을 지도하는 구체적 자료들 중에서도 학교 현장의 교사들에게 가장 많이 채택되어 사용된 교구라고 한다(김응태 외 2인, 1985; 242; Resnick & Ford, 1981; 120).

퀴즈네어 막대는 나무 또는 플라스틱으로 된 직육면체 모양의 여러 막대로 구성되어 있다. 퀴즈네어 막대는 밑면의 넓이가 $1cm^2$이고 높이가 $1\ cm \sim 10\ cm$로 구분된 열 가지 종류의 막대로 구성되어 있고, 막대의 길이에 따라 서로 다른 색이 칠해져 있다.

퀴즈네어 막대의 높이를 비교했을 때 가장 짧은 흰 색 막대의 높이는 1cm이고 가장 긴 주황색 막대의 높이는 10cm이다. 퀴즈네어 막대는 직육면체의 높이를 나타내는 길이로 분류되기 때문에 센티미터 막대(centimeter rods)라고 부르기도 한다(Behr & Post, 1992; 215). 각 막대의 높이에 따라 각각 다른 색이 칠해져 있다. 이영주 외 2인(1999)에 의하면, 퀴즈네어 막대가 서로 다른 색으로 구분된 것은 학생들이 막대의 길이를 쉽게 구분할 수 있도록, 막대들을 가지고 하는 조작 활동에서 수학적인 관계나 구조를 쉽게 파악할 수 있도록 도와주기 위함이라 한다.

각 막대는 길이와 색에 따라 수를 구분해서 나타낼 수 있다. 즉, 어느 한 막대에 특정한 수를 지정하면 막대들 사이의 관계에 의해서 나머지 9개 막대에 해당하는 수

[3] 벨기에의 초등학교 교사인 퀴즈네어(George Cusinaire)와 영국의 수학교육자인 가테그노(C. Gattegno)가 공동으로 개발한 수학교구이다(김연식 외 3인, 1994; 257). 퀴즈네르 막대로 부르기도 한다.

를 결정할 수 있다. 예를 들면, 가로, 세로, 높이가 각각 1cm인 흰색의 정육면체 막대를 1이라고 하면 높이가 5cm인 노란색 직육면체 막대에 해당하는 수는 5가 되고, 높이가 10cm인 주황색 직육면체 막대에 해당하는 수는 10이 된다. 반대로, 높이가 10cm인 주황색 직육면체 막대를 1이라고 하면 높이가 5cm인 노란색 직육면체 막대에 해당하는 수는 0.5가 되고, 높이가 1cm인 흰색 정육면체 막대에 해당하는 수는 0.1이 된다.

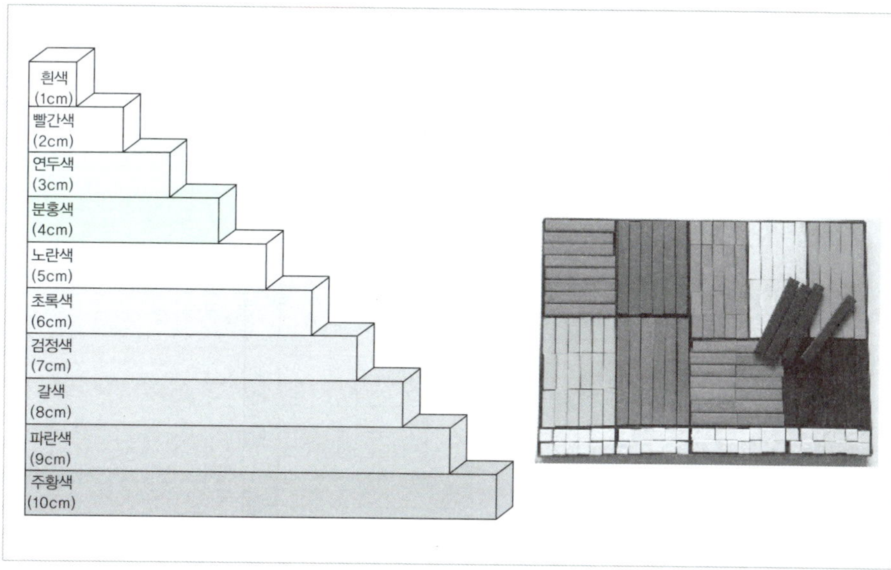

그림 2-50 퀴즈네어 막대

퀴즈네어 막대에는 눈금이 그어져 있지 않기 때문에 수와 계산뿐만 아니라 수 사이의 관계 나아가 수학적 구조를 기호 체계와 연결시키지 않고도 적절히 표현할 수가 있다. 학생들이 수나 기호 표현에 대한 지식이 없다 할지라도 수학의 여러 가지 추상적 개념 즉, 결합법칙, 교환법칙, 분배법칙이나 수의 연산 등의 내용에 친숙해질 수 있는 구체적 조작 경험을 제공할 수 있다. 한편, 퀴즈네어 막대는 막대들 길이 사이의 상대적 크기 관계에 따라 여러 가지 수를 할당하여 다루어 볼 수 있게 하기 때문에 수학에서 핵심이 되는 산술 관계나 구조를 자연수 범위에서 뿐만 아니라 정수, 유리수까지도 구체화하여 다룰 수 있다.

나. 퀴즈네어 막대와 비형식적 수준에서의 탐구

퀴즈네어 막대는 학생들에게 직접 수의 계산 방법을 주입시키는 것이 아니라 무엇보다도 계산의 기초가 되는 수학적 관계를 먼저 인식시키는데 도움을 준다. 학생들은 막대를 서로 맞추는 과정에서 수 사이의 관계를 탐구할 수 있다. 예를 들면, <그림 2-51>과 같이 막대들을 붙여서 그 길이를 같게 맞추는 놀이에서 수의 합성과 분해를 직관적인 수준에서 이해할 수 있게 된다.

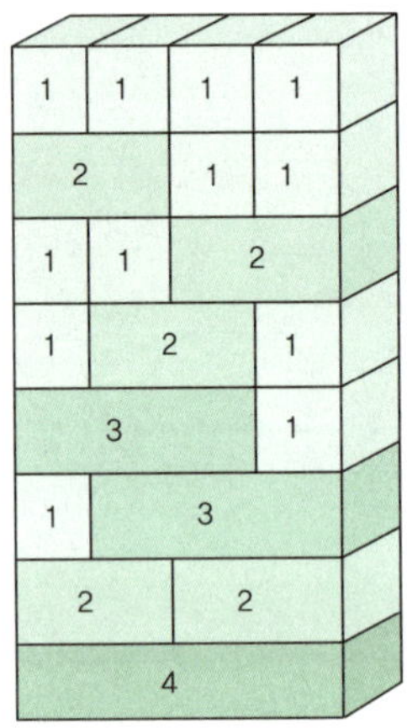

그림 2-51 수의 합성과 분해

Copeland(1970)는 덧셈을 할 때, 더하는 수를 퀴즈네어 막대로 길게 늘어놓는 활동으로 경험하게 되면 수직선의 의미와 수직선 위에서 연산의 의미도 구체화하여 이해할 수 있다고 하였다. 예를 들어, 연두색 막대(3cm) 하나와 또 다른 연두색 막대 하나를 연결하면 초록색 막대(6cm)의 길이와 같아진다는 사실은

$$3 + 3 = 6 \quad \text{또는} \quad 2 \times 3 = 6$$

을 의미하는 것이다. 이러한 결과를 응용하여 1을 계속 더해보면서 수직선을 구성해 볼 수 있을 뿐만 아니라, 수의 연산을 수직선 모델 위에서 구체화하여 이해할

수도 있게 된다. 김효정(1995)의 연구에서는 퀴즈네어 막대는 막대를 맞추는 놀이를 바탕으로 여러 가지 수의 합성과 분해를 인식시켜 기본적인 산술연산을 가능케 할 뿐만 아니라 나아가 소수, 합성수, 약수, 배수의 개념 뿐 만 아니라 분수, 비의 지도에도 유용하게 쓰일 수 있다고 하였다.

그림 2-52 퀴즈네어 막대 학습 교재의 예

가테그노는 이 교구를 이용하여 초등수학의 계산영역에 대한 전체적인 지도체계를 작성하여 이의 보급에 노력하기도 하였다. 그가 개발하여 제시한 학습 활동지는 초등수학영역에 해당하는 약 1400여 개의 문제를 다루고 있다고 한다.

퀴즈네어 막대를 수학학습에 활용하자고 주장하는 수학교육자들의 공통된 의견은 무엇보다도 그것이 수학적 개념과 사고의 토대가 되는 지각적이고 행동적인 수준(perceptive and active level)에서의 탐구활동을 가능케 한다는 것이다. 가테그노(1963)는 아주 어린 아이들에게 퀴즈네어 막대를 주고 막대들 사이의 여러 관계를 제시해주면 막대를 가지고 활동을 한 후에 아이들은 곧 수학화되어 있는 기호체계의 의미를 쉽게 깨달을 수 있다는 주장으로 위의 견해를 뒷받침하고 있다. 가테그노는 어린 아동을 대상으로 한 실험을 통해 4살 된 아이들에게 퀴즈네어 막대를 주고 몇 주 동안 놀이활동을 하게 하면 아래의 질문에 정확히 답하는 아이들이 상당수 있음을 예로 든다.

(주황색 막대 여러 개 앞에 연두색 막대가 놓여있고, 파란색 막대 여러 개 앞에 분홍색 막대가 놓여있다)

[질문 1]

연두색 막대(3cm)의 길이에 맞게 주황색 막대(10cm)를 쌓아보고, 분홍색 막대(4cm)의 길이에 맞게 파랑색 막대(9cm)를 쌓아 보아라.

(이 문제는 아동이 이해할 수 있는 적절한 언어를 사용하여 다르게 표현될 수도 있다)

위 질문은 주황색 막대 3개와 파랑색 막대 4개를 사용하여 아래의 <그림 2-53>과 같이 해결된다.

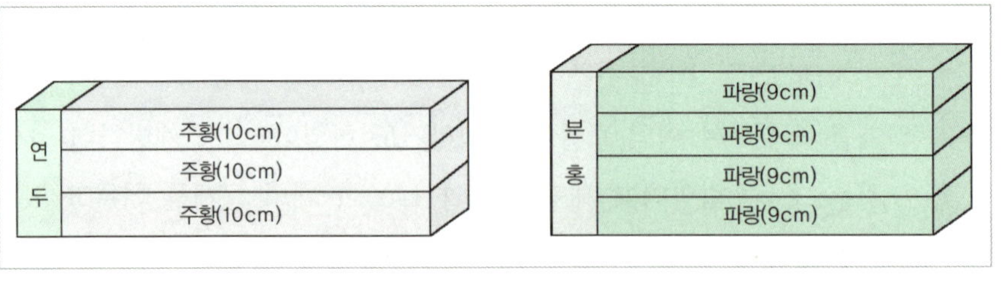

그림 2-53 [질문 1]의 해결

그 다음에 [질문 1]을 해결한 아동에게는 아래의 <그림 2-54>과 같이 막대들을 배열하는 과정을 보여준다.

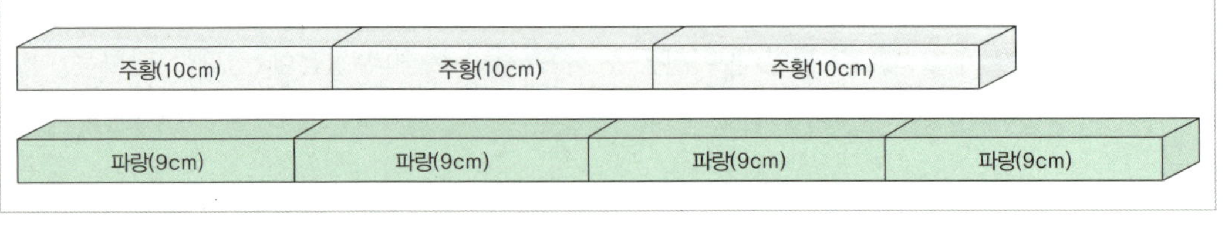

그림 2-54 〈그림 2-53〉에서 사용한 주황색 막대와 파랑색 막대를 늘어놓은 열

주황색 막대의 열(30cm) 보다는 파랑색 막대의 열(36cm)이 더 길다는 것은 아이들도 시각적으로 쉽게 확인할 수 있다. 각 열의 막대 개수(각각 3, 4)를 세어보게 하고 <그림 2-53>의 막대 배열에서 세로로 세워져 있는 막대의 길이(역시 각각 3, 4)와 비교해 보고 서로 수가 같음을 안다. 이렇게 확인된 사실들에 대하여 아이들이 바르게 답하는지를 다음과 같은 질문을 통해 알아본다.

[질문 2]

[질문 1]에서 사용한 주황색 막대들을 길게 연결하고 마찬가지로 파랑색 막대들도 길게 연결하면 어떤 경우가 더 긴 열이 될까?

아이들은 <그림 2-53>의 분홍·파랑 막대들을 가리키며 '이 경우예요'라고 대답한다. 가테그노는 그의 연구에서 퀴즈네어 막대로 놀이를 하는 활동을 하는 시간이 길어질수록 옳은 답을 하는 아이들의 수가 계속 증가했음을 밝히고 있다(C. Gattegno, 1963; 57). 또한 연두색 막대와 분홍색 막대를 서로 바꾸고 같은 문제를 다시 질문하면 바로 전에 옳은 답을 내었던 아이들은 아무도 실수 없이 분홍-주황의 막대들을 가리킨다는 것이다. 비슷한 문제로 연두색 막대 대신 노란색 막대(5cm)를, 분홍색 막대 대신 초록색 막대(6cm)를 사용하여도 역시 아이들은 실수없이 바른 대답을 한다. 연산의 과정에서 곱셈의 기호가 명시적으로 사용되고 있지는 않았지만 이미 아이들은 곱셈의 기초가 되는 동수누가와 관련된 수학적 사고를 하고 있는 것이다. 이에 대해 가테그노는 비록 이 단계에서 아이들이 형식화된 수학 용어들을 사용하지는 않았지만 그럼에도 불구하고 지각적이고 행동적인 수준에서의 형식화는 완전하게 이루어졌다는 것을 강조한다.

같은 문제를, 막대를 바꾸어가며, 여러 번 반복하면 아이들은 [질문 1]과 [질문 2]의 두 단계 사이의 관계를 인식하게 되고 그 관계로부터 문제의 결과는 자신이 취한 행동에서 비롯된 것이라는 결론을 이끌어내게 된다는 것이다. 가테그노는 이 과정에서 아이들이 수학적인 사고를 하게 된다는 주장을 하고 있다.

가테그노는 수학을 지각적이고 행동적인 수준에서 탐구하지 않은채, 너무나 일찍 형식적인 기호와 언어로 학습해 버린 아이들에게는 수학에서 사용하는 기호를 뒷받침하고 있는 실제, 그 실제를 다룰 수 있는 감각이 부족할 수 있음을 지적한다. 기호를 대상으로 이해했던 하나의 행동을 다른 행동으로 대치하기 위해서는 역동적인 변화를 기호에 부여할 수 있는 감각이 필요한데 이러한 감각은 언어적인 수준의 학습만으로는 길러지기 어렵다. 가테그노는 이러한 견해를 통해 수학적 사고의 토대가 되는 지각과 행동 및 이를 바탕으로 한 학생들의 개인적인 탐구를 가능케 하는 퀴즈네어 막대의 유용성을 주장하며 그 사용 효과의 우수성을 높이 평가하고 있는 것이다.

> 퀴즈네어 막대의 유용성은 아동의 활동을 중시하며 활동을 통해 수학적 구조를 인식시킨다고 하는 점에서 피아제의 이론에 의해 뒷받침되고 있다. 피아제는 퀴즈네어 막대를 가지고 아동이 수 조작과 동형인 실제적인 활동을 쉽게 할 수 있기 때문에 아동 자신에 의한 수 조작의 자발적 구성을 돕는데 퀴즈네어 막대를 뛰어난 조작적 교구로 활용할 수 있음을 강조한다(우정호, 1998; 177).

> 퀴즈네어 막대는 자연수의 여러 가지 측면 곧, 기수, 순서수, 셈수, 측정수, 연산자 등의 지도와 그 상호 관련성의 지도 나아가 자연수의 사칙연산과 분수 지도 등에도 매우 유용한 교구로 알려져 있다. 한편 퀴즈네어 막대는 언뜻 보기에는 전연 관계가 없어 보이는 수학의 내용 지도에도 활용할 수 있다. 예를 들어, 단순히 막대의 길이와 색이 구분된다는 속성을 이용하여 확률, 비율, 넓이, 둘레의 길이, 대칭, 합동, 3차원 기하, 패턴, 함수 등을 탐구하는 학습 활동에도 이용할 수 있다. 이러한 교구의 특징을 다가성(multivalence)이라고 하는데 다가성은 최근 개발하는 수학교구들이 지니는 대표적인 특징이라고 할 수 있다(김응태, 박한식, 우정호, 1985; 242).

퀴즈네어 막대 활용에 관한 많은 연구를 살펴보면 퀴즈네어 막대를 활용할 수 있는 학교수학의 학습의 범위가 상당히 넓다는 것을 알 수 있다. 이영주 외 2인(1999)의 논문에서 소개된 바 있는 퀴즈네어 막대의 활용 내용을 초등 수학의 학습 내용과 관련지어 정리해 보면 <표 1>과 같다.

표 1 퀴즈네어 막대 활용이 가능한 초등 수학학습 내용

초등수학의 학습 내용	학년
막대(임의의 측정단위)를 이용한 길이 측정 및 길이 어림	1학년
(한자리 수)자연수의 덧셈 뺄셈	1학년
막대를 이용한 주어진 공간 채우기(공간추론)	1~2학년
분수로 나타내기	2~3학년
자연수의 곱셈과 나눗셈, 곱셈의 교환법칙의 표현	3학년
패턴 익히기(증가, 반복)	3학년
분수 크기 비교	3~4학년
동치분수 찾기	4~5학년
회전 이동, 대칭 이동	4~6학년
분수의 덧셈 뺄셈	5학년
선대칭 익히기	5학년
흰막대를 단위 부피로 생각하여 직육면체의 부피 구하기	5학년
비와 비율(비의 표현 및 비례식)	5~6학년
약수구하기	6학년
최소공배수 구하기	6학년
산술평균 구하기	6학년
최소공배수 구하기	6학년

다. 퀴즈네어 막대의 활용

퀴즈네어 막대를 활용하는 가장 대표적인 학습은 자연수의 크기 및 대소 관계 그리고 사칙 연산을 탐구하는 활동이다. 그러나 이에 대한 활용 방법에 대한 설명은 앞 절에서 소개한 딘즈블럭의 활용 사례와 유사한 점이 많으므로 여기서는 생략한다. 아래에서는 퀴즈네어 막대를 분수의 표상과 연산 지도에 활용한 예를 소개한다.

1) 분수의 표상

초등 저학년에서 분수의 개념을 나타내고 초등 고학년에서 동치분수의 개념을

다루는 과정에 퀴즈네어 막대를 활용해 보자.

다음은 퀴즈네어 막대로 분수 $\frac{3}{4}$을 표상(表象)하는 과정이다.

우선 가장 먼저 결정해야 하는 것은 어떤 막대를 기준(전체 크기)으로 할 것인가이다. 분모가 4이므로 기준이 될 막대는 다른 막대에 의해서 똑같이 네 부분으로 분할할 수 있는 막대여야 한다. 분홍색 막대(4cm)나 갈색 막대(8cm)를 선택할 수 있는데 갈색 막대를 단위로 선택하였다고 가정하자. 아래의 과정은 Behr & Post(1992)의 연구에서 퀴즈네어 막대로 분수 $\frac{3}{4}$을 표상하는 과정을 단계별로 제시한 것이다.

단계 1

기준(전체 크기)이 될 막대를 결정

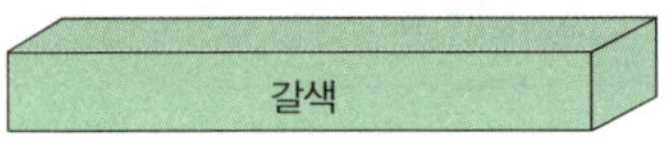

기준 막대 결정

단계 2

기준 막대를 똑같이 네 부분으로 나누는 막대 찾기

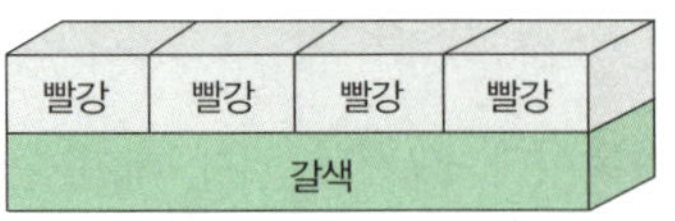

기준 막대를 네 부분으로 분할

이 때 빨간색 막대(2cm)를 곧 찾아내는 학생들도 있지만 어떤 학생들은 빨간색 막대를 찾기 전에 흰색 막대(1cm)나 연두색 막대(3cm)를 올려 본 후에야 빨간색 막대가 적절하다는 것을 발견하기도 한다.

단계 3

갈색 막대(8cm)를 똑같이 분할하는 4개의 막대 중에서 3개 막대만을 연결한 길이에 해당하는 막대 찾기

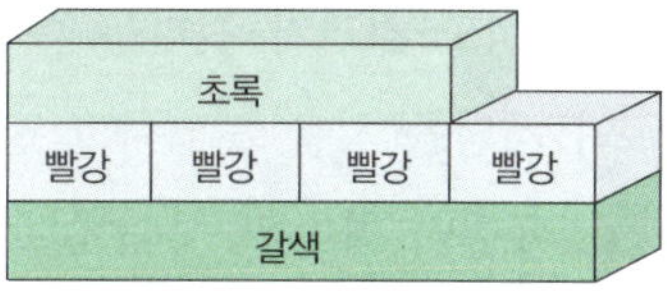

$\frac{3}{4}$의 크기를 갖는 막대 찾기

초록색 막대(6cm)를 찾음(갈색 막대 길이의 $\frac{3}{4}$에 해당됨)

단계 4

막대들을 가지고 계속 활동.

$\frac{3}{4} = \frac{6}{8}$임을 이해(동치분수에 대한 이해).

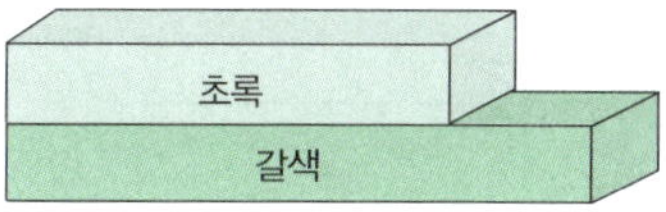

$\frac{3}{4}$(또는 $\frac{6}{8}$)표현, $\frac{3}{4}=\frac{6}{8}$ 인식

초록색 막대(6cm)를 찾음(갈색 막대 길이의 $\frac{3}{4}$에 해당됨)

단계 1 ~ 단계 3 에서는 갈색 막대(8cm)를 단위로 선택하여 그것을 4개의 부분으로 분할하였지만 막대를 가지고 계속 활동을 하는 단계 4 에서 단위로 사용할 막대를 8개 부분으로 분할하게 되면 흰색 막대(1cm)를 8개 사용하게 된다. 이때, 초록색 막대(6cm) 길이에 해당하는 크기는 흰색 막대 6개를 연결한 것과 같기

때문에 위에서 갈색 막대의 $\frac{3}{4}$으로 표현하였던 초록색 막대의 크기는 갈색 막대의 $\frac{6}{8}$으로도 표현가능함을 알게 된다. 같은 양의 다른 표현을 인식하는 이러한 과정 속에서 아이들은 동치분수의 개념을 어렴풋하게나마 인식하게 된다. 동치분수에 대한 인식은 분모가 다른 분수의 덧셈, 뺄셈 학습에서 학생들이 분모의 통분 과정을 통해 통분된 분수로 계산하여도 결과가 같다는 이유를 쉽게 받아들일 수 있도록 도와준다. 위 예는 분수의 개념을 처음 도입하고 분수를 기호로 나타내는 과정이 아니라 분수 개념과 기호 표현이 학습된 상태에서 분수가 나타내는 의미를 모델로 구체화한 과정이라고 할 수 있다.

위와 같은 활동 후에는 학생들에게 응용력을 요하는 다음과 같은 연습문제를 제시해 볼 수 있다.

[연습 문제 1]

퀴즈네어 막대를 사용하여 $\frac{2}{5}$, $\frac{3}{7}$, $\frac{5}{13}$, $\frac{9}{7}$ 나타내어 보아라.

[연습 문제 2]

퀴즈네어 막대를 사용하여 위의 각 분수를 적어도 두 가지 방법으로 나타내어 보아라.

2) 분수의 연산

퀴즈네어 막대는 분수의 연산 지도에도 활용할 수 있다. 다음은 Behr & Post (1992)가 퀴즈네어 막대를 분모가 서로 다른 분수의 덧셈 지도에 적용한 구체적 사례이다. 퀴즈네어 막대로 $\frac{1}{2}+\frac{2}{5}$을 해결하는 과정을 단계별로 살펴보자.

단계 1

2와 5의 최소공배수 찾기

2개로도 분할하고 5개로도 분할할 수 있는 막대 찾기

빨간색 막대(2cm)와 노란색 막대(5cm)를 각각 나란히 배열하여 길게 연결한 열의 길이가 같아지게 한다.

같아진 두 막대 열의 길이에 해당하는 주황색 막대(10cm) 발견

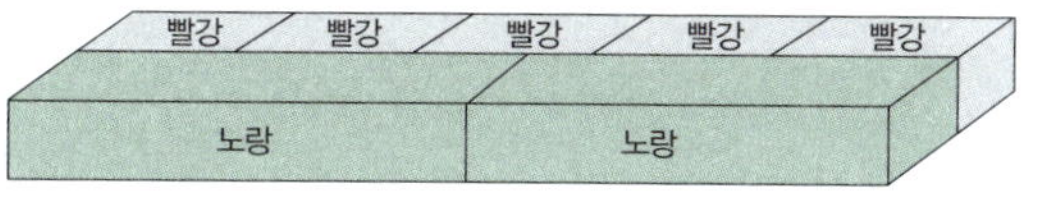

두 막대 열의 길이 같게 하기

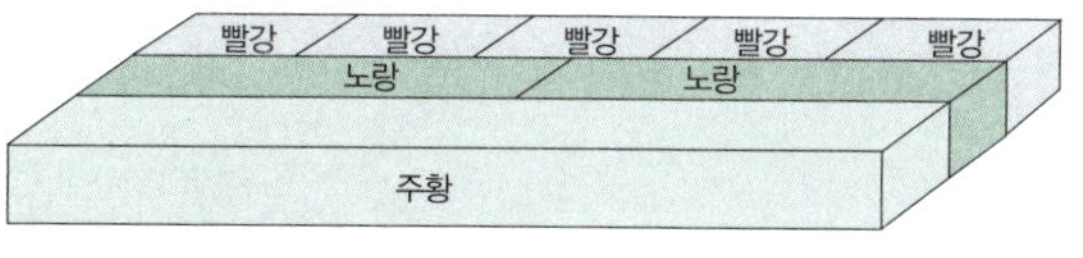

2와 5의 최소공배수 찾기

단계 2

주황색 막대의 $\frac{1}{2}$에 해당하는 노란색 막대(5cm)의 크기를 $\frac{5}{10}$로 생각한다.

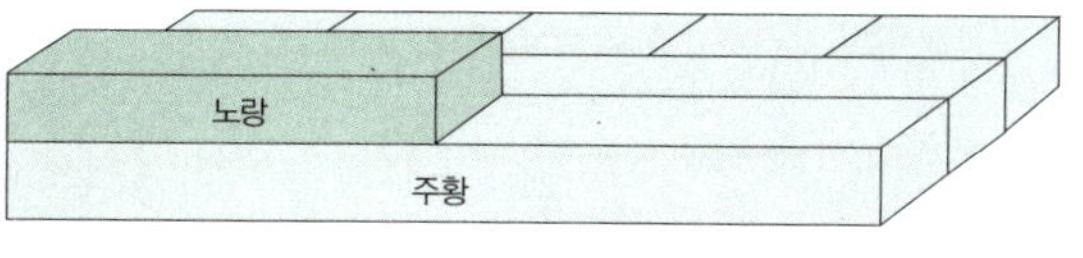

$\frac{1}{2}$($\frac{5}{10}$에 해당) 놓기

단계 3

주황색 막대의 $\frac{2}{5}$에 해당하는 크기 즉, 빨간색 막대 2개를 합한 길이와 같은 분홍색 막대(4cm)를 노란색 막대에 연결한다 ($\frac{5}{10}$에 $\frac{4}{10}$를 더하는 과정).

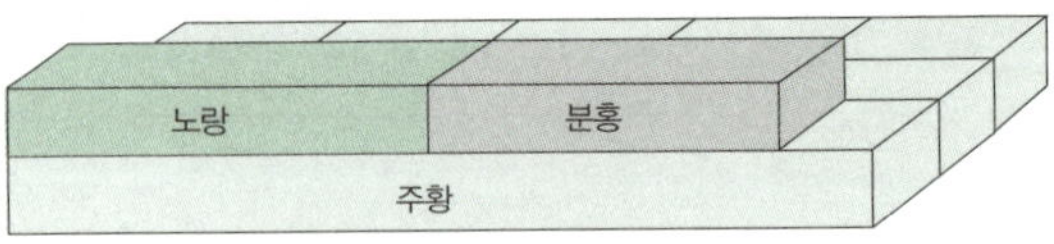

위의 각 단계들을 수식으로 형식화해보자.

(a) $\frac{1}{2} = \frac{1 \times 5}{2 \times 5}$ ← 주황색 막대(10cm) 위에 있는 노란색 막대(5cm)는 흰색 막대(1cm)를 5개 합친 것과 같다.

$= \frac{5}{10}$ (기준이 되는 주황색 막대는 노란색 막대 2개를 합친 것과 같다)

(b) $\frac{2}{5} = \frac{2 \times 2}{5 \times 2}$ ← 주황색 막대(10cm) 위에 있는 분홍색 막대(4cm)는 빨간색 막대(2cm)를 2개 합친 것과 같다.

$= \frac{4}{10}$ (기준이 되는 주황색 막대는 빨간색 막대 5개를 합친 것과 같다)

따라서

$$\begin{aligned}\frac{1}{2} + \frac{2}{5} &= \frac{1 \times 5}{2 \times 5} + \frac{2 \times 2}{5 \times 2} \\ &= \frac{5}{10} + \frac{4}{10} \\ &= \frac{5+4}{10} \\ &= \frac{9}{10}\end{aligned}$$

분수의 덧셈을 퀴즈네어 막대와 같은 구체적 조작물의 활동으로 경험한 후에 수식을 이용하여 형식적으로 정리하는 위의 과정을 도입하는 것은 교육적으로 의미있다. 부르너(Bruner)는 의미있는 수학학습은 활동적 표현, 영상적 표현, 기호적 표현 양식으로 발달되는 것이며, 이 표현 양식 사이의 전이가 중요하다고 하였다. 퀴즈네어 막대를 가지고 분모가 갖지 않은 분수의 덧셈을 활동적으로 다루었던 내용을 기호적 표현으로 변환하는 과정에서 학생들은 조작 활동을 형식화해 나가는 과정을 학습하고 기호적 표현 이면에 있는 구체적 의미를 조작 활동과 연결지어 이해할 수 있게 된다. 이러한 학습 과정은 학생에 따라 시간이 많이 걸릴 수도 있겠지만, 학생들이 분모가 다른 두 분수의 덧셈 알고리즘을 관계적으로 이해할 수 있는 기회를 주는 장점이 있다. 위와 같은 활동 후에 학생들에게는 뺄셈 문제를 포함하여 응용력을 요하는 다음과 같은 연습문제를 제시해 볼 수 있다.

[연습 문제 1]

퀴즈네어 막대를 이용하여 분모가 서로 다른 분수의 뺄셈을 해 보아라.

[연습 문제 2]

퀴즈네어 막대를 사용하여 $\frac{2}{5}+\frac{1}{2}$의 값을 찾아보아라.

[연습 문제 3]

도형의 그림을 이용하여 $\frac{2}{5}+\frac{1}{2}$ 값을 구하는 과정을 설명하여라.

[연습 문제 3]의 $\frac{2}{5}+\frac{1}{2}$ 값을 구하는 과정을 평면도형의 분할을 이용하여 <그림 2-55>와 같이 초등 수학 교과서에서 문장제 문제와 함께 제시하는 경우도 있다. <그림 2-55>의 활동에서도 분수의 덧셈에서 최소공배수의 개념을 이용한다. 이 때, 교사가 곧바로 두 분모의 통분이라는 기계적인 조작을 지도하게 되면 학생들이 분수의 덧셈을 형식적인 방법으로만 익히기 쉽다. 이렇게 되면 <그림 2-55>와 같은 평면도형의 분할 과정으로 최소공배수를 이해하는 그림은 실제로 학생들

이 문제해결을 하는 활동에서 아이디어의 배경으로 부각되지 못하고 사라지기 쉽다. 스켐프(Skemp)는 의미충실한 수학학습은 관계적 이해에서 비롯된다고 하였다. 관계적 이해는 방법과 규칙을 알면서 개념이 습득된 상태로서, 적당히 규칙을 기억하고 있으면서 그 규칙이 적용되는 이유를 모르고 그것을 문제해결에 적용하는 상태를 도구적 이해와 구분된다.

분수의 덧셈을 알아보자.

꽃밭의 $\frac{2}{5}$에는 채송화를 심었고, $\frac{1}{2}$에는 봉선화를 심었다. 채송화와 봉선화를 심은 부분은 전체의 얼마인지 알아보아라.

$\frac{2}{5}$와 $\frac{1}{2}$의 합을 구하는 방법을 생각하여 보자.

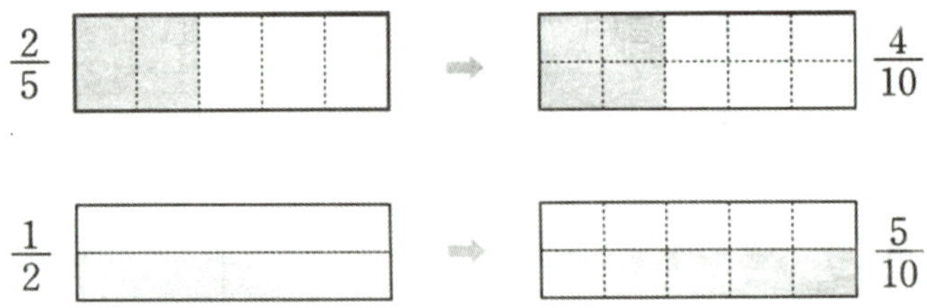

$$\frac{2}{5}+\frac{1}{2}=\frac{4}{10}+\frac{5}{10}=\frac{9}{10}$$

분모가 다른 분수의 덧셈을 할 때에는 통분하여 더한다.

그림 2-55 평면도형의 분할을 이용한 분수의 덧셈 과정(교육부, 1997; 86)

퀴즈네어 막대를 활용하여 분수의 덧셈을 계산하는 과정은 분모를 통분하여 계산하는 이유에 대한 관계적 이해를 가능하게 한다. 학생들은 통분이라는 개념을 명시적으로 다루지 않고도 조작에 의한 직관적인 이해 상태에서 막대를 동일 단위로 분할하는 자연스런 활동을 통해 계산을 해 나갈 수 있다. 이러한 활동 이후에 수식으로 이용해 형식적인 처리를 하게 될 때, 분모의 통분이라는 개념은 막대를 찾는 활동이나 평면도형의 분할의 이미지로 연결되어 인식 된다. 이렇게 관계적으로 의미있는 학습이 일어나면, 또 다른 문제의 해결에도 같은 문제해결 방법을 잘 적용할 수 있을 뿐만 아니라 그 내용에 대한 기억의 지속력도 강해질 수 있다.

분모가 다른 분수의 덧셈에 대한 관계적 이해는 이후 학습에서 두 유리식의 합을 구하는 문제 해결 과정에도 적용될 수 있다.

[연습 문제 4]

유리식의 합을 구하여라.

$$\frac{1}{x-1}+\frac{1}{x^2-1}$$

고등학교 수학에서 다루는 위와 같은 문제는 앞에서 다룬 최소공배수의 아이디어를 그대로 활용하여 다음과 같이 그 결과를 나타낼 수 있다.

$$\frac{1}{x-1}+\frac{1}{x^2-1}=\frac{(x+1)+1}{(x-1)(x+1)}=\frac{x+2}{(x-1)(x+1)}$$

퀴즈네어 막대로 분수의 덧셈을 하듯이 [연습 문제 1]의 제시처럼 분수의 뺄셈 활동도 해 볼 수 있다. 물론 시각적으로 눈에 보이는 구체적 조작물의 특성상 수가 사물의 크기에 의존하게 되므로 퀴즈네어 막대로 뺄셈을 할 때에는 큰 수에서 작은 수를 빼는 과정만 실행해 볼 수 있을 것이다. 따라서 분수의 뺄셈은 초등수준에서 그 계산과정의 아이디어를 처음 다루는 단계에서만 퀴즈네어 막대를 제한적으로 사용하는 것이 바람직할 것이다.

퀴즈네어 막대로 분수의 곱셈과 나눗셈을 설명할 수도 있다. 수학교육 연구에서는 퀴즈네어 막대를 분수의 사칙연산에 활용한 내용을 찾아볼 수 있다. 김지선·

김용태(2008)는 분수의 연산 중에서도 특히 분수의 나눗셈에 초점을 두고, 학생들이 분수의 나눗셈에서 보이는 오류 유형을 분석한 후, 퀴즈네어 막대를 분수 나눗셈 지도에 활용하여 학생들의 오류를 줄이고 학습의 효과를 높였음을 보고하고 있다.

교육과정에서 분수의 나눗셈은 나누는 수의 역수를 곱하는 방법으로 설명한다. 김지선 · 김용태(2008)는 학생들이 분수의 나눗셈 원리를 이해하지 않은 채, 대부분 단순한 기계적인 알고리즘으로 학습하는 경향에 문제의식을 갖고 연구과정에서 퀴즈네어 막대를 활용하여 분수의 개념을 이해시키고 분수의 나눗셈을 포함제로 지도하면서 나눗셈이 곱셈과 역연산 관계임을 학생들이 흥미롭게 탐구할 수 있도록 하였다. 이 연구에서 실행한 학습 내용과 활동을 <표 2>에 제시하였다. 그 중에서 5차시에 해당되는 분수 나눗셈 지도 프로그램은 <표 3-1, 2, 3>에 제시하였다.

표 2 퀴즈네어 막대를 활용한 학습 활동 예시

<table>
<tr><th>차시</th><th>학습 주제</th><th>학습 내용 및 활동</th><th>활용 시간</th></tr>
<tr><td>1</td><td>퀴즈네어 막대 익히기</td><td>· 퀴즈네어 활용하여 1에 대한 지도, 분수로 나타내기, 동치류 찾기</td><td rowspan="7">아침 활동 · 점심 시간 및 교과 재량 시간</td></tr>
<tr><td>2</td><td>약수, 최소 공배수 구하기</td><td>· 퀴즈네어 막대를 활용하여 약수, 최소 공배수 구하기</td></tr>
<tr><td>3</td><td>분수의 곱셈</td><td>· 퀴즈네어 막대를 활용하여 분수의 곱셈 방법 익히기</td></tr>
<tr><td>4</td><td>(자연수)÷(자연수)</td><td>· 퀴즈네어 막대를 활용하여 (자연수)÷(자연수)를 곱셈으로 나타내기
· (자연수) ÷ (자연수)의 몫을 분수로 나타내기
※ 1에 들어있는 단위 분수의 횟수를 구한 다음, 피제수 만큼 배를 해준다.</td></tr>
<tr><td>5</td><td>(분수)÷(자연수)</td><td>· 퀴즈네어 막대를 활용하여 (진분수)÷(자연수)와 (가분수)÷(자연수)의 계산 원리를 이해하고 곱셈식으로 나타내기
※ 기준막대를 정하고 그에 대한 피제수의 분수 막대를 정해 제수인 자연수가 피제수에 몇 번 포함되는지 확인한다.</td></tr>
<tr><td>6</td><td>(대분수)÷(자연수)의 계산</td><td>· 퀴즈네어 막대를 활용하여 (대분수)÷(자연수)와 곱셈식으로 나타내는 계산원리를 형식화하여 편리한 방법으로 계산하기
※ 기준막대를 정하고 그에 대한 피제수의 분수 막대를 정해 제수인 자연수가 피제수에 몇 번 포함되는지 확인한다.</td></tr>
<tr><td>7</td><td>분수와 자연수의 혼합계산</td><td>· 퀴즈네어 막대를 활용하여 분수와 자연수의 곱과 나눗셈의 혼합식을 곱셈식으로 나타내고 편리한 방법으로 계산하기</td></tr>
<tr><td>8</td><td>(분수)÷(분수)의 계산</td><td>· 퀴즈네어 막대를 활용하여 (분수)÷(분수)의 계산 원리를 이해하고 곱셈식으로 나타내기
※ 기준막대를 정하고 그에 대한 피제수의 분수 막대를 정해 제수가 피제수에 몇 번 포함되는지 확인한다.</td><td>교과 시간</td></tr>
</table>

◇ 부록 1: 분수 나눗셈 지도 프로그램 적용(5차시 예시)

(가) 학습 주제

(분수)÷(자연수)의 계산하기

(나) 학습 목표

(분수)÷(자연수)의 계산원리를 설명할 수 있다.

(분수)÷(자연수)의 계산 방법을 형식화하여 편리한 방법으로 계산할 수 있다.

구체적 조작 활동과 입식과의 관계에 의미를 갖고 활동하는 태도를 갖는다.

(다) 예습적 과제

준비물: 색종이, 모눈종이, 퀴즈네어 막대, 자 등

(라) 학습 활동 과정

표 3-1 퀴즈네어 막대를 활용한 분수의 나눗셈 지도 예시

과정(분)	중심 내용	예상되는 발문과 응답	자료 및 유의점
문제 파악 (5)	· 전시 학습 내용 확인하기	T_1, 지난 시간에 공부한 내용을 말해 볼까요? S_1, 나눗셈을 곱셈으로 나타내는 공부를 했습니다. S_2, 자연수와 자연수의 나눗셈을 곱셈으로 나타내보았습니다. S_3, 자연수와 자연수의 나눗셈을 할 때 뒤의 자연수가 왜 분수로 변하는지에 대해 알게 되었습니다.	· 자연수끼리의 나눗셈은 본시 학습의 기초가 되기 때문에 부진아를 중심으로 출발점 행동을 고른다.
	· 생활 장면 도입하기	T_2, (ICT 자료를 보여주며) 문제를 잘 보고 알려준 것과 구하려고 하는 것을 말해 볼까요? S_4, 알려준 것은 쟁반의 $\frac{2}{3}$ 만큼 떡이 담겨 있는데 흥부네 식구 2명이 똑같이 나누어 먹으려 하는 것입니다. S_5, 구하고자 하는 것은 흥부네 식구 한 명이 얼마만큼 먹게 되는지 입니다. T_3, 그럼, 이 문제를 해결하려면 어떤 식을 세워야 할까요? S_6, $\frac{2}{3}$를 2로 나누면 됩니다. S_7, $\frac{2}{3} \div 2$로 해결 할 수 있습니다.	□ ICT 자료 (실생활 속에서 접하는 분수와 자연수의 나눗셈 문제) · 생활 장면에서 분수와 자연수의 나눗셈에 대한 필요성을 느끼게 하여 본시 공부할 문제를 유도한다.

(계속)

	· 공부할 문제 파악하기	T_4, 좋아요, 이 시간에는 $\frac{2}{3}$를 2로 나누면 얼마나 되는지 알아볼까요? 〈 공부할 문제 〉 $\frac{2}{3}$÷2의 값은 얼마일까요? S_n, (공부 할 문제를 공책에 쓰면서 해결 방법을 생각해 본다.)	· 공부할 문제를 정확하게 알고 수업에 임하도록 하며, 본시에 도달하여야 할 성취수준을 알려준다.

표 3-2 퀴즈네어 막대를 활용한 분수의 나눗셈 지도 예시

과정 (분)	중심 내용	예상되는 발문과 응답	자료 및 유의점
문제 추구 및 해결 (27)	· 해결방법 알아보기	T_5, $\frac{2}{3}$÷ 2를 어떤 방법으로 해결하여 볼까요? S_8, 색종이를 접어서 알아보면 좋겠습니다. S_9, 모눈종이에 그려서 알아보면 좋겠습니다. S_{10}, 퀴즈네어 막대로 구해보면 좋겠습니다. S_{11}, 나눗셈을 곱셈식으로 고쳐서 해결합니다.	· 다양한 해결 방법을 찾아낼 수 있도록 지도적 평가나 허용적 분위기에 유의한다.
	· 퀴즈네어 막대로 해결하여 계산 원리 발견하기	T_6, (퀴즈네어 막대를 제시하며) $\frac{2}{3}$÷ 2를 퀴즈네어 막대로 해결해봅시다. S_n, (퀴즈네어 막대로 $\frac{2}{3}$÷ 2 문제를 해결해본다.) T_7, 퀴즈네어 막대로 해결한 $\frac{2}{3}$÷ 2의 계산 방법을 발표해 볼까요? S_{12}, $\frac{2}{3}$와 $\frac{1}{2}$을 막대판에 놓고, 3과 2의 면적을 흰색으로 채워서 개수를 세어보니 6개이고, 2와 1의 면적이 2개의 흰색막대로 채워지는 것으로 보아 $\frac{2}{6}$임을 알 수 있습니다. S_{13}, 3과 2의 면적을 연두색이나 빨간색으로 채워서 곱으로 구했더니 6개, 2와 1의 면적을 빨	☐ 조작자료 (퀴즈네어 막대) · 구체물인 퀴즈네어 막대로 조작활동을 하여 분수와 자연수의 나눗셈 계산 원리를 발견하게 한다. · 퀴즈네어 막대로 해결한 것을 보고, 각자 여러 가지 계산 방법의 입식과정을 순회지도하면서 해결 유형별로 나와서 관서하게 한다.

표 3-2 (계속)

		간색이나 흰색으로 채워서 2개이므로 $\frac{2}{6}$ 임을 더 빨리 알 수 있었습니다. S_{14}, 두 수의 면적을 채울 수 있는 최대공약수가 2임을 알고 두 면적을 빨간색으로 세어보니 6은 3개이고, 2는 1개이므로 $\frac{1}{3}$ 이 됩니다.	
	· (분수)÷(자연수)의 계산 방법 형식 찾기	T_8, 퀴즈네어 막대를 활용한 것을 보고, 자신이 생각한 다른 방법으로 해결 보도록 합시다. S_n, (각자 생각한 방법대로 문제를 해결해 본다.) T_9, 그럼 각자가 해결한 여러 가지 방법을 발표해볼까요? S_{15}, 저는 색종이를 이용하여 해결해 보았습니다. 세로로 3등분이 되게 접은 다음 다시 반대로 2등분이 되도록 접었더니 구할 수 있었습니다. S_{16}, 저는 모눈종이를 이용하여 그림을 그려서 해결해보았습니다 S_{17}, 저는 나눗셈을 곱셈으로 고쳐서 해결해보았습니다. $\frac{2}{3}\div 2=\frac{2}{3}\times\frac{1}{2}=\frac{2\times 1}{3\times 2}=\frac{2}{6}=\frac{1}{3}$ 로 분모끼리의 곱과 분자끼리의 곱을 구하여 구했습니다. S_{18}, 저는 나눗셈을 곱셈식으로 고쳐서 해결하고 약분을 해서 구해보았습니다. $\frac{2}{3}\div 2=\frac{2}{3}\times\frac{1}{2}=\times\frac{2\times 1}{3\times 2}=\frac{1}{3}$ 로 곱을 구하는 과정에서 약분하여 간단하게 구했습니다.	□ 조작자료 (색종이, 모눈종이) · 분수와 자연수의 나눗셈 계산 원리를 확인하고, 여러 가지 방법으로 계산할 수 있음을 알게 한다. 그리고 상황에 따라서 어느 방법이 가장 좋은지 비교하여 발표 내용을 듣도록 한다.

표 3-3 퀴즈네어 막대를 활용한 분수의 나눗셈 지도 예시

과정(분)	중심내용	예상 되는 발문과 응답	자료 및 유의점
	· (분수)÷(자연수)의 편리한 계산 방법 찾기	T_{10}, 여러 가지 해결 방법으로 $\frac{2}{3}\div2$를 해결해 보았는데 분수와 자연수의 나눗셈은 어떻게 계산하는 것이 편리한지 발표해 볼까요? S_{19}, 저는 리라가 계산한 방법이 좋습니다. 그 이유는 나눗셈을 곱셈으로 바꾼 뒤, 뒤의 자연수를 분수로 바꾸어 분모는 분모끼리 곱해주고, 분자는 분자끼리 곱해서 구하면 되기 때문입니다. S_{20}, 저는 희수가 해결한 것처럼 나눗셈을 곱셈으로 바꾼 뒤 곱셈상태에서 바로 약분하여 구하는 방법이 더 좋다고 생각합니다.	
	· (분수)÷(자연수)의 계산 방법 형식화하기	T_{11}, (ICT자료를 제시하며) 분수와 자연수의 나눗셈에 대한 계산 방법에 대하여 정리하여 봅시다. S_n, (분수와 자연수의 나눗셈 계산 방법을 형식화하여 일반화시킨다.)	□ ICT 자료 (분수)÷(자연수) 계산 방법을 정리한 내용
적용·발전(7)	· 학업성취도 확인하기	T_{12}, (파일 자료를 제시하며)지금까지 배운 내용을 얼마나 잘 아는지 혼자 힘으로 문제를 해결해 봅시다. S_n, (학습지 문제 해결한 것을 소집단별로 묻고 가르쳐 주면서 비교하여 확인한다.)	□ 파일 자료 (학습지- 익히기 3문제)
	· 수준별 학습 안내하기	T_{13}, 다 맞은 학생은 분수놀이 활동지를 하고, 한 문제라도 틀린 학생은 수학학습지를 해결하고, 아직도 문제를 해결하지 못한 학생은 선생님과 함께 공부하도록 합시다. S_n, (학업 성취도 능력에 따라 수준별로 학습을 한다.)	학습지로 기본학습 도달도를 확인한 후, 수준별 학습을 안내한다. 〈수준별학습〉 (상: 분수놀이 활동지 중: 학습지 하: 퀴즈네어 막대로 선생님과 함께 해보기)
	· 알게 된 점 말하기	T_{14}, 이 시간 공부를 통하여 알게 된 점이나 재미있었던 점을 발표해 볼까요? S_{21}, 퀴즈네어 막대를 활용하여 분수와 자연수의 나눗셈을 알아보니 무척 재미있고 쉽게 이해가 되었습니다. S_{22}, 분수와 자연수의 나눗셈도 앞에서 공부했던 자연수끼리의 나눗셈처럼 곱셈으로 고친 뒤 계산할 수 있음을 알게 되었습니다	

표 3-3 (계속)

		S_{23}, 진분수와 자연수의 나눗셈은 곱셈으로 고친 뒤 바로 약분하면 쉽게 구할 수 있다는 것을 알았습니다.	·
과제파악 (2)	· 과제제시 및 차시 예고하기	T_{15}, (문제 카드를 제시하며) 다음 시간에는 무엇을 공부해 볼까요? S_{24}, 대분수와 자연수의 나눗셈을 공부하면 좋겠습니다. S_{25}, 대분수의 자연수의 나눗셈 계산 방법을 여러 가지로 찾아보면 좋겠습니다. T_{16}, 그래요, 다음 시간에는 색종이, 모눈종이, 퀴즈네어 막대, 자를 준비해 오도록 합니다. 이 시간 공부를 마치겠습니다. S_n, 감사합니다.	□ 파일 자료 (문제카드) □ 파일 자료 준비물: 색종이, 모눈종이, 자, 퀴즈네어 막대 등

04 탱그램

가. 탱그램이란?

'칠교판(七巧板)'이라고도 부르는 탱그램(Tangram)은 <그림 2-56>과 같이 정사각형 모양을 잘라 만든 7개의 조각[4]으로 구성된 교구이다. 우리나라 학생들에게 탱그램은 7개의 조각들을 재배열하여 여러 가지 모양을 만들어보는 퍼즐 즉, 칠교놀이를 하는 교구로 친숙하다.

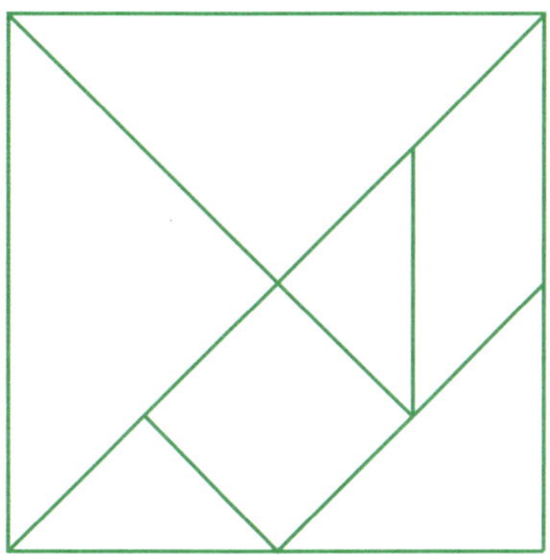

그림 2-55 탱그램

탱그램은 조각들의 모양이 단순하고, 그 개수가 많지 않음에도 불구하고 수천 가지의 다양한 대상들(인간의 모습, 사물, 동물, 알파벳 문자 등)을 표현할 수 있는 신비로움을 지닌다.

4) 큰 직각이등변삼각형 2개, 중간 크기의 직각이등변삼각형 1개, 작은 직각이등변삼각형 2개, 작은 정사각형 1개, 평행사변형 1개

그림 2-57 탱그램으로 만든 검(Knife)

그림 2-58 탱그램으로 만든 체스 말

그림 2-59 탱그램으로 만든 사과 모양

오늘날 탱그램은 연령에 상관없이 누구나 즐길 수 있는 교구로 전 세계에서 사랑을 받고 있음에도 불구하고, 그 기원에 대해서는 명확한 자료가 없다. 다만 1780년대에 탱그램 퍼즐을 풀고 있는 중국 여인 두 명이 그려진 목판화가 발견되었고, 탱그램 문제들을 다룬 가장 오래된 출판물은 중국에서 발견된 것으로 1813년에 발간되었다는 것이 알려져 있는 정도이다. 그 이후로 탱그램은 미국과 유럽에 중국퍼즐로 알려지게 되고 판지, 돌, 상아, 플라스틱 등 여러 가지 재료로 만들어져 왔다고 한다. 따라서 학자들은 탱그램이 1800년 이전에 중국에서 만들어지고, 유럽과 미국에 전파되었다고 생각하고 있다. 19세기 초에 탱그램이 서양에 퍼지면서 그것의 대중성은 현재까지도 이어지고 있다. 19세기에 중국에서는 탱그램의 인기가 대단하여 탱그램 퍼즐 조각 모양의 접시, 상자, 탁자들도 만들어졌다고 한다. <그림 2-60>은 19세기에 만들어진 탱그램 책상으로 중국에서 발견된 것이다. 우리나라에서는 <그림 2-61>과 같이 서울 지하철 5호선 김포공항역의 벽면을 장식한 디자인에 탱그램이 활용된 예를 찾아볼 수 있다.

그림 2-60 19세기에 만들어진 탱그램 책상(중국)

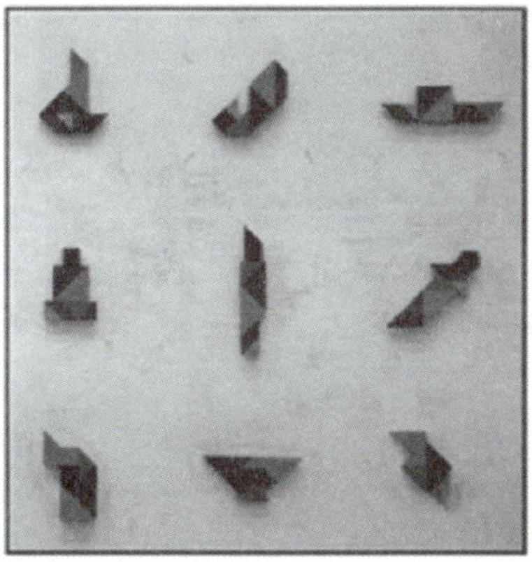

그림 2-61 탱그램을 활용한 디자인(우리나라)

나. 탱그램의 제작과 원리

탱그램을 사용하기 위해서는 상품화되어 있는 탱그램을 구입하거나 직접 제작해야 한다. 탱그램의 제작을 직접할 경우에는 주어진 도형의 분할이나 간단한 도형의 작도 과정을 경험할 수 있다.

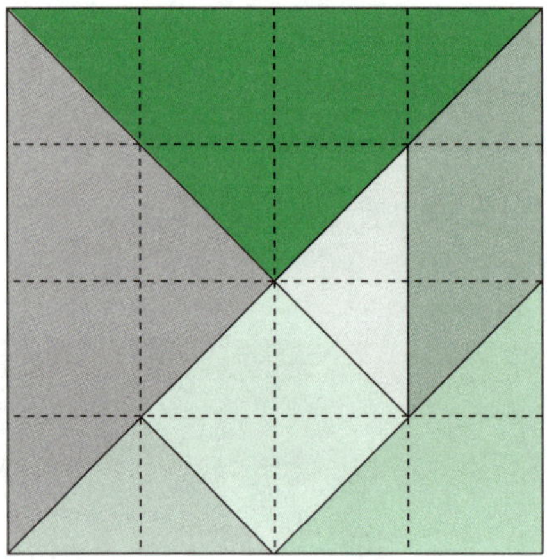

그림 2-56 탱그램(칠교판)

초등학생의 경우에는 탱그램을 간단한 종이접기로, 중학생의 경우에는 작도로 제작해 보는 것이 좋다. <그림 2-63>은 종이접기로 탱그램을 제작하는 과정을 보여준다.

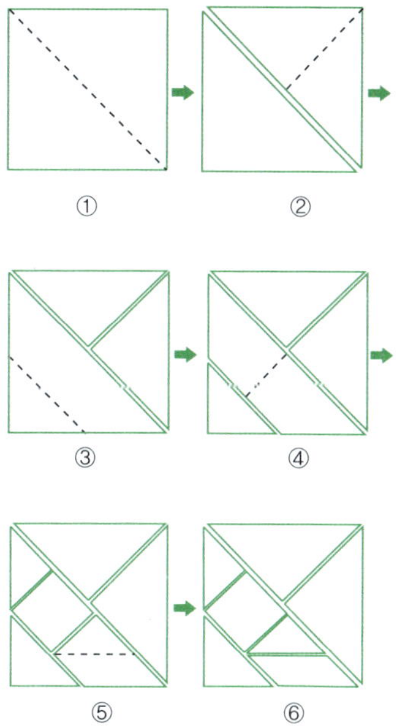

① 정사각형 모양의 색종이를 대각선을 따라 접고 잘라서 두 개의 직각삼각형을 만듭니다.

② ①의 직각삼각형 중 하나를 반으로 잘라서 두 삼각형을 만듭니다.

③ ②의 또 다른 직각삼각형의 직각인 꼭지점을 빗변의 중점에 맞추어 접고 자릅니다.

④ 등변사다리꼴을 반으로 접어 잘라서 두 개의 작은 사다리꼴을 만듭니다.

⑤ 작은 사다리꼴의 긴 밑변이 이등분되도록 접어 잘라서 직각삼각형과 정사각형을 만듭니다.

⑥ ④에서 만들어진 또 다른 작은 사다리꼴의 긴 밑변을 이등분되도록 그림과 같이 접어 잘라서 직각삼각형과 평행사변형을 만듭니다.

그림 2-63 색종이를 이용한 종이 접기로 탱그램 제작

탱그램을 구성하는 도형들을 주의 깊게 살펴보면 도형의 넓이들 사이에 일정한 관계가 성립함을 알 수 있다.

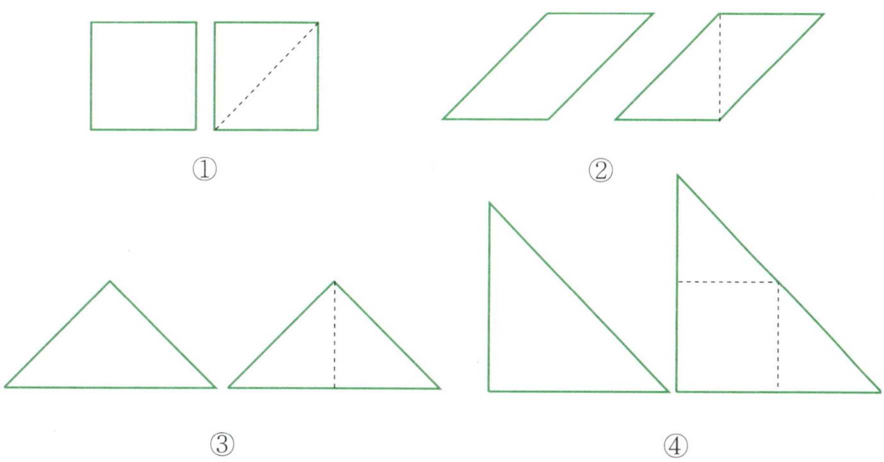

그림 2-64 탱그램 조각의 넓이 사이의 관계

① 가장 작은 직각이등변삼각형 두 개를 빗변이 마주하도록 붙이면 탱그램의 작은 정사각형이 한 개 만들어진다. 작은 정사각형의 넓이를 1이라고 하면 가장 작은 직각이등변삼각형의 넓이는 1/2이 된다.

② 가장 작은 직각이등변삼각형 두 개를 빗변이 아닌 변이 마주하도록 붙이면 (<그림 2-64>의 ②번 처럼) 탱그램의 평행사변형이 한 개 만들어진다. ①에서 가장 작은 직각이등변삼각형의 넓이를 1/2로 했으므로 평행사변형의 넓이는 1이 된다.

③ 가장 작은 직각이등변삼각형 두 개를 빗변이 아닌 변이 마주하도록((<그림 2-64>의 ②와 다른 방법인 ③번 그림처럼) 붙이면 탱그램의 중간 크기의 직각이등변삼각형이 한 개 만들어진다. ①에서 가장 작은 직각이등변삼각형의 넓이를 1/2로 했으므로 중간 크기의 직각이등변삼각형의 넓이는 1이 된다.

④ 큰 직각이등변삼각형은 가장 작은 직각이등변삼각형 두 개와 정사각형 하나로 구성되므로 ①에서의 넓이를 이용하면 큰 직각이등변삼각형의 넓이는 2가 된다.

①~④에서 얻은 결과를 이용하면 탱그램을 구성하는 도형의 넓이들 사이에 숨어있는 다음과 같은 원리를 발견할 수 있다.

- 탱그램의 각 도형의 넓이는 정사각형 넓이의 1/2배 또는 2배이다.
- (작은 정사각형의 넓이를 1이라고 하면) 탱그램의 모든 도형의 넓이를 합하면 8이다. 또는 탱그램 7조각을 모두 사용하여 만든 정사각형의 넓이는 8이다.

탱그램 조각들로 여러 가지 도형이나 모양을 구성할 때 조각의 넓이들 사이의 관계를 알고 있으면 도형이나 모양을 구성하는 활동이 한결 수월해진다. 예를 들어, 어떤 도형이나 모양 속에 정사각형이 들어간다면 그 곳에 작은 직각이등변삼각형 두 개를 대신 넣을 수도 있다고 생각할 수도 있다.

탱그램은 우리나라 수학 교과서에도 명시적으로 등장하고 있다. 제4차 교육과정 때부터 초등 수학에서 여러 가지 다각형이나 사물의 모양을 맞추어 보는 모양판 놀이로 소개되다가 최근에는 전체의 넓이에 대한 각 부분의 넓이를 알아보는 활동의 소재로도 다루어지고 있다. 중학교 수학에서는 평면 도형 단원에서 탱그램을 소개하고, 탱그램을 제작하여 다각형을 만들어보는 탐구활동을 제시하기도 한다.

학습 활동으로 수리 능력 기르기

1 **정사각형 모양의 종이를 아래의 그림과 같은 모양으로 오려서 7개의 조각을 준비하고, 그 7개의 조각을 이용하여 다음에 주어진 다각형을 만들어 보자.**

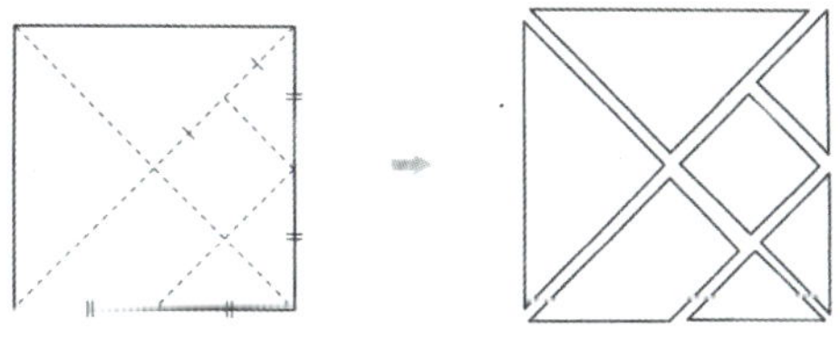

(1) 삼각형　　(2) 사각형　　(3) 오각형　　(4) 육각형

그림 2-65 중학교 1학년 수학: 교과서의 예(1)(강옥기 외 2인, 2000; 92)

학습 목표 다각형의 여러 가지 성질을 알 수 있다

칠교 놀이, 일곱 조각으로 다각형을 만든다

탐구 활동

종이 위에 적당한 크기로 오른쪽 그림과 같은 모양을 그리고, 굵은 선을 따라 오려 칠교 놀이 조각을 준비하여라.

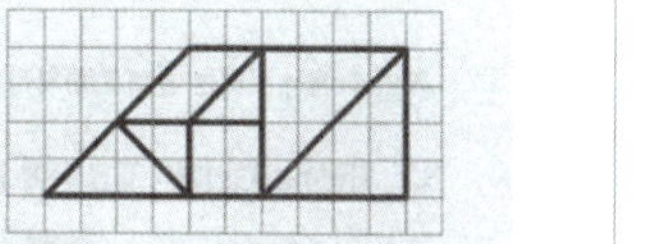

칠교 놀이로 다음과 같은 사각형, 오각형, 육각형 모양을 만들어 보아라.

같은 방법으로 다른 모양을 만들어 보고 발표하여라.

여러 개의 선분으로 둘러싸인 도형을 통틀어 **다각형**이라고 하며, 변의 개수에 따라 삼각형, 사각형, 오각형, …… 등으로 분류한다.

그림 2-66 중학교 1학년 수학: 교과서의 예(2) (이준열 외 3인, 2000; 76)

다. 탱그램의 활용

탱그램을 활용할 때에는, 자유롭게 모양을 만드는 탱그램 퍼즐 놀이를 하면서 딘즈(Dienes)가 말하는 수학적 개념 학습의 첫 단계인 '자유놀이 단계'를 통해 교구에 익숙해지기 위한 준비를 할 필요가 있다. 아래에서는, 탱그램을 적절히 활용하여 학교 수학에서 다루는 수학적 개념의 교수·학습을 위한 탐구 활동의 예를 제시한다.

1) 분수

탱그램으로 부분과 전체를 비교하는 구체적 활동을 통해 그 결과를 수로 표현하거나 수의 연산을 학습할 수 있다. 이 경우에 학생들은 구체적인 맥락에서 수를 표현하고 수의 연산을 하게 되므로 기호적 표현 이면에 내재되어 있는 의미를 내면화할 수 있게 된다.

분수 개념을 다루는 초기 활동은 무엇인가를 나누는 경험에서 유도되어야 한다. 분수에 대한 이해는 '단위'와 주어진 단위를 똑같이 나누는 행동을 바탕으로 이루어질 수 있다. 보통 학교수학에서는 종이를 똑같이 접어서 나누거나, 도형을 분할하면서 (부분)/(전체)의 설명과 함께 분수를 도입한다. 예를 들어 주어진 막대를 3등분하면 그 중 하나의 부분은 $\frac{1}{3}$로 표현된다. 전체를 같은 부분으로 나누었을 때 그 전체와 부분 사이의 관계를 나타내는 것은 분수 나아가 유리수의 의미를 이해하는 상황으로도 연결될 수 있다. 등분할 된 부분과 전체는 유리수가 발생되는 다양한 맥락[5] 중에서도 직관적으로 가장 간단하고 구체적인 상황이다. 앞의 예에서 만약 막대를 6등분했다면 앞의 $\frac{1}{3}$은 $\frac{2}{6}$와 같은 것으로 이해할 수 있다. 여기에서 $\frac{1}{3}=\frac{2}{6}$의 의미는, '동일한 양'을 서로 다른 척도에 따라 전체와의 관계로 나타낸 것으로 유리수를 형식적으로 정의하는 동치류(equivalence class)의 개념과 연결할 수 있다.

탱그램이 준비되어 있다면 탱그램 조각들을 가장 작은 직각이등변삼각형으로 분할하는 활동을 통해서 분수의 의미를 구체화하여 다루어 보자. 특히 전체 크기(단위)를 무엇으로 정하느냐에 따라서 가장 작은 직각이등변삼각형의 넓이가 서로

[5] 유리수 개념의 발생과 관련되는 맥락은 등분할 된 부분과 전체, 분배 결과의 몫, 비율, 연산자 등이 있다(김남희 외 5인, 2006).

다르게 표현될 수 있음을 지도할 수도 있다. 예를 들어, <그림 2-67>에서 가장 작은 직각이등변삼각형의 크기는 그것이 포함되어 있는 원래 조각의 크기를 1로 보았을 때, $\frac{1}{2}$ 또는 $\frac{1}{4}$로 서로 다르게 표현될 수 있는 것이다.

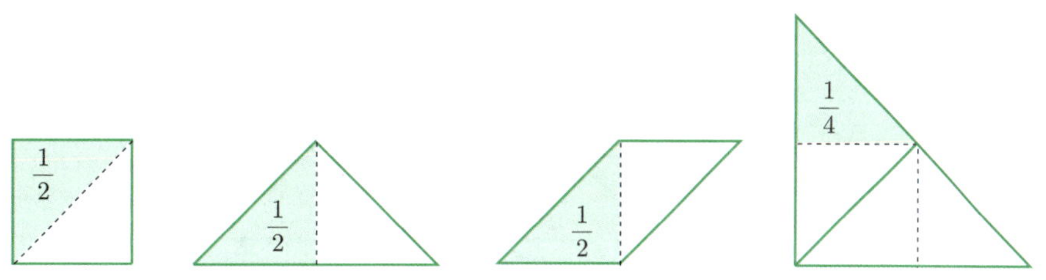

그림 2-67 주어진 전체 도형의 크기를 1로 했을때

분수 개념을 이해하고 이를 수로 표현하는 방법을 익히고 나면 학생들에게 부분에 해당하는 탱그램 조각과 그것을 나타내는 수를 알려주고 전체를 구성하거나, 이에 해당하는 탱그램 조각을 찾게 하는 문제 상황을 제시해 볼 수 있다.

[문제 1]

가장 작은 직각이등변삼각의 크기가 $\frac{1}{4}$일 때, 1의 크기를 만들어보아라. 크기 1에 해당하는 탱그램 조각도 찾아보아라.

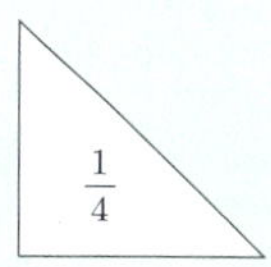

수와 수들 사이의 관계를 다루는 감각이 잘 발달하려면 기호적이고 형식적인 학습과 더불어 구체적인 자료를 통한 학습 상황이 제공되어야 할 필요가 있다. [문제 1]과 같이 부분을 통해 전체를 구성해 보는 활동은 배의 개념을 도입하는 학습 상황이 될 수도 있다. 분수, 배의 개념과 더불어 탱그램 조각을 이용해서 백분율을 다루는 문제 상황도 만들 수 있다.

[문제 2]

탱그램의 각 조각은 전체 사각형 넓이의 몇 %를 차지하는지 구해 보아라.

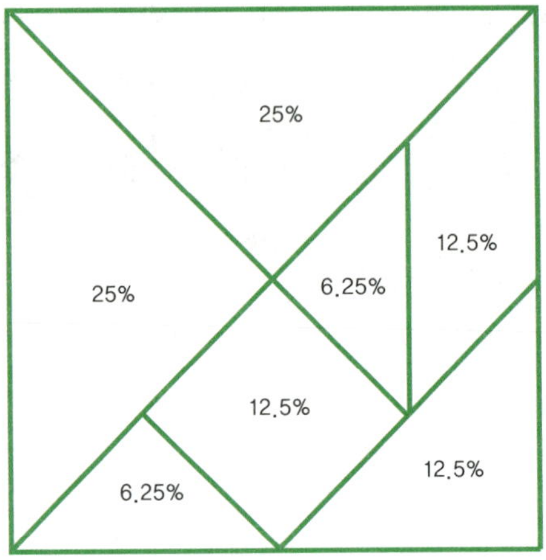

그림 2-68 탱그램의 각 조각이 전체에서 차지하는 넓이의 비율(%)

탱그램의 가장 큰 조각의 넓이를 1로 하여 각 조각의 넓이를 분수(또는 소수)로 나타낼 수도 있지만 부분이 전체에서 차지하는 비율로 나타낼 수도 있다. 학생들은 문제 상황에서 설명하고자 하는 의도에 따라 수의 다양한 표현을 구성하고, 적용하는 능력을 개발할 수 있다. NCTM(1989)의 ≪수학 교육과정과 평가의 새로운 방향≫에서는 이러한 능력이 학생들이 수학을 이해하고 수학을 행하는 학습에 있어서 매우 중요함을 강조하고 있다(구광조 외 2인, 1992; 127). 부분과 전체의 비율을 이용해 탱그램의 조각들을 분수(또는 소수), 백분율 등으로 나타내고 그 비율을 구체적 상황에 적용시키면 초등수학에서 다루는 간단한 연산의 학습 문제도 제공할 수 있다.

[문제 3]
가장 작은 직각이등변삼각형의 무게가 50g이라고 한다면 나머지 조각의 무게는 각각 얼마인가?

[문제 3]에서 정사각형, 평행사변형, 중간 크기의 직각이등변삼각형은 모두 가장 작은 직각이등변삼각형의 넓이에 두 배이므로 그 무게는 $50 \times 2 = 100(\text{g})$이 되고, 유사한 방법으로 가장 큰 직각이등변삼각형의 무게는 $50 \times 4 = 200(\text{g})$이 된다.

(2) 평면도형

① 평면도형의 성질

탱그램의 조각들은 학교 수학에서 기본으로 다루는 평면도형 예를 들면, 삼각형, 사각형, 평행사변형의 모델을 제공한다.

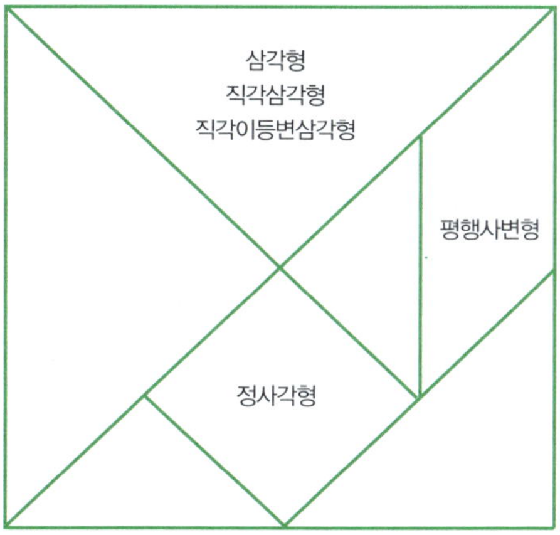

그림 2-69 탱그램 속의 평면도형

초등 저학년 수준에서 평면도형을 지도할 때, 탱그램이 있다면 교사는 먼저 학생들에게 탱그램의 조각의 형태에 주목하게 하고 그 형태를 관찰하는 시간을 갖도록 해 주는 것이 좋다. 교사는 학생들이 탱그램의 조각들을 서로 비교하면서 조각의 모양을 분류하고, 같은 모양을 가지는 조각들이 가지는 공통 성질에 주목할 수 있도록 안내해야 한다. 그 과정에서 같은 모양을 가지는 조각들을 칭하기 위한 이름을 정해야 할 필요성도 생기게 한다. 학생들이 삼각형, 사각형, 평행사변형과 같은 고유의 용어를 부를 수 있게 되면, 각 도형이 가지는 성질들을 관찰하여 정리할 수 있는 충분한 시간을 주면 좋다. 탱그램을 가지고 도형을 시각화하고, 각 도형의 요소인 각의 크기, 변의 길이 등을 측정해 보도록 하면서 도형의 성질을 찾아내고, 그 성질에 따라 도형을 분류하는 경험과 함께 도형의 정의를 다루면 더욱 좋다.

판 힐러(Van Hieles)의 기하 학습 수준 이론에 의하면 기하 개념의 발달은 위계적 관계를 거치면서 진행되는데 먼저 주변 사물로부터 도형의 모양을 인식하고 그 다음에 도형이 가지는 성질을 분석한 후에야 도형들 사이의 관계를 알 수 있으며 간단한 연역을 할 수 있게 된다고 하였다(구광조 외 2인, 1992; 74).

탱그램을 이용하여 삼각형, 사각형, 평행사변형의 성질을 탐구하는 활동을 제공하고, 탱그램의 7개 조각을 적절히 배열하여 여러 가지 평면도형들을 구성해 보는 학습 활동도 제공할 수 있다. <그림 2-70> ~ <그림 2-74>의 예시 그림들과 같이 탱그램으로 도형을 구성하는 활동은 학생들이 교실수업에서 종이 위에 평면도형을 그리거나 단지 도형의 성질을 말로 설명하는 것 이상의 의미가 있다. 이러한 활동을 하려면 학생들이 만들어야 할 도형의 성질을 명확히 알아야 하므로 도형의 성질에 대한 충분한 이해가 요구된다. 한편, 탱그램 조각들을 배열하여 삼각형, 정사각형, 직사각형, 평행사변형, 사다리꼴 등을 구성하는 과정에서 학생들은 각 조각들의 변의 길이와 넓이를 서로 비교해 가면서 그것을 이용해 조각들을 적절히 배열해야 하므로 측정 개념 및 추론적 사고를 개발할 수 있다.

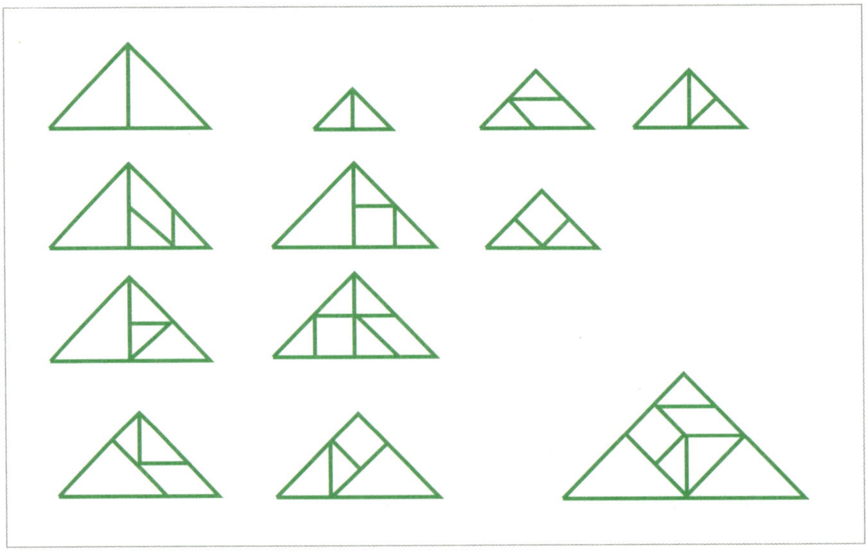

그림 2-70 탱그램으로 구성한 삼각형

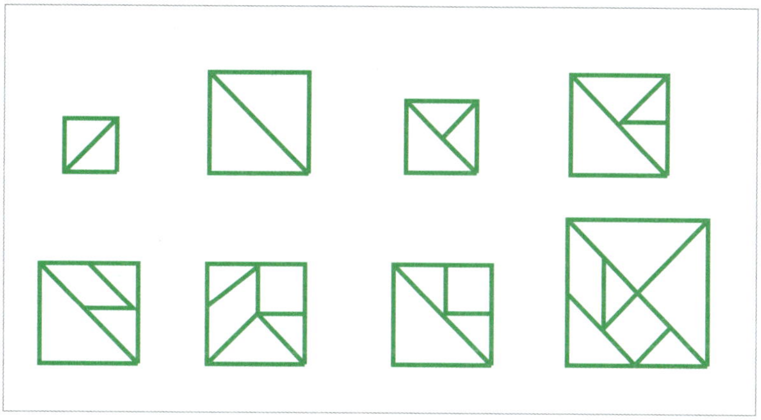

그림 2-71 탱그램으로 구성한 정사각형

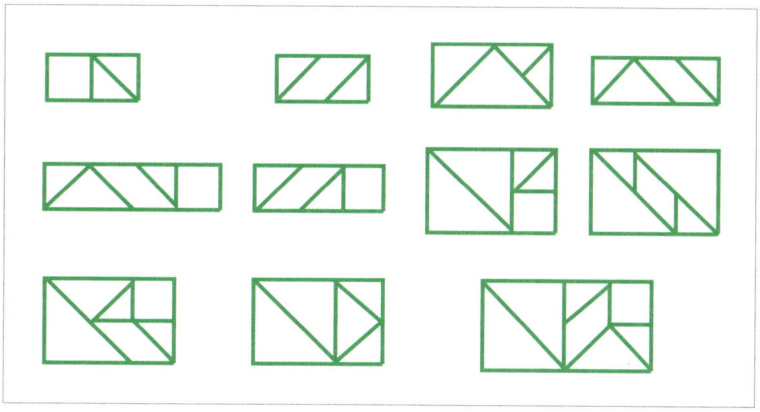

그림 2-72 탱그램으로 구성한 직사각형

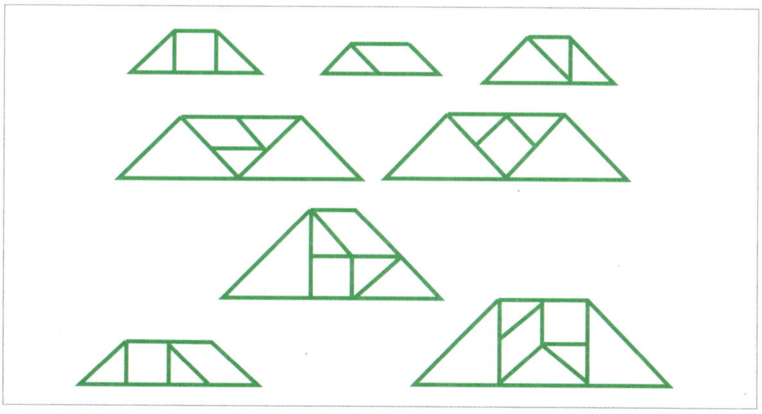

그림 2-73 탱그램으로 구성한 등변사다리꼴

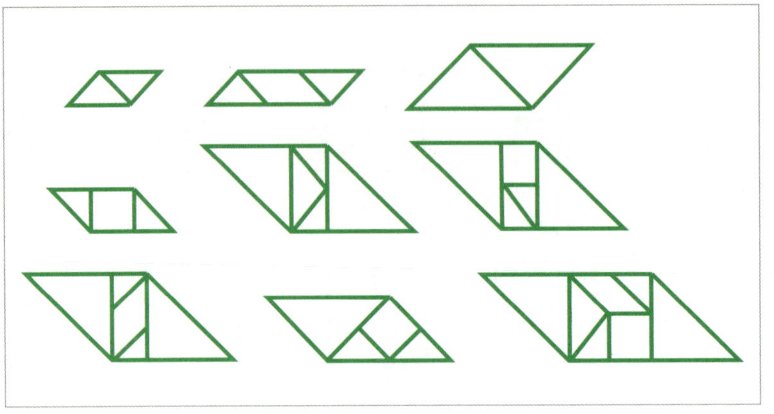

그림 2-74 탱그램으로 구성한 평행사변형

현행 중학교 1학년 수학교육과정에 다각형 단원을 지도하는 데에도 탱그램을 활용할 수 있다. 학생들은 삼각형, 사각형 등 간단한 도형의 이름을 이미 초등학교 때부터 사용하였지만 다각형에 대한 정의를 처음 학습하는 시기는 중학교 1학년 '평면도형'단원을 배우는 때이다. 학교수학에서 지도하는 다각형의 정의는 다음과 같다.

> 여러 개의 선분으로 둘러싸인 도형을 다각형이라고 한다. 이 때 선분의 개수가 3, 4, 5...인 다각형을 각각 삼각형, 사각형, 오각형.....이라고 하며 선분의 개수가 n인 다각형을 n각형이라고 한다(김연식, 김흥기, 1994; 227)

위의 정의를 학습하고 난 후, 탱그램을 가지고 여러 가지 다각형을 구성해 보는 활동을 안내한다. <그림 2-75>~<그림 2-78>은 탱그램으로 구성한 다각형의 예시 그림들이다.

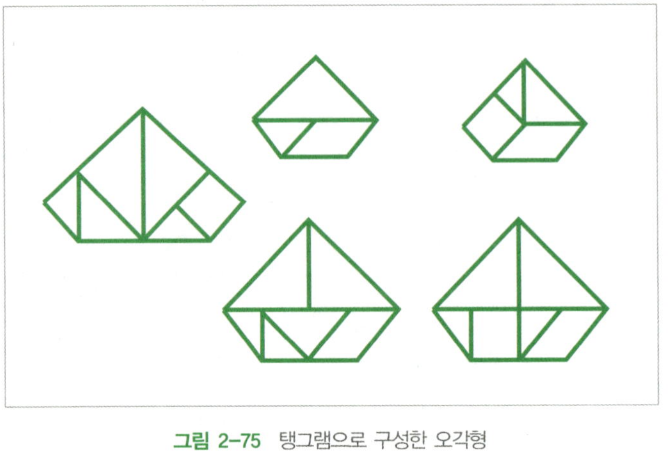

그림 2-75 탱그램으로 구성한 오각형

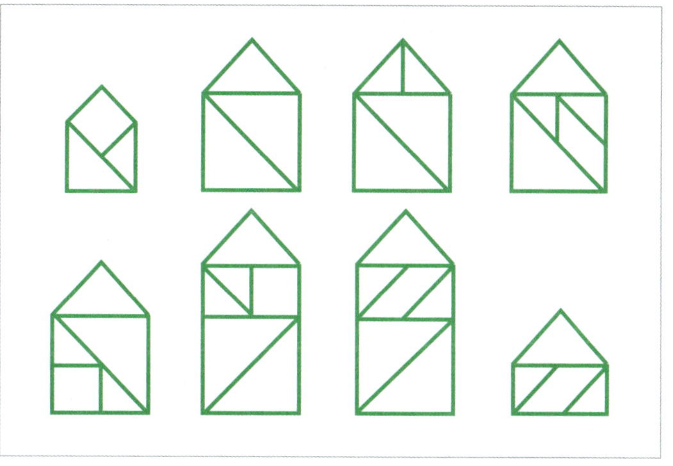

그림 2-76 탱그램으로 구성한 오각형(밑이 사각형)

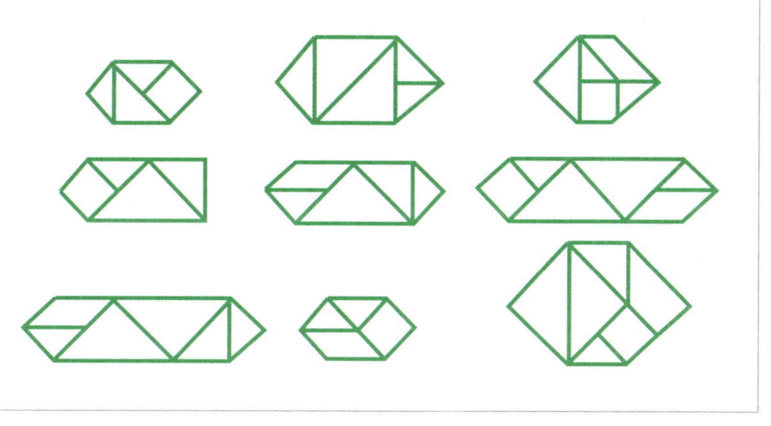

그림 2-77 탱그램으로 구성한 오각형

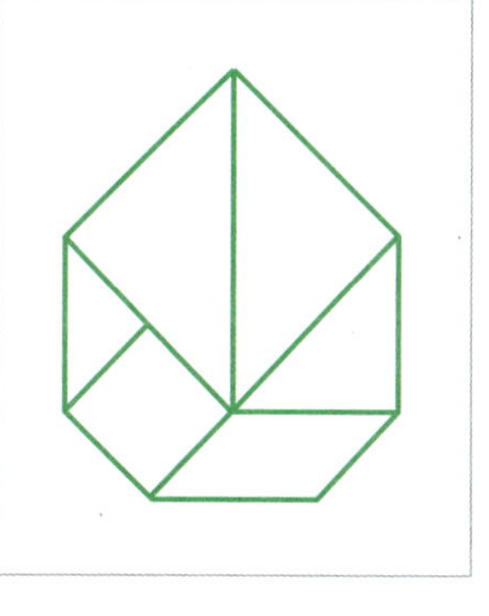

그림 2-78 탱그림으로 구성한 칠각형

탱그램 조각으로 만들 수 있는 볼록다각형의 모양은 <그림 2-79>에 제시한 바와 같이 13가지 뿐임이 알려져 있고, 그에 대한 증명법도 소개되어 있다(박교식, 2004; 27-32). 중등학교 학생들에게 탱그램으로 볼록다각형을 만드는 활동을 제시하고 그 모양이 13가지뿐이 없는 이유에 대해 생각해 보게 하는 문제는 중등수학을 배우는 학생들이 도전해 볼 만한 수학 문제가 된다. 이런 문제는 학교현장에서 수학 영재아를 위한 지도 프로그램의 내용으로도 활용할 수 있다.

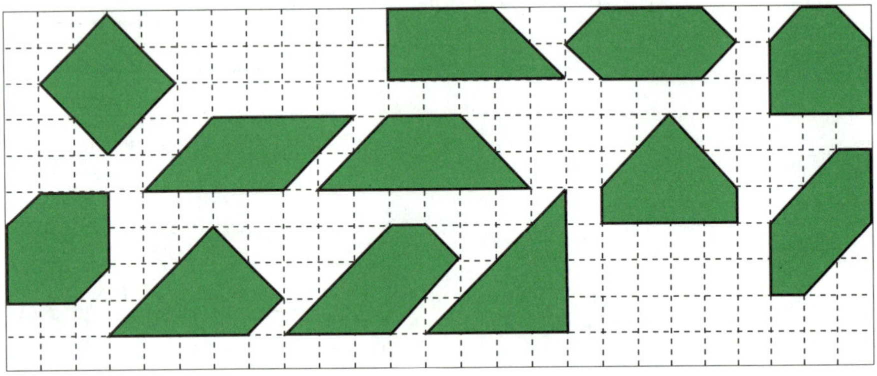

그림 2-79 탱그램으로 만든 볼록다각형(13가지)

도형을 결합하고, 분해하며 변화시킨 결과를 탐구하고 예측하는 것은 기하와 공간감각의 발달을 위한 중요한 활동이다. 탱그램 조각으로 다각형을 구성하는 활동은 그 반대 방향의 사고과정인 다각형을 분해하는 활동과도 긴밀하게 연결될 수 있다. 중학년 1학년 시기에 다각형의 정의를 학습하고 난 후 곧바로 다각형의 내각의 합을 구하는 과정에서 주어진 도형을 몇 개의 삼각형으로 분할하는 활동을 제시하는데, 탱그램 조각으로 도형을 구성하였던 사고를 거꾸로 생각하면 도형을 분할하는 과정이 자연스럽게 도입될 수 있다.

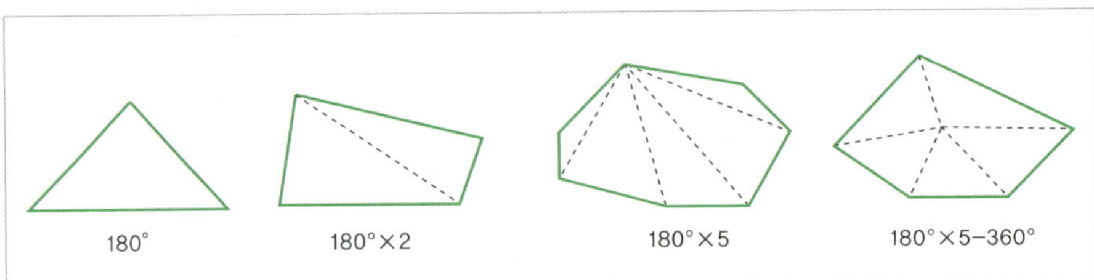

그림 2-80 도형의 분할을 이용하여 다각형의 내각의 합 구하기

<그림 2-81>은 탱그램 조각들의 각도를 측정하여 다각형의 내각의 합을 구하는 학습 활동지이다. 이 활동지에서는 탱그램 조각들을 결합하여 다각형을 만들고 크기와 모양은 다소 다르지만 다각형의 내각의 크기의 합이 변하지 않는 다는 것을 확인한다. 그리고 변의 개수가 늘어날수록 다각형의 내각의 크기의 합이 일정한 규칙으로 늘어남을 몇 가지 사례를 통해 귀납적으로 확인하도록 안내하고 있다.

(1) 탱그램 조각들의 내각을 재어 조사하여 보시오.

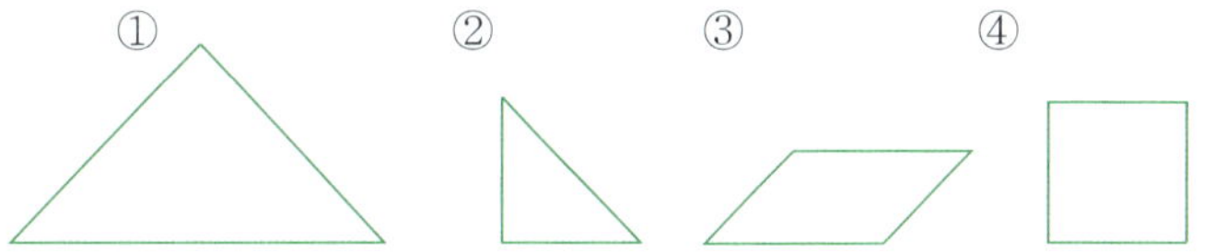

(2) 탱그램 조각들로 크기가 다른 삼각형을 만들어 보시오. 만들어진 삼각형들의 내각을 가각 재어 보시오. 내각의 합은 얼마입니까?

(3) 탱그램 조각들로 그림과 같은 평행사변형을 만들어 보시오. 만들어진 평행사변형의 각들을 재어 보시오. 네 개의 각의 크기를 모두 합하면 얼마입니까?

(4) 직사각형을 몇 개 만들고 직사각형의 각들을 조사하여 보시오. 각 직사각형의 네 각들은 모두 어떤 종류의 각입니까?

(5) 어떠한 사각형의 경우라도 사각형의 네 각의 합은 모두 같습니까?

(6) 탱그램으로 오각형, 육각형들을 만들어 보시오. 각 도형에 들어있는 각들을 재어보고, 그 각들을 합하여 아래 표의 빈 칸을 채우시오.

다각형	내각들의 합
오각형	
육각형	

그림 2-81 다각형의 내각의 합(이인환 외 2인, 1999; 152)

탱그램을 이용해 다음과 같이 주어진 조건에 맞는 평면 도형을 만드는 문제를 제시해 볼 수도 있다. 학생들의 답안을 평가할 때에는 다양한 유형의 답안을 제시하였는가? 독창적인 유형의 답안을 산출하였는가? 등을 고려하여 배점을 달리하여 채점할 수도 있다.

[문제 4]

아래의 힌트를 이용하여 탱그램으로 다음 도형을 만들어보아라

〈힌트〉

이 모양은 세 조각으로 만들어졌습니다.

이 모양은 네 개의 변으로 이루어져 있습니다.

세 조각 중 한 조각은 삼각형이 아닙니다.

세 조각 중 두 조각은 합동입니다.

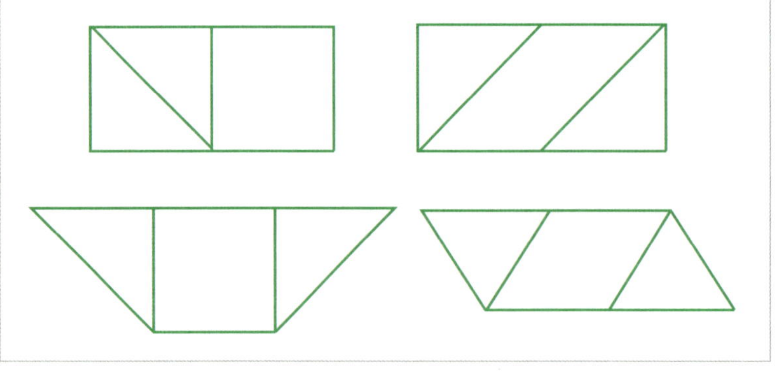

그림 2-82 [문제 4]에 대한 답안의 예

탱그램을 평행사변형의 넓이 공식을 발견시키는 과정에도 활용할 수 있다. 일본의 수학교육자인 片桐重男(1988)가 쓴 책에는 수학적인 생각과 태도를 학생들에게 경험시키고자 한 수학 수업 사례들이 있는데, 그 한 예로 수학교사 本宮이 초등학교 5학년 학생들에게 <그림 2-83>을 이용해 직사각형의 넓이 공식으로부터 평행사변형의 넓이 공식을 발견시키는 과정을 찾아볼 수 있다(이용률 외 3인 역, 1992; 161-169).

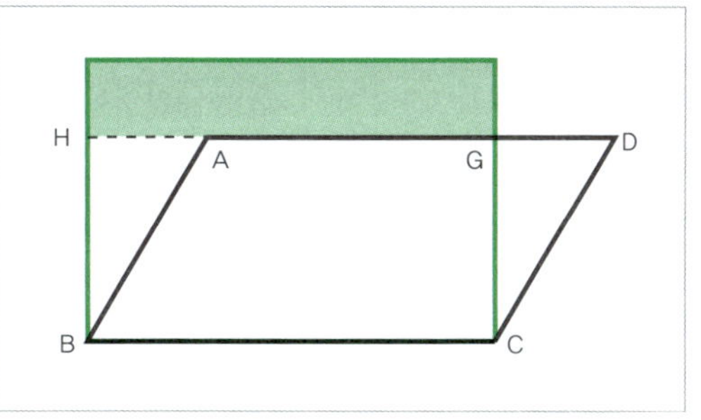

그림 2-83 평행사변형과 직사각형의 넓이 비교

수학교사 本宮은 평행사변형의 넓이를 잘못 생각하고 있는 학생의 반응에서 출발하여 <그림 2-83>에서 △ABH와 △DCG의 크기를 비교해 보도록 안내한다. 이 그림은 빗금친 부분의 넓이를 뺀 직사각형의 넓이와 평행사변형의 넓이가 같다는 것을 이해시키는 과정에서 사용한다.

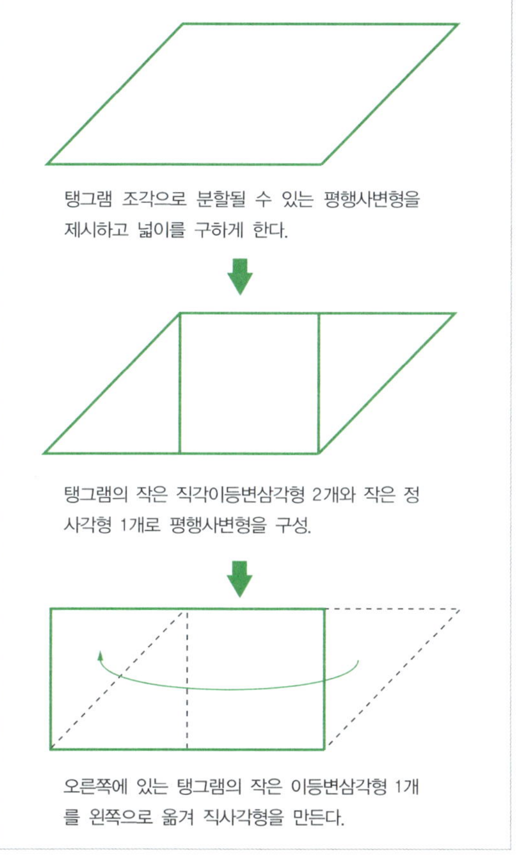

그림 2-84 탱그램을 활용한 평행사변형의 넓이 지도

탱그램의 작은 직각이등변삼각형 2개와 작은 정사각형 1개를 이용하면 수학교사 本宮의 수업 사례와 유사하게 평행사변형의 넓이 공식을 이해시키는 탐구 활동을 제공할 수 있다. <그림 2-84>와 같은 조작 활동을 바탕으로 학생들은 처음에 주어진 평행사변형의 넓이와 마지막에 구성된 직사각형의 넓이가 같음을 인식하게 된다. 문제해결과정에서 탱그램의 작은 두 직각이등변삼각형의 넓이가 같다는 사실을 합리적으로 이용하면 간단한 조작의 의미를 바탕으로 평행사변형의 넓이 공식을 유도해 낼 수 있다. 이 단계에 이르러서 교사는 넓이를 구하는데 필요한 요소에 주목하고 평행사변형의 높이와 밑변의 용어를 도입할 수 있다.

(3) 수학적 추론

'수학적 추론'은 NCTM(1989/1992)에서 제시하는 학교수학의 규준(standard) 중 하나이다. 초등 수학의 수준에서 추론을 명시적으로 지도하기는 어려운 일이지만 학생들의 수준에 맞는 적절한 문제 상황을 구성하면 수학적 추론을 암묵적으로 다룰 수 있다. 추론에는 귀납과 유추에 의한 추측의 형성과 관련된 발견적 추론과 추측의 정당화 활동과 관련된 연역적 추론을 생각해 볼 수 있다. 초등 수준에서 추론 지도는 관찰, 실험, 조작 등에 의한 비형식적인 사고, 예상하기, 확인하기 등의 과정으로 실행할 수 있다.

탱그램을 이용하여 추론 지도와 관련된 문제 상황을 만들어 보는 것은 의미있다. NCTM(1989/1992)에서 추론 지도를 위한 문제로 제시하고 있는 <그림 2-85>의 내용을 참고하여 탱그램의 크고 작은 직각이등변삼각형들을 이용하여 <그림 2-86>과 같은 문제를 만들어 볼 수 있다.

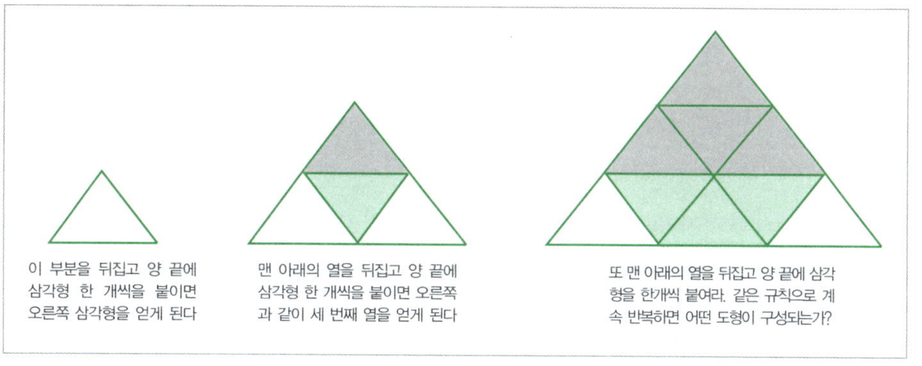

그림 2-85 NCTM에서 제시한 추론 지도를 위한 문제의 예(1)(구광조 외 2인, 1992; 41)

그림 2-86 〈그림 2-85〉의 문제를 탱그램으로 구성한 예

<그림 2-86>에서는 학생들이 손으로 조작할 수 있는 구체적인 자료 즉, 탱그램의 조각을 가지고 활동하면서 일정한 패턴을 인식할 수 있게 된다. 먼저, 탱그램의 삼각형 조각을 뒤집는 활동을 한두 번 한 후, 관찰된 패턴으로 '전 단계의 도형을 한 번 뒤집고 양 끝에 처음 놓였던 크기의 삼각형을 한 개씩 놓으면 또 다른 삼각형을 구성할 수 있다'라는 가설을 세우게 한다. 그리고 '뒤집고 구성하는' 같은 활동을 여러 단계 반복해가면서 자신이 세운 가설을 '확인하는' 작업을 수행하게 한다. 실제 사용되는 탱그램의 조각은 한 개 밖에 되지 않지만 반복된 작업을 통해 구성되는 커다란 삼각형의 모양은 머리 속에 상상되어 종이위에 그려질 수 있다. 가설이 확인되면

- 단계마다 만들어지는 큰 삼각형의 둘레의 길이는 어떻게 변화하는가? 넓이는 어떻게 변화하는가?
- 만약 삼각형이 아닌 다른 도형으로 이 과정을 해 본다면 어떠한 결과가 나오겠는가?
- 단계마다 만들어지는 큰 삼각형 안에 포함되는 조각의 수를 세어보자. 그 수들은 어떤 수인가? 그 수들이 가지는 공통된 특징은 없는가?

와 같은 문제를 제공할 수 있다. 이러한 문제들을 해결해 나가면서 학생들은 수학적 추론을 경험할 수 있을 뿐 만 아니라 규칙적인 패턴의 관찰을 통해서 수학의 아름다움을 인식할 수 있는 기회도 가지게 된다. NCTM(1989/1992)에서 추론 지도를 위한 문제로 제시하는 또 다른 문제를 아래와 같다.

나는 삼각형 12개로 덮을 수 있는 도형을 가지고 있다. 이 도형들을 덮기 위해서는 평행사변형이 몇 개 필요한가? 또 사다리꼴이 몇 개 있으면 이 도형들을 덮을 수 있을까?

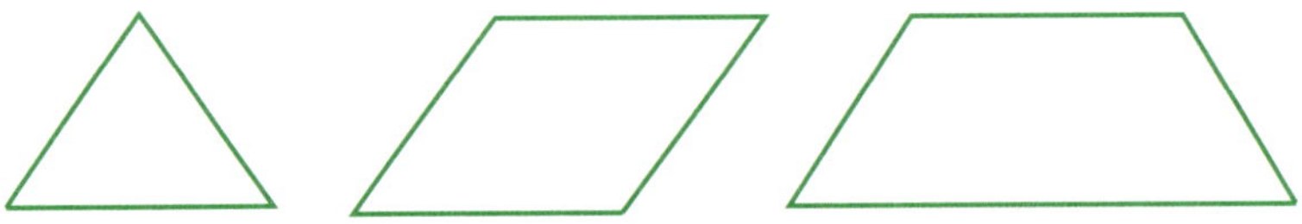

그림 2-87 NCTM에서 제시한 추론 지도를 위한 문제의 예(2)(구광조 외 2인, 1992; 44)

다음은 <그림 2-87>에 제시된 문제를 해결한 예이다.

삼각형 2개로 1개의 평행사변형 1개를 덮을 수 있고, 삼각형 3개로 사다리꼴 1개를 덮을 수 있다. 따라서 삼각형 12개로 덮을 수 있는 도형은 평행사변형 6개 또는 사다리꼴 4개로 덮을 수 있다(구광조 외 2인 , 1992; 44).

추론 능력을 키우는 다양한 수학 문제들이 있을 수 있지만 탱그램으로 도형을 만드는 활동으로도 추론 능력을 배양하는 훌륭한 학습 상황을 꾸밀 수 있다. 예를 들면, 탱그램을 구성하는 도형들 사이의 넓이 관계를 가지고 추론적 사고를 경험하도록 하는 것이 그 한 예가 될 수 있다. 탱그램을 배열하여 모양을 만들 때, <그림 2-89>의 ①과 같이 정사각형 대신에 가장 작은 직각이등변삼각형 두 개를 대신 놓을 수 있으며, <그림 2-88>의 ②와 같이 평행사변형이 들어가야 할 곳에는 가장 작은 직각이등변삼각형 두 개를 놓을 수 있다. <그림 2-88>의 ③은 직사각형이 들어가야 할 곳에는 중간크기와 가장 작은 크기의 직각이등변삼각형을 모두 이용할 수 있음을 이해한 것이고 <그림 2-88>의 ④는 사다리꼴을 나타내기 위해서는 정사각형과 가장 작은 직각이등변삼각형을 사용할 수 있음을 나타낸 것이다.

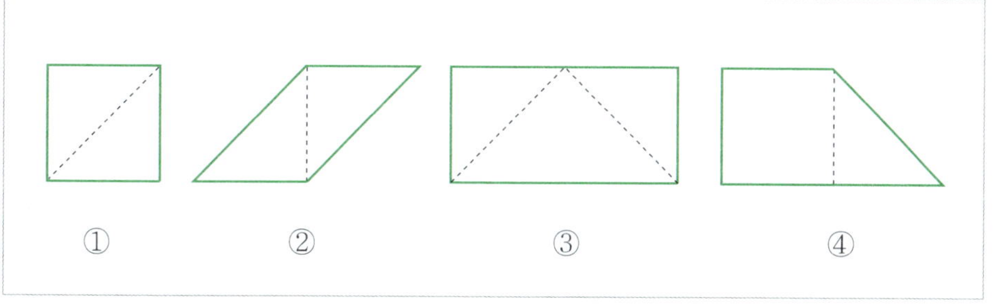

그림 2-88 탱그램 조각들 사이의 넓이 관계 이용

탱그램 조각들을 가지고 도형을 분할하고, 합쳐본 경험이 있는 학생들은

> 평행사변형의 넓이는 직사각형으로 바꾸어서 생각해 볼 수 있다.
> 평행사변형은 두 개의 삼각형으로 분할된다.
> 삼각형의 넓이는 평행사변형의 넓이의 반이다.
> 다각형은 여러 개의 삼각형으로 분해된다.

와 같은 사고를 자연스럽게 할 뿐 만 아니라 도형을 재배열하거나 분해해도 넓이는 변하지 않는다는 넓이의 보존 개념도 쉽게 터득한다(구광조 외, 1992; 170).

4) 피타고라스의 정리

탱그램에 들어있는 크고 작은 삼각형 5개는 모두 직각삼각형이므로 이를 잘 활용하면 중학교 3학년 수학에서 지도하는 피타고라스 정리를 탐구할 수 있는 문제 상황을 만들 수 있다.

① 귀납적 사고에 의한 발견

귀납적 사고는 구체적으로 주어진 여러 가지 사례에서 파악되는 공통의 성질이 종류가 같은 모든 사례에서 성립할 것으로 보고 일반적인 주장을 하는 것이다. 귀납적 사고의 전형적 형식은 다음의 세 단계로 이루어진다.

첫째, 개개의 사례 사이의 유사점을 알아낸다.
둘째, 모든 사례에서 성립될 것으로 추측되는 일반적인 사실을 도출한다.
셋째, 도출한 일반적인 사실이 단지 하나의 잠정적인 추측에 지나지 않는다는 사실을 인식한다.

귀납적 사고에 의해 추측한 사실이 일반적으로 참이라는 확신을 얻기 위한 간단한 방법은 새로운 예로 그 사실이 성립하는지 다시 확인하는 것이다. 그러나 보다 완전한 확인 방법은 형식적이고 연역적인 사고에 의해 추측한 사실의 일반성을 증명하는 것이다.

피타고라스의 정리의 증명은 연역적 사고에 의한 것이다. 교사는 학생들이 어려워하는 증명과정을 곧바로 지도하기 이전에 직각삼각형에서 성립하는 세 변의 길이 사이의 관계를 증명하여야 할 필요성을 느낄 수 있도록 하는 문제 상황을 제공해 주는 것이 좋다. 이를 위해서는 먼저 직각삼각형을 여러 개 제시하고, 주어진 직각삼각형에서 세 변의 길이 사이의 관계를 탐색해 보도록 하는 것이 필요하다.

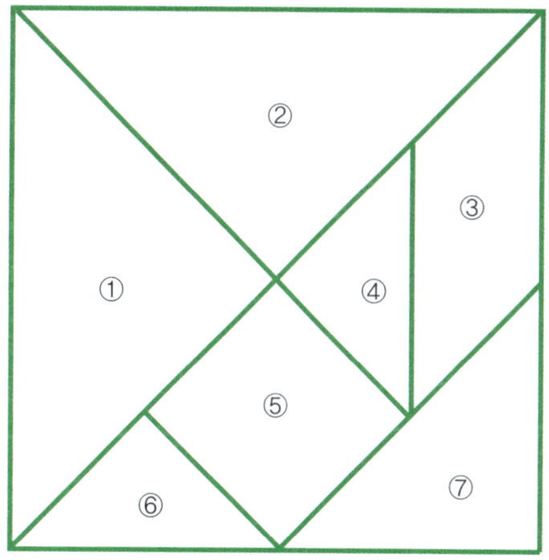

그림 2-89 탱그램의 구성요소

탱그램 조각을 이용하면 <그림 2-89>의 ①, ②, ④, ⑥, ⑦에 해당하는 조각을 학생들에게 나누어주고, 적절한 발문을 제시하면서 학생들이 측정과 간단한 계산을 통해 직각삼각형을 이루는 세 변의 길이 사이에 어떤 관계가 성립하는지 발견해낼 수 있도록 안내해준다. 이 단계가 있은 후에 학생들 자신이 발견한 관계가 임의의 모든 직각삼각형에서 성립할 것 같다는 추측을 갖게 하고, 귀납에 의한 추측이 참임을 확인하기 위해 연역 즉, 피타고라스 정리의 증명이 필요함을 인식시킨다. 교재에 제시되어 있는 피타고라스 정리에 대한 다양한 증명방법은 이 단계 이후에 지도하는 것이 바람직하다.

② 구체적 모델을 이용한 확인

탱그램의 조각들을 적절히 배열하면 각 조각들의 넓이 사이의 관계를 이용해 피타고라스의 정리를 보일 수 있는 구체적 모델을 만들 수 있다. 그러나 이 방법은 탱그램 한 셋트 안에 들어있는 7개의 조각만을 가지고는 할 수 없다. 탱그램에서 큰 직각이등변삼각형 두 개, 중간 크기의 직각이등변삼각형 두 개, 가장 작은 직각이등변삼각형 네 개를 이용해야 하므로 탱그램 두 셋트가 필요하다. 학생들에게 먼저 <그림 2-89>의 ⑦에 해당되는 직각이등변삼각형을 주고 그 각 변을 한 변으로 하는 정사각형을 탱그램 조각으로 구성하도록 한다. 그러면 피타고라스 정리를 증명할 때 우리가 익숙하게 보아온 <그림 2-90>과 같은 모델이 완성된다.

피타고라스의 정리는 <그림 2-90>에 구성된 정사각형 세 개의 넓이를 비교하여 쉽게 설명할 수 있다.

학생들 자신이 직접 위와 같은 구체적 모델을 만들고, 자신이 만든 모델을 가지고 피타고라스의 정리를 설명할 수 있다면 단지 교과서에서 증명과정을 읽거나 교사의 설명으로 들은 경우 보다는 피타고라스의 정리의 내용과 그 의미를 내면화하여 이해하는 과정이 의미있게 진행될 것이다.

다음은 탱그램을 이용하여 피타고라스 정리를 설명하는 자료로 인터넷 사이트에 제공된 사례이다.

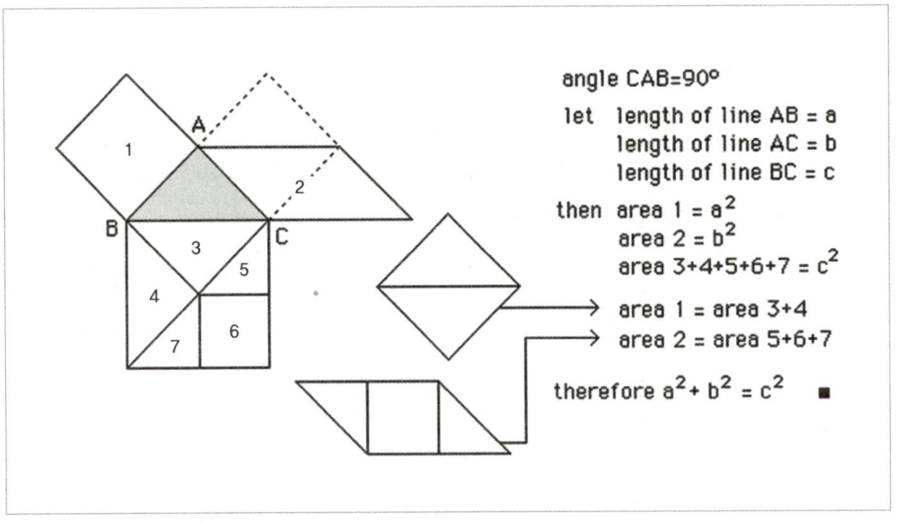

그림 2-90 탱그램으로 설명하는 피타고라스의 정리
(http://hometown.aol.com/sth777/page24.html)

(5) 무리수의 연산

탱그램의 조각들을 이용해 정사각형을 만들어 보고 정사각형의 한 변의 길이와 정사각형의 넓이를 구하는 문제 상황을 만들면 무리수와 그 연산을 도입하는 학습 상황을 제공할 수 있다.

[문제 5]
탱그램의 조각들을 이용하여 정사각형을 구성해 보아라. 구성한 정사각형의 한 변의 길이와 넓이를 구해 보아라(단, 탱그램의 정사각형 조각의 한 변의 길이는 2이다).

[문제 5]의 해결과정에서, 학생들은 정사각형의 넓이를 먼저 생각하고 제곱근을 생각해 변의 길이를 구할 수도 있지만, 피타고라스 정리를 이용해 변의 길이를 먼저 구한 후 넓이를 계산할 수도 있다. 두 번째 방법으로 문제를 해결하게 되면 무리수의 합과 곱을 자연스럽게 다룰 수 있는 문제가 된다. [문제 5]에 대한 해결은 <그림 2-91>에 제시되어 있다.

1) 1조각으로 구성

한 변의 길이	2
넓 이	4

2) 2조각으로 구성

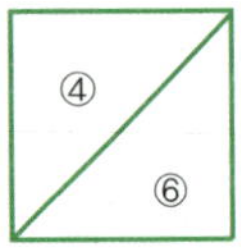

한 변의 길이	2
넓 이	4

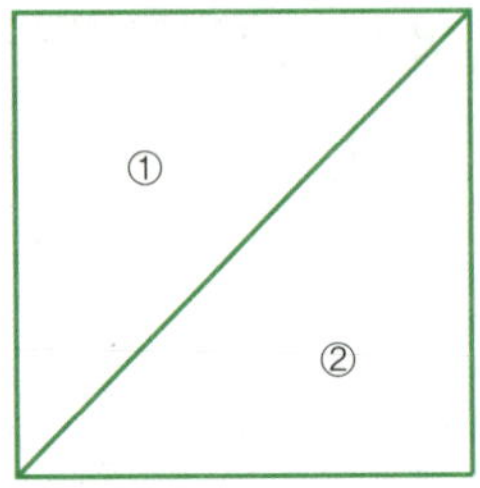

한 변의 길이	4
넓 이	16

3) 3조각으로 구성

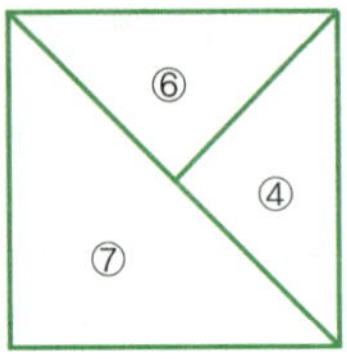

한 변의 길이	$2\sqrt{2}$
넓 이	8

4) 4조각으로 구성

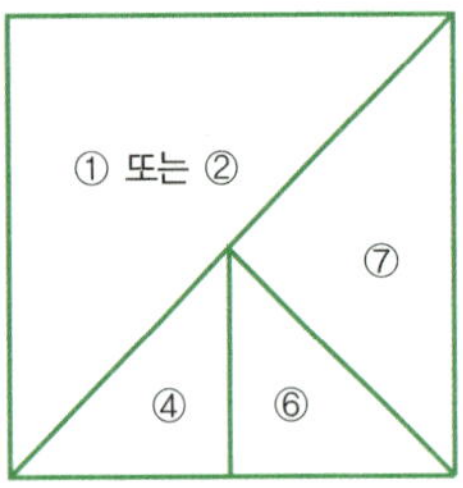

한 변의 길이	4
넓 이	16

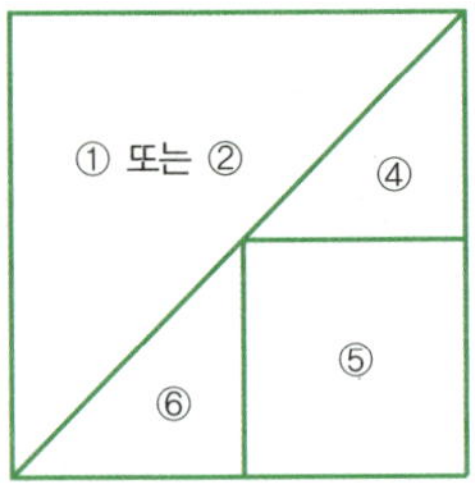

한 변의 길이	4
넓 이	16

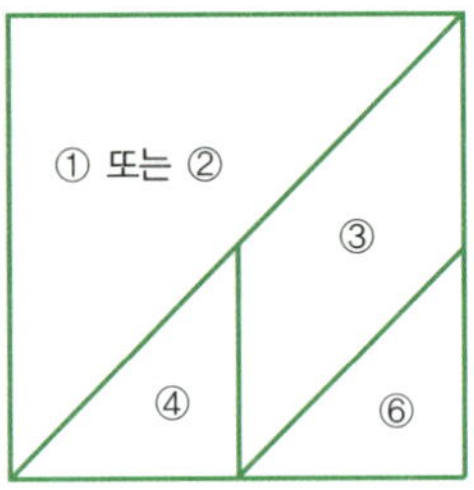

한 변의 길이	4
넓 이	16

5) 5조각으로 구성

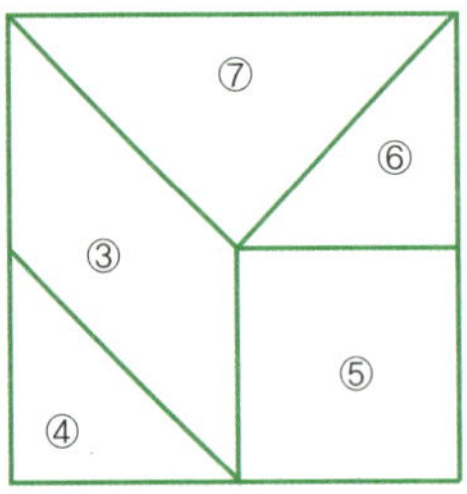

한 변의 길이	4
넓 이	16

6) 7조각으로 구성

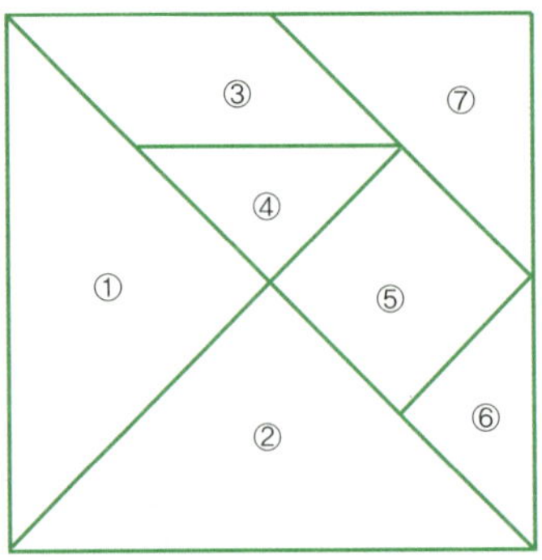

한 변의 길이	$4\sqrt{2}$
넓 이	32

그림 2-91 [문제 5]의 해결: 탱그램으로 만든 정사각형

중학교 3학년 수학에서는 무리수의 연산 문제로

$$(2+5\sqrt{2}) + (4+11\sqrt{2})\text{를 계산하시오}$$

와 같은 문제를 다룬다. 탱그램을 이용하면 같은 문제를 아래의 [문제 6]의 형태로 바꾸어 제시할 수 있다. 어느 경우나 합을 구하는 과정에서는 동일한 해결이 되겠지만 [문제 6]은 구체적 맥락에서 무리수끼리의 연산에 대한 필요성이 보다 실질적으로 부각되고 있다고 할 수 있다.

[문제 6]

탱그램 7조각을 모두 사용하여 만든 정사각형의 둘레와 내부에 그어진 모든 선분의 길이의 합을 구하시오.

(정답: $10 + 9\sqrt{2}$)

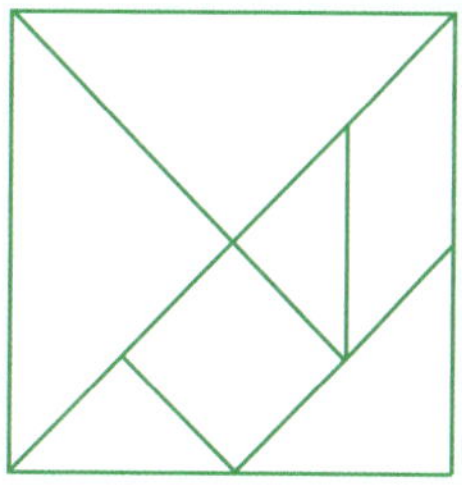

학생의 수준에 따라 [

문제 5], [문제 6] 은 문제에 제시하는 조건을 달리하여 제공할 수도 있다. 예를 들면, 정사각형의 한 변의 길이를 2가 아닌 $a\sqrt{b}$ 꼴(예를 들면, $6\sqrt{2}$ 와 같은)로 주면 학생들은 보다 복잡해진 상황에서 계산을 하게 된다. 상위 수준에 있는 학생들을 위해서는 변의 길이를 $a+b\sqrt{c}$ 꼴로 제시할 수도 있다. 또한 정사각형의 한 변의 길이라는 조건 대신 정사각형의 넓이에 대한 조건을 줄 수도 있다.

[문제 5], [문제 6] 의 아이디어를 기초로 하여 [문제 7]과 같이 수학적 추론을 요하는 문제 상황을 만들어 볼 수도 있다.

[문제 7]

탱그램의 각 조각의 넓이를 이용하여 생각해보면, 탱그램 6조각을 가지고서는 어떠한 정사각형도 구성될 수 없음을 알 수 있다. 그 이유를 설명하여 보아라.

[문제 7]를 해결하기 위해서는 이미 참이라고 알고 있는 사실들을 이용하여 연역적인 설명을 하여야 한다. 다음은 [문제 7]의 해결 사례이다.

- 탱그램의 각 조각의 넓이를 구하면 ①과 ②의 넓이는 8, ③, ⑤, ⑦의 넓이는 4, ④, ⑥의 넓이는 2이다.
- 7조각을 모두 사용해서 만들어진 정사각형의 넓이가 32였으므로 6조각으로 정사각형을 만들 때, 가능한 넓이는 전체 넓이 32에서 각 조각의 넓이를 뺀 수 즉, 24, 28, 30이 가능하다.
- 정사각형의 넓이가 24, 28, 30이 되기 위해서는 정사각형의 한 변의 길이가 $2\sqrt{6}, 2\sqrt{7}, \sqrt{30}$ 이어야 한다. 그러나 탱그램 각 조각들의 변의 길이는 2, $2\sqrt{2}$, 4, $4\sqrt{2}$, 4 뿐이므로 이들 길이를 더하여서는 $2\sqrt{6}, 2\sqrt{7}, \sqrt{30}$ 이라는 수를 만들 수 없다.
- 따라서 탱그램 6조각으로는 정사각형을 만들 수 없다.

위 문제를 통해 학생들은 학생들이 무리수의 개념을 다루면서 동시에 수학적 추론을 경험할 수 있다.

05 대수타일

가. 대수타일이란?

대수타일(Algebra tiles)은 딘즈블럭의 아이디어를 변형한 것으로 변수를 나타내는 타일을 이용하여 다항식의 연산, 다항식의 전개, 인수분해의 지도에 주로 사용하는 교구이다. 우리나라에서는 '대수막대' 또는 '대수판'등의 용어로 널리 알려져 있다.

그림 2-92 우리나라에서 판매하는 대수타일의 예

대수타일 기본 세트에는 다음 세 가지 유형의 타일이 들어있다.

1과 -1을 나타내는 정사각형 모양의 타일	(1×1 크기)
x와 $-x$를 나타내는 직사각형 모양의 타일	($1\times x$ 크기)
x^2과 $-x^2$를 나타내는 정사각형 모양의 타일	($x\times x$ 크기)

대수타일에서는 서로 다른 부호의 수를 색으로 구분한다. 예를 들어, 1, x, x^2을 나타내는 타일과 -1, $-x$, $-x^2$을 나타내는 타일은 서로 다른 색으로 구분한다. 구분하는 두 가지 색은 대수타일을 제작한 회사마다 서로 다른 경우가 많다. 어떤 경우는 1과 -1을 나타내는 색을 따로 정하여 총 4가지 색을 사용하기도 한다. 한편, 1을 나타내는 색, x, x^2를 나타내는 색, -1, $-x$, $-x^2$을 나타내는 색으로 3가지 색을 사용하는 경우도 있다. <그림 2-93>의 경우는 1은 빨간색으로, x와 x^2은 초록색으로, -1, $-x$, $-x^2$은 모두 흰색으로 타일의 색을 정한 경우이다. <그림 2-93>과 같은 대수타일로는 변수 한 개만을 다룰 수 있다.

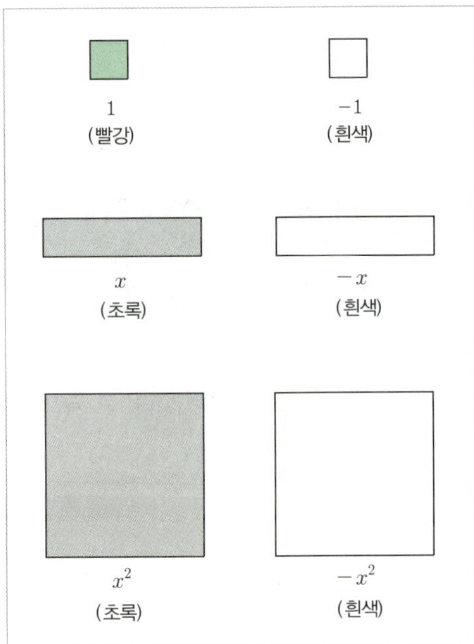

그림 2-93 태수타일의 색 구분 예시

변수 두 개를 가진 대수식을 다루기 위해서는 또 다른 변수를 나타내는 다른 크기의 타일이 필요하다. 예를 들어 두 변수 x와 y를 모두 다루려면 y, y^2, xy를 나타내는 타일이 있어야 한다. 물론 $-y$, $-y^2$, $-xy$를 나타내기 위해 크기는 같지만 색이 다른 타일도 필요하다. <그림 2-94>는 변수 두 개를 다룰 수 있는 대수타일의 구성요소를 보여준다. 타일의 크기, 색을 비교해 볼 수 있다.

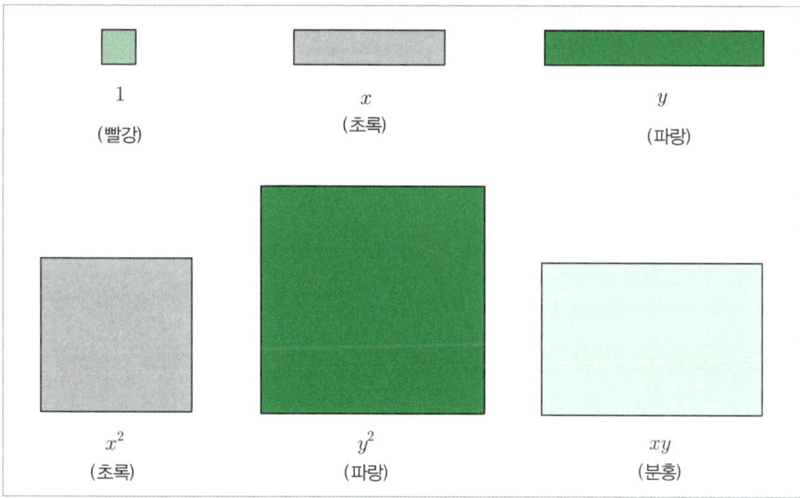

그림 2-94 두 변수 x, y 를 다룰 수 있는 대수타일

그림 2-95 대수타일 상품 예

<그림 2-95>는 우리나라에서 상품화하여 판매하는 대수타일의 예이다. 대수타일은 1, x, y의 길이의 비가 정수비가 되지 않도록 만든다. 그 이유는 다항식의 인수분해에서 같은 문제에 대해 서로 다른 답안이 나오는 것을 방지하게 위해서이다. 이에 대해서는 다음 절에서 자세히 다룬다.

나. 대수타일과 딘즈블럭의 비교

대수타일을 딘즈블럭과 비교하여 이해하면 대수타일의 특징을 좀 더 명확히 알 수 있다. 딘즈블럭 중 기수가 10인 십진블럭은 앞에서 설명되었듯이 수의 자리값의 개념, 자연수나 소수의 사칙연산 등의 학습에 효과적으로 활용된다. 뿐만 아니라 각 블럭들을 1, x, x^2의 변수를 나타내는 것으로 취급하면 다항식의 지도에도 활용할 수 있다. 가령, 단위블럭을 1로 하고 10에 해당되는 막대블럭을 x로 하고 100에 해당되는 판블럭을 x^2으로 사용한다면, 간단한 다항식의 전개나 인수분해를 시각적으로 설명할 수 있다. <그림 2-96>은 가로, 세로, 넓이 사이의 관계를 이용해 십진블럭으로 $(x+2)(x+5)=x^2+7x+10$을 표현한 것이다. 그러나, 십진블럭으로 대수를 할 때는 음수를 표현할 수 없다는 한계가 있고 다항식이 여러 가지 방법으로 인수분해되는 문제가 발생할 수 있다. 예를 들어, 십진블럭에서 10의 크기를 갖는 막대블럭을 변수 x로 취급하면 $x=10$의 규칙이 적용되어 <그림 2-96>과 같이 $100+7\cdot10+10$로 표현되는 넓이 $x^2+7x+10$이 <그림 2-97>에 제시된 $x(x+8)$로도 표현 가능해지는 것이다.

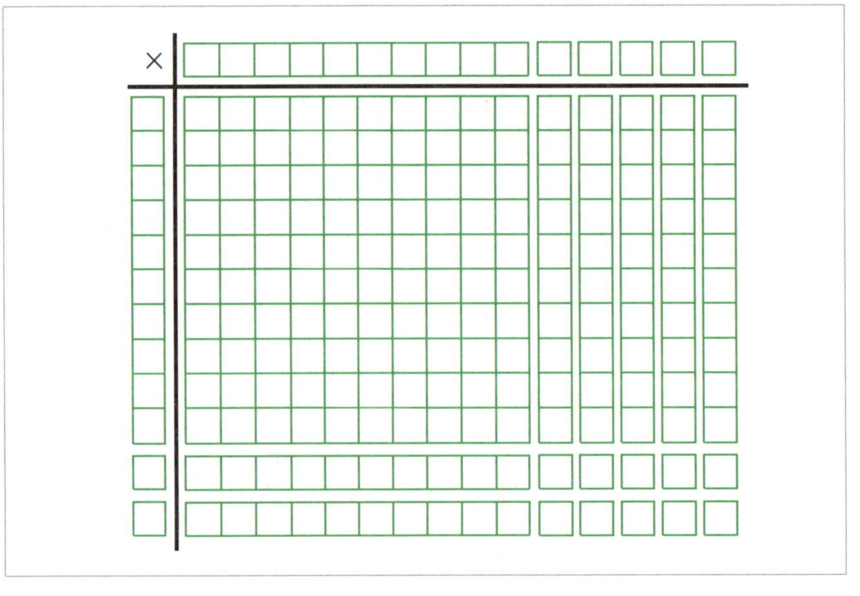

그림 2-96 $(x+2)(x+5)=x^2+7x+10$

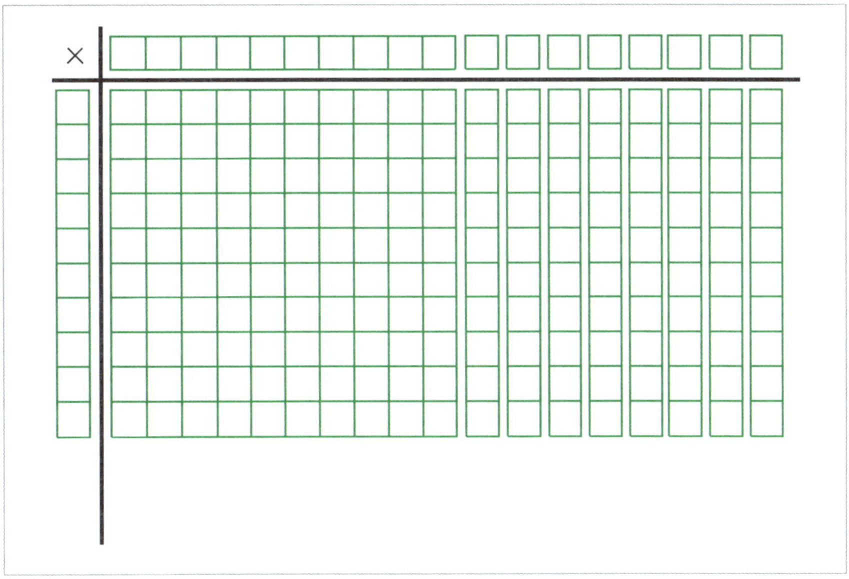

그림 2-97 $x=10$인 경우 : $x^2+7x+10=x^2+8x=x(x+8)$

딘즈블럭으로 다항식의 인수분해를 시각화하면 인수분해의 결과가 유일하게 결정되지 않는다. 그 이유는 딘즈블럭에서 막대블럭을 x로 생각하면 막대블럭의 긴 변의 길이가 단위블럭의 한 변의 길이의 정수배가 되기 때문이다. 대수타일은 딘즈블럭의 활용 범위를 다항식의 인수분해까지 넓히려는 시도에서 부딪히는 문제점을 개선하기 위한 노력에서 만들어졌는지도 모른다. 변수를 나타내기 위해 십진블럭을 그대로 사용할 때, 인수분해 결과가 유일하게 나오지 않는 문제를 해결하려면 x를 나타내는 막대는 단위 길이로 약분할 수 없는(non-commensurable) 길이로 만들어야 한다. 딘즈블럭과 비교했을 때 대수타일이 갖는 가장 큰 특징이 바로 이것이다. <그림 2-98>, <그림 2-99>를 보면, 딘즈블럭의 아이디어를 좀더 일반화한 것이 대수타일이라고 할 수 있다.

한편, 대수타일이 딘즈블럭과 다른 또 다른 특징은 타일의 색을 구분하여 반대 부호를 가진 양을 별도로 나타낸다는 것이다. 초기에 만들어진 대수타일은 1, x, x^2을 나타내는 타일의 한쪽 면에 모두 색을 칠해놓고, 그 타일을 뒤집어 색이 없는 면이 나오면 그것을 -1, $-x$, $-x^2$으로 생각하기도 하였다. 딘즈블럭과 비교한 대수타일의 두드러진 특징을 정리하면, x를 나타내는 타일의 가로를 단위 길이로 약분되지 않는 길이로 제작하여 다항식의 인수분해 결과가 유일하게 나오도록 하고, 타일을 색으로 구분하여 서로 반대가 되는 수의 부호를 표현한다는 것이다.

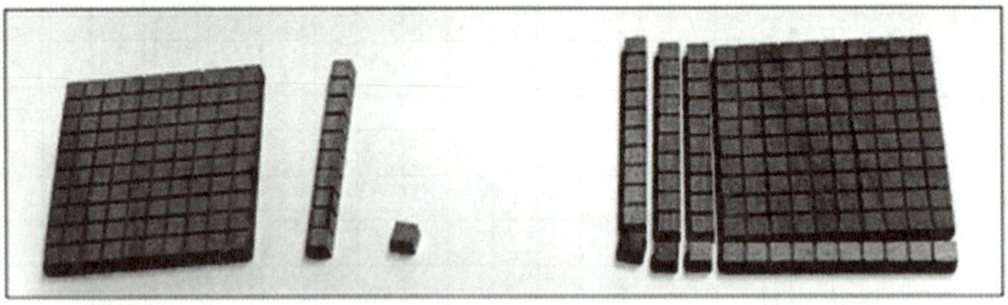

hundreds	tens	ones	sides	Area as product
square	linear		13 x 11	1 hundred + 4 tens + 3 ones
10^2	10		(10+3)(10+1)	100 + 40 + 3
10 x 10	10 x 1			143

Place value location decided by base 10		
Hundreds	Tens	Ones (unit)
	1	3
multiply	1	1
	1	3
1	3	
1	4	3

그림 2-98 십진블럭(자연수의 곱)

Place location decided by kind of term (also known as like terms)		
Square	Linear	unit
	x	3
multiply	x	1
	x	3
x^2	3x	
x^2	4x	3

그림 2-99 대수타일(다항식의 곱)
(http://cf.synergylearning.org/displayarticle.cfm?selectedarticle=591)

대수타일로 직사각형의 넓이를 이용하면 이차식의 인수분해만 가능하다. <그림 2-100>은 직육면체의 부피를 이용하여 삼차식의 인수분해를 할 수 있는 교구로 x^3, y^3, x^2y등을 다룰 수 있다. <그림 2-100>은 대수타일(Algebra-tiles)과 구분하여 대수블럭(Algeblocks)이라고 부른다. 대수블럭 역시 각 블럭들을 단위 길이로 약분되지 않는 길이로 제작한다.

그림 2-100 대수블럭(Algeblocks)

대수타일을 수학수업에 활용하기 위해서는 상품화되어 있는 세트를 구입하여 사용하거나 부록에 실린 종이모형을 여러장 복사하여, 잘라서 사용할 수 있다. 상품화되어 있는 대수타일은 색 구분이 분명하고 다루기 편하며 견고하다는 이점이 있지만 가격면에서 모든 학생들에게 한 세트씩 주기가 어렵다는 단점이 있다. 뿐만 아니라 다른 색을 가진 타일을 처음부터 같이 접하게 되므로 학생들의 학습 속도, 이해 수준 및 준비도에 상관없이 조급하게 음수를 형식화시킬 수 있는 위험성이 있다. 대수타일을 학습에 이용할 때에는 먼저 한 변수만을 다루는 기본 셋트를 가지고 조작활동을 하는 것이 바람직하다. 대수타일을 이용해서 한 변수에 대한 대수식의 조작을 쉽게 다룰 수 있게 되면 두 변수가 포함된 대수식을 학습하기 위해서 다른 색과 다른 크기로 된 타일을 첨가하면 된다. 두 변수 예를 들어, x와 y가 있는 대수식을 다루려면 y, y^2, xy를 나타내는 타일을 첨가하여야 한다. 대수타일을 가지고 학습을 시작할 때, 처음부터 타일 종류를 모두 주고 시작하기 보다는 학습내용과 순서에 맞게 필요한 타일들을 점차로 추가하면서 지도를 해 나가는 것이 바람직하다. 종이를 이용할 때에도 역시 마찬가지이다. 종이를 이용하면 재질상 구겨지기 쉽고, 바람에 날려 잘 정돈되지 못하는 단점이 있을 수 있지만 특별한 비용을 들이지 않고도 모든 학생들이 기본 한 세트씩 가지고 직접 조작을 해 볼 수 있는 장점이 있다.

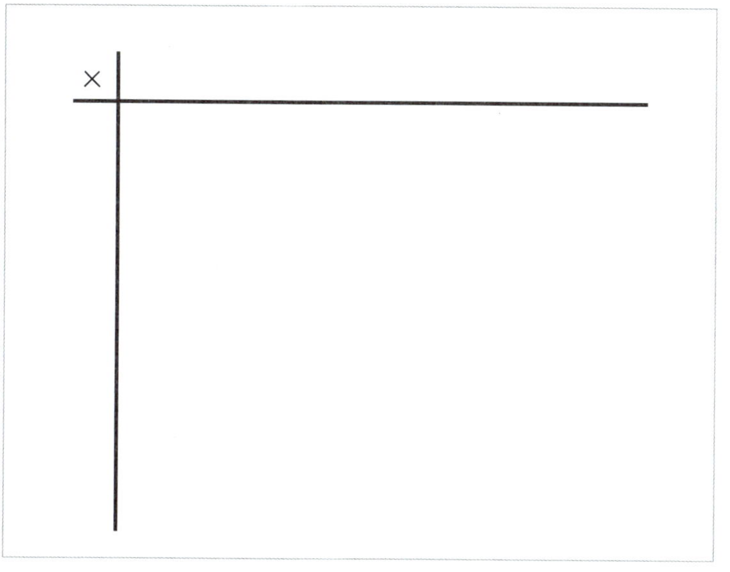

그림 2-101 곱셈판

대수타일을 가지고 다항식의 곱셈을 할 때에는 <그림 2-101>과 같이 교차선이 그려져 있는 형태의 판(편의상, 곱셈판이라고 부르기로 하자)을 활용한다. 곱셈판은 <그림 2-96>, <그림 2-97>의 경우처럼 직사각형의 넓이를 가로의 길이와 세로의 길이의 곱으로 나타내는데 활용한다.

교사가 대수타일을 사용하여 수학학습을 효과적으로 지도하기 위해서는 브루너(Bruner)가 주장하는 수학학습의 세 가지 표현양식을 염두에 두고 학생들이

구체적인 행동(concrete actions)에서 출발하여,
행동에 대한 영상적 표현(iconic representations)이 있은 후,
기호적 표현(symbolic representations)을 구성하고,
기호들 위에서 형식적인 행동들을 수행

하도록 안내하여야 한다. 일반적으로 소개되는 대수타일의 사용방법도 아래의 네 가지의 학습 단계를 따른다.

단계 1 : 타일 그 자체를 다루는 행동(Actions on the tiles themselves)

단계 2 : 타일을 다룬 행동에 대한 묘사(Drawings of those actions)

단계 3 : 묘사된 행동을 기호로 표현(Using symbols in the drawings)

단계 4 : 전통적인 기호 대수 조작(Traditional algebraic manipulations of symbols)

대수타일을 사용할 때는 학생들이 각 타일의 이름을 정하는 것이 필요하다. 교사는 학생들에게 타일에는 미리 정해진 이름이 없으며 타일을 가지고 수학의 내용을 표현하고 설명하려면 우리가 그것을 부르는 이름을 정할 필요가 있음을 안내한다. 학생들이 각 타일에 어떤 식의 이름을 붙이길 원하는가를 먼저 알아보는 것도 좋다. 수학에서 변수가 사용되는 방식과 마찬가지로, 개인별로, 각 그룹별로 타일의 이름을 다르게 정하는 것도 허용된다. 그러나 같은 크기와 같은 색깔의 타일에는 같은 이름을 주어야 한다.

드렉셀 대학(Drexel University)에서 운영하는 수학 사이트[6]에는 교사(Suzanne Alejandre)가 대수타일을 처음 사용할 때 학생들에게 대수타일의 모양과 크기에 주목할 수 있도록 세 종류의 타일을 주면서 다음과 같은 질문을 하는 예시가 있다.

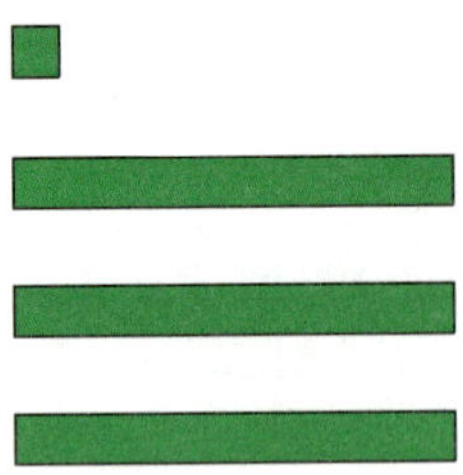

"이 타일은 무슨 모양일까?" (정사각형)

"이 타일은 무슨 모양일까?" (직사각형)

"이 타일의 세로의 길이는?" (1)

"이 타일의 가로의 길이는?" (x)

타일을 가지고 조작활동을 계속하기 전해 학생들은 위의 질문에 답해가면서 자신들이 다룰 각 타일의 모양과 크기를 다음과 같이 설명할 수 있어야 한다.

6) http://mathforum.org/alejandre/algfac1.html

가로, 세로의 길이가 1인 정사각형

세로의 길이가 1이고, 가로의 길이가 x인 직사각형

가로와 세로의 길이가 모두 x인 정사각형

다. 대수타일의 활용

수학학습에 대수타일을 사용하면 학생들은 타일이라는 구체적인 대상을 통해서 수학의 형식적인 내용을 시각화할 수 있으므로 학습 내용이 실제적인 조작 활동 속에서 의미를 갖게 된다. 아래에서는 대수타일의 활용 방법이 소개 된 자료[7]를 기초로 하여 대수타일을 다항식 학습에 활용한 사례를 정리하여 제시한다.

1) 다항식의 합과 차

대수타일을 가지고 다항식의 합과 차를 하기 전에 학생들이 세 종류의 기본타일들을 적당히 합한 후에 그것을 나타내는 이름을 써 보는 활동을 하는 것이 필요하다. 이 과정에서 학생들은 '합'에 들어 있는 모든 성분들을 잘 나타낼 수 있는 적절한 이름을 정하는 규칙을 만드는 경험을 할 수 있다. 장황한 언어적 표현보다는 축약어나 기호를 사용하는 것이 효과적임을 인식하면서 수학 언어의 간결성, 함축성을 배울 수 있다. 예를 들어, 아래 그림의 합은 다음과 같이 여러 가지 표현으로 나타낼 수 있다.

---

7) http://plato.acadiau.ca/courses/educ/reid/Virtual-manipulatives/tiles/tiles.html에서 발췌

2BS + 3R + 5
(BS: big squares, R: rectangles)
$2R^2 + 3R + 5$
$2x^2 + 3x + 5$ 등등

학생들로 하여금 타일들을 여러 가지 방법으로 합해 보도록 하고 그 합을 자신이 만든 기호로 나타내 보도록 지도한다. 수학에서 1, x, x^2으로 표현하는 방법이 어떤 면에서 효율적인지에 대해 토론하는 것도 좋다. 아래에서는 각 타일의 이름을 편의상 1, x, x^2으로 통일하여 부르면서 내용을 전개한다.

각 개인 (그룹)이 만든 타일의 합과 다른 학생(다른 그룹)이 만든 타일의 합을 합하게 한 후, 그 결과를 어떻게 부르면 좋을 지 교사가 질문하면 학생들은 기호 표현을 서로 통일해야 하고, 합을 통일된 기호로 나타내야 하는 문제 상황에 접하게 된다. 각 개인 (그룹)이 만든 타일의 합에서 다른 학생(다른 그룹)이 만든 타일의 합을 빼 보도록 한 후, 그 결과를 어떻게 부르면 좋을 지 질문할 수도 있다. 이는 자연스러운 문제 상황에서 다항식의 합과 차를 구하고 그 결과를 표현하는 방법을 학생들 스스로 터득하게 하는 좋은 과정이 될 수 있다. 이 과정은 학생들이 몇 가지의 기호 표현을 통일하여 사용할 것에 동의하면 의외로 쉽게 진행될 수 있다. 다음 그림은 합과 차를 기호로 표현한 것이다.

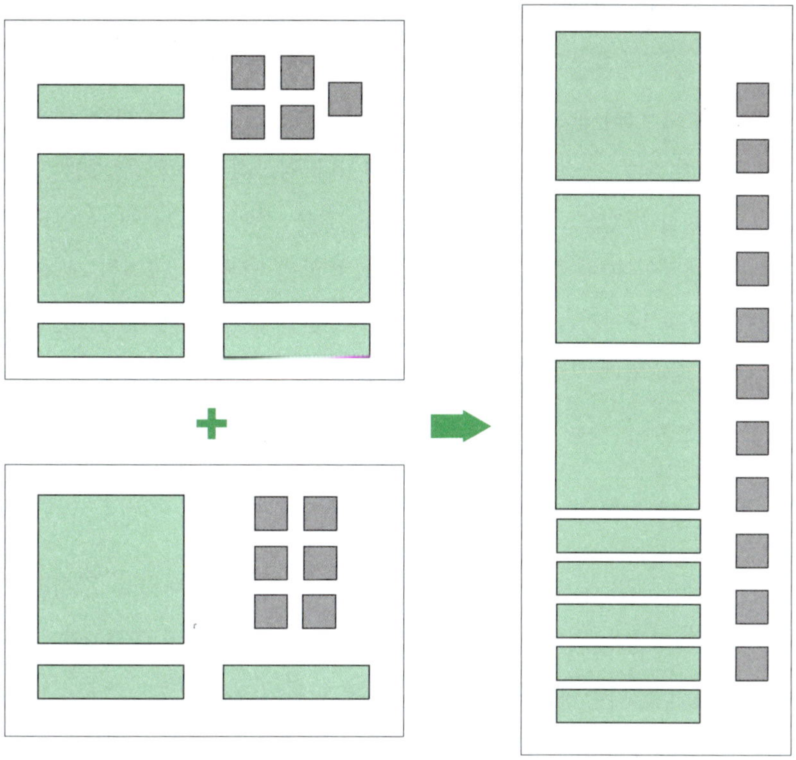

위의 그림으로 다항식의 합을 기호로 표현하면

$(2x^2+3x+5)+(x^2+2x+6)=3x^2+5x+11$ 이다.

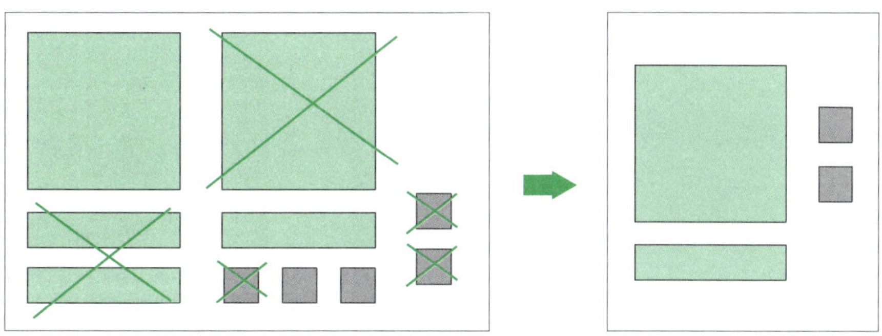

위의 그림으로 다항식의 차를 기호로 표현하면

$(2x^2+3x+5)-(x^2+2x+3)=x^2+x+2$ 이다.

학생들이 타일을 가지고 위와 같은 활동을 여러 번 해 보고(활동적 표현) 합하고 빼는 행동을 그림으로 그려보도록 한 후(영상적 표현), 그 행동에 대한 그림을 기호로 나타내 보도록(기호적 표현) 한다. 조작활동의 표현 양식과 표현간의 전이가 잘 되는 학생들은 활동적 표현이나 영상적 표현의 단계를 거치지 않도 곧바로 기호적 표현으로 나타내는 경우도 있을 것이다. 그러나 적어도 초기 학습에서는 구체적인 행동에서 출발한 영상적 표현이 있은 후 그러한 행동에 대한 기호적 표현으로 나아가는 것이 중요하다. 이것은 이후 학습에서 기호들간의 형식적인 조작이 의미있게 이해될 수 있는 기본 바탕이 되기 때문이다.

2) 다항식의 인수분해

대수타일로 다항식의 인수분해를 하려면 먼저 타일을 가지고 직사각형을 구성하는 방법을 익혀야 한다. 예를 들어 x^2을 나타내는 타일 2개, x를 나타내는 타일 7개, 1을 나타내는 타일 6개를 모두 합하여 $x^2 + 7x + 6$이 되는 경우를 살펴보자. 이 타일들을 잘 배열하여 직사각형 모양이 되도록 한다. 예를 들어 다음과 같이 두 가지 방법으로 주어진 타일을 배열했다고 가정해 보자.

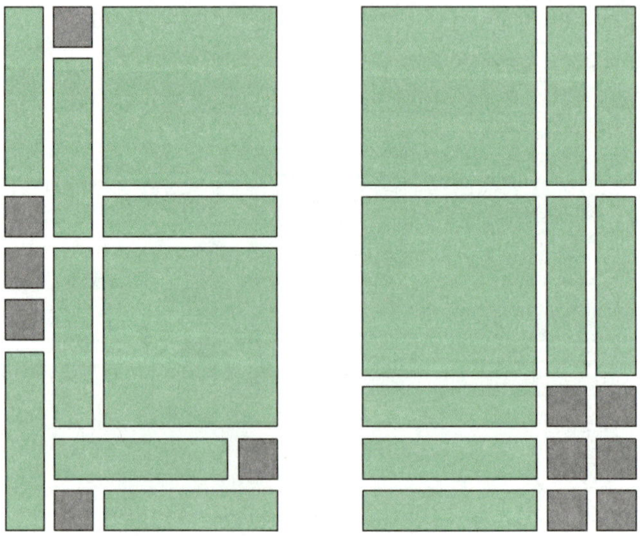

다항식의 인수분해를 위해서는 곱셈판에서 직사각형의 가로와 세로의 길이를 타일로 쉽게 시각화할 수 있는 오른쪽의 배열이 필요하다. 오른쪽 배열이 심미적으로 더 안정적이기도 한데, 대수타일로 오른쪽 직사각형과 같은 배열을 하려면 다음의 두 가지 규칙을 따라야 한다.

[규칙 1] 큰 정사각형(x^2)과 작은 정사각형(1)은 서로 같은 행이나 열에 놓일 수 없다.
[규칙 2] 작은 정사각형(1)들은 모두 함께 모여 있어야만 한다.

x를 나타내는 타일과 1을 나타내는 타일을 이용해서 직사각형의 가로와 세로의 길이를 나타내볼 수 있다.

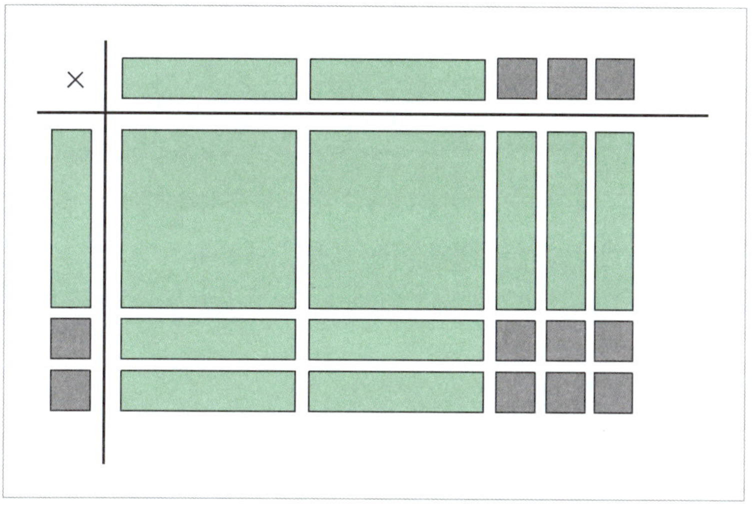

직사각형을 곱셈판 안쪽에 놓고, 직사각형의 가로의 길이와 세로의 길이를 나타내는 타일을 각각 그림의 위쪽과 왼쪽 자리에 놓는다. 위 그림에서는 $2x + 3$과 $x + 2$의 타일이 곱셈판에 놓이게 된다. 위 그림을 이용하여 직사각형의 넓이를 가로의 길이와 세로의 길이의 곱으로 나타내면 다음과 같이 기호로 표현된다.

$$2x^2 + 7x + 6 = (2x + 3) \times (x + 2)$$

교사는 학생들이 주어진 타일로 직사각형을 만들고, 그것을 위와 같은 그림으로 나타내고, 직사각형의 가로와 세로의 길이를 생각해 넓이를 구하는 식을 기호로 써보는 연습을 할 수 있도록 충분한 시간을 제공해야 한다. 학생들이 직사각형을 구성하고 위 그림처럼 타일을 조작하거나, 그림을 그리는 활동에 익숙해지면, <표 4>와 같은 방법을 소개하는 것이 좋다. 여기서 반드시 인수분해나 인수의 개념과 용어를 명시적으로 지도할 필요는 없다. 개념에 대한 형식적인 지도는 학생들의 수준에 따라서 적절한 시기에 도입하면 된다. 대수타일을 통한 구체적 조작의 활동은 장차 학생들이 인수분해의 개념을 명시적으로 다루게 될 때 실제적 조작에 근거한 인수분해의 개념 이미지로 작용할 수 있다.

표 4 식의 곱

×	$2x$	3
x	$2x^2$	$3x$
2	$4x$	6

다음은 대수타일을 이용하여 인수분해 공식을 다루는 것으로 우리나라 수학교과서와 현장 수학 수업의 학습 내용의 예이다.

2-1 인수분해의 뜻

다음 그림을 이용하여

$$x^2+3x+2=(x+1)(x+2)$$

가 됨을 확인하여라.

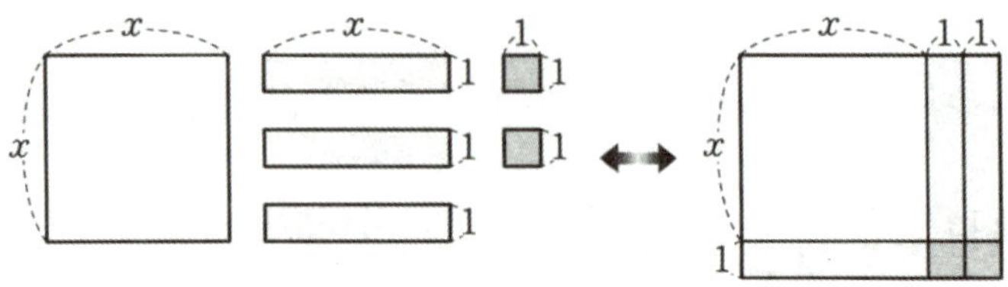

그림 2-102 중학교 3학년 수학: 인수분해 도입(조태근 외 4인, 2002; 59)

대수타일(인수분해공식) 활동지

(　　)학년 (　　)반 이름(　　　　　)

1. 다음 그림은 넓이가 각각 1, x, x^2인 정사각형과 직사각형이다. 이 사각형들의 가로와 세로의 길이를 각각 적으세요.

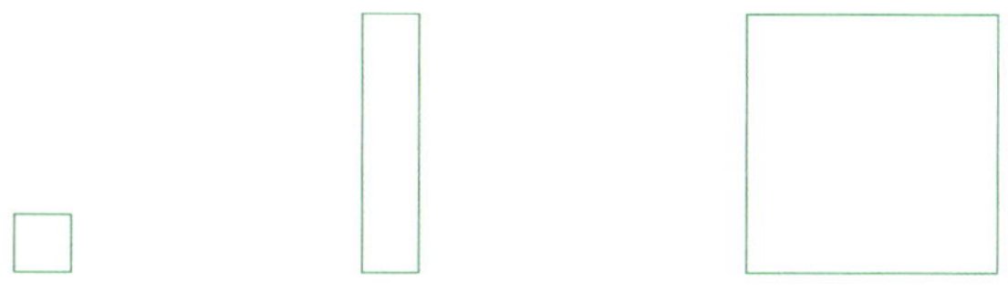

2. 문제 1의 사각형 중 넓이가 x^2의 정사각형 1개, x의 긱사각형 4개, 1인 정사각형 3개를 가져다 넓이가 x^2+4x+3인 직사각형을 만들어 그림으로 그리고, 가로와 세로의 길이를 적으세요. 또한 (넓이)=(가로)×(세로)의 식으로 쓰세요.

3. 넓이가 다음과 같은 직사각형을 그림으로 그리고 (넓이)=(가로)×(세로)의 식으로 쓰세요.

x^2+5x+6

$x^2+7x+10$

4. $x^2+3x-10$, x^2-2x-8과 같은 경우는 어떻게 그림을 그려야 할까 생각해 보고 그림으로 표현하고, (넓이)=(가로)×(세로)의 식으로 쓰세요.

그림 2-103 인수분해 활동지 예시

대수타일의 조작활동에 익숙해지면 도형의 넓이 비교로 여러 가지 인수분해 공식을 설명할 수도 있다. 대수타일의 조작활동을 토대로 a^2-b^2의 인수분해를 다음과 같이 시각화하여 나타낼 수 있다.

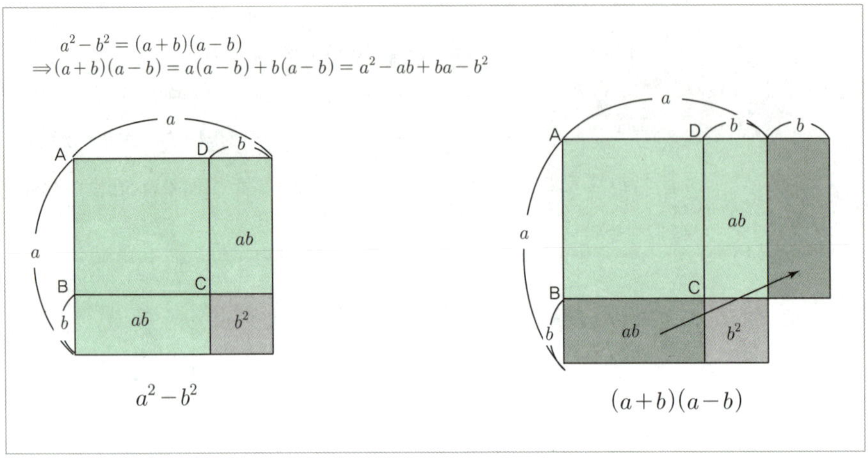

그림 2-104 a^2-b^2의 인수분해

3) 다항식의 곱

인수분해의 활동 과정을 거꾸로 실행하면 다항식의 곱을 전개하는 학습이 된다. 학생들에게 가로의 길이와 세로의 길이를 각각 나타내는 타일을 각각 주고, 이를 이용하여 직사각형을 구성해 보도록 한다. 예를 들어, 가로의 길이와 세로의 길이를 각각 $2x+3$, $x+2$으로 주고, 아래 그림과 같이 각각을 곱셈판의 위쪽, 왼쪽의 위치에 놓도록 한 후, 곱셈판의 안쪽에 직사각형을 구성하도록 한다.

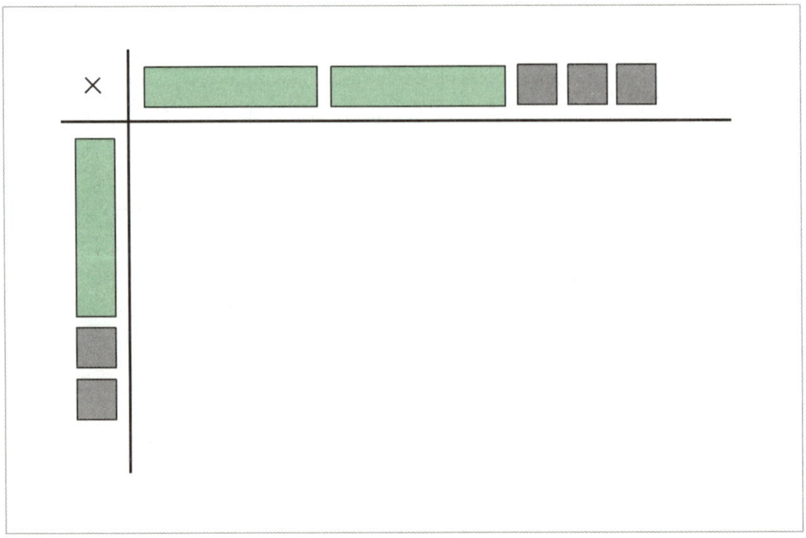

표 5 다항식의 곱

$\times$	$2x$	3
x	$2x^2$	$3x$
2	$4x$	6

그 결과를 그림으로 나타낸 후, <표 5>와 같이 기호로 나타내 보도록 한다. 최종적으로는 그 결과를 다음과 같이 수식으로 표현할 수 있어야 한다.

$$(x+2)\times(2x+3)=2x^2+7x+6$$

중학교 3학년 수학에서 곱셈공식을 배울 때, 대수타일을 이용한 학습이 도움이 될 수 있다.

$$(x+1)^2,\ (x+2)^2,$$
$$(2x+1)^2,\ (2x+3)^2,$$
$$(3x+1)^2,\ (3x+2)^2,\ (4x+5)^2 \quad ....$$

등의 문제를 <그림 2-106>과 같이 대수타일의 활동으로 해결하는 연습을 충분히 하도록 하면 학생들은 $(a+b)^2$꼴의 곱셈결과의 규칙을 파악하게 된다. 이를 통해 학생들은 곱셈공식을 실제적인 조작을 바탕으로 설명할 수 있게 되고, 기호적으로 형식화한 표현도 의미있게 이해할 수 있게 된다. $(4x+3y)^2$처럼 변수가 두 개인 다항식을 다룰 때에는 y, y^2, xy 타일을 첨가하여 위와 같은 방법으로 곱을 전개하면 된다. 변수가 두 개인 다항식의 인수분해도 마찬가지이다. 다항식의 곱과 인수분해의 학습은 그 순서를 바꾸어 지도할 수도 있다.

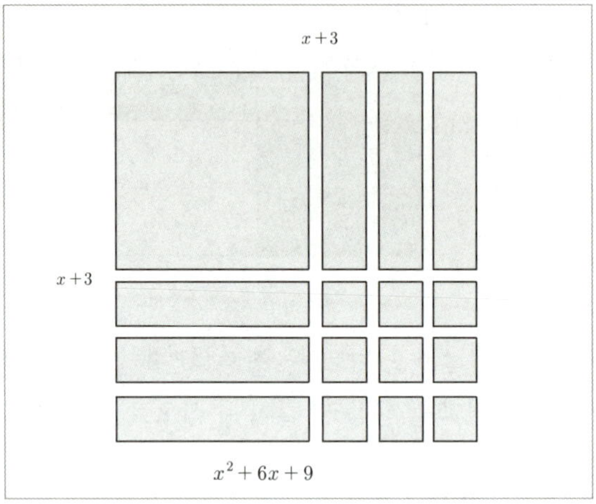

그림 2-105 $(x+3)^2$의 전개

4) 음수의 연산 및 음수가 포함된 다항식

3에서 7을 빼는 것을 대수타일로는 어떻게 표현할 수 있을까? 타일 3개에서 어떻게 타일 7개를 뺄 수 있을까? 대수타일에서는 음수를 양수와 다른 색으로 구별하여 나타낸다. 1, x, x^2의 타일과 -1, $-x$, $-x^2$을 나타내는 타일의 색은 서로 다르다.

대수타일을 사용하여 $(2x^2-3x-7)-(x^2-5x-3)$의 결과를 구하기위해서는 먼저 $2x^2-3x-7$을 타일로 나타내고 x^2-5x-3에 해당하는 타일을 제거한다. 그 조작활동의 결과는 다음과 같이 나타난다.

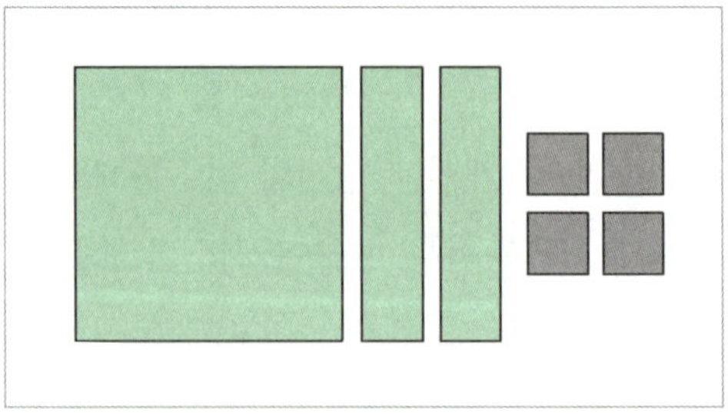

결과로 남은 타일들을 식으로 표현하면 다음을 얻는다.

$$(2x^2-3x-7)-(x^2-5x-3)=x^2+2x-4$$

좀 더 다양한 대수식을 다루기 위해서는 음수의 곱셈을 대수타일로 나타내는 방법을 발견해야 한다.

$$\vdots$$

$$(-1)\times 2=-2$$

$$(-1)\times 1=-1$$

$$(-1)\times 0=0$$

$$(-1)\times(-1)=1$$

$$(-1)\times(-2)=2$$

$$\vdots$$

그림 2-106 정수의 곱셈

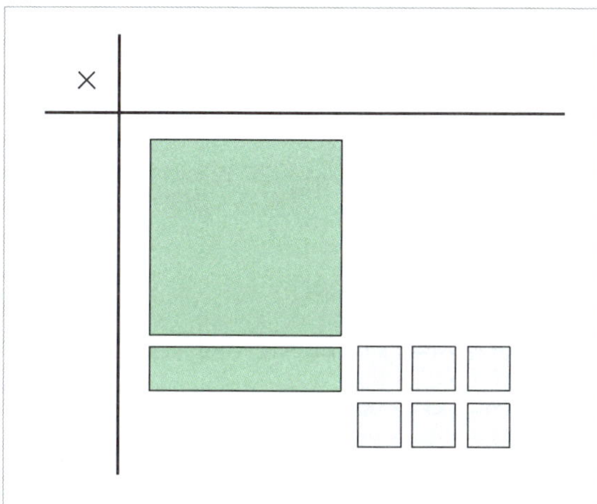

그림 2-107 대수타일로 곱셈

학생들은 곱셈판 위에 1, -1을 나타내는 타일을 놓아가며 음수타일이 곱셈을 하는 경우에 어떻게 조작되는지를 생각해 본다. 학생들이 정수의 개념과 그 연산에 이미 익숙해 있다면 곱의 결과를 타일로 나타내는 것은 쉽게 할 수 있다. 만약 학생들이 음수의 곱셈을 잘 이해하고 있지 않은 상태라면 간단한 예를 통해 음수의 곱셈을 이해시키는 과정을 먼저 진행해야 한다. 1×1은 1이 하나 있음을 의미

하므로 그 결과는 1이고, $(-1)\times1$은 -1이 한 개 있음을 의미하니까 그 결과가 -1이며, 모든 수와 0과의 곱은 0이므로 $(-1)\times0$은 0이다. <그림 2-107>과 같이 기록하면서 곱하는 수를 1씩 줄였을 때 그 결과가 어떻게 되는지를 귀납하게 하고, 귀납한 추측을 외삽의 원리로 다른 경우에 까지 확장하도록 하면 대수적 형식 불역의 원리에 의하여 $(-1)\times(-1)$이 1이 됨을 설명할 수 있다. 이 설명이 있은 다음에는 $(-1)\times(-1)$의 곱셈 결과를 <그림 2-107>에 어떤 타일로 나타내야 하는지가 분명해진다.

대수타일로 음수의 곱을 나타낼 수 있게 되면 음수가 포함된 다항식의 인수분해도 할 수 있다. 그러나 이 경우에 대수타일로 직사각형을 구성하는 방법이 그리 간단치는 않다. 교사가 학생들에게 음수가 포함된 다항식의 곱셈을 대수타일로 나타내도록 하려면, 직사각형의 구성을 이제까지와는 다른 방법으로 지도해야 한다. 그 방법은 x^2+x-6을 예로 한 다음의 설명을 참고하면 쉽게 이해가 될 것이다.

먼저 학생들에게 곱셈판 안쪽에 x^2+x-6을 나타내는 직사각형을 구성하도록 한다. 대부분의 학생들은 약간의 조작 활동 후에 곧바로 직사각형이 구성되지 않는다고 한다. 이 때 교사는 학생들이 적절한 방법을 발견할 수 있도록 격려하고, 다시 시도해 볼 수 있는 활동시간을 준다. 학생들이 문제를 해결하고자 하는 욕구가 일어나도록 분위기를 조성한 후, 앞에서 소개된 직사각형 구성의 심미적 규칙을 상기하도록 한다.

[규칙 1] 큰 정사각형(x^2)과 작은 정사각형(1)은 서로 같은 행이나 열에 놓일 수 없다.
[규칙 2] 작은 정사각형(1)들은 모두 함께 모여 있어야만 한다.

학생들이 위 규칙을 적용하여 직사각형을 만든다면 다음과 같게 된다.

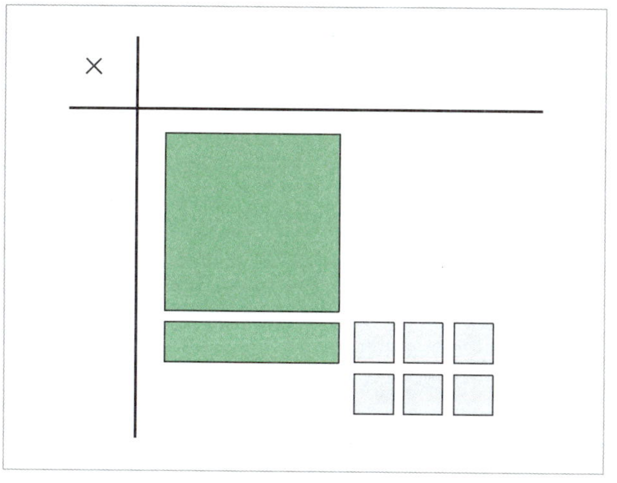

이 때 직사각형이 되기 위해서 채워져야 할 남은 공간을 어떻게 해야 하는가의 문제가 생기는데 이 해결을 위해 교사는 식에 0을 더하는 것, 타일을 이용하여 0을 적용하는 방법을 생각해 보도록 안내해야 한다. 학생들은 위의 예에서 0을 이용해 직사각형을 채우려면 x 타일 두 개와 $-x$ 타일 두 개가 첨가될 수 있음을 찾게 될 것이다. 그러나 학생들마다 x 타일 두 개와 $-x$ 타일 두 개를 놓는 위치는 다르게 나타난다. 어떤 학생이 다음과 같이 타일을 놓았다고 생각해 보자.

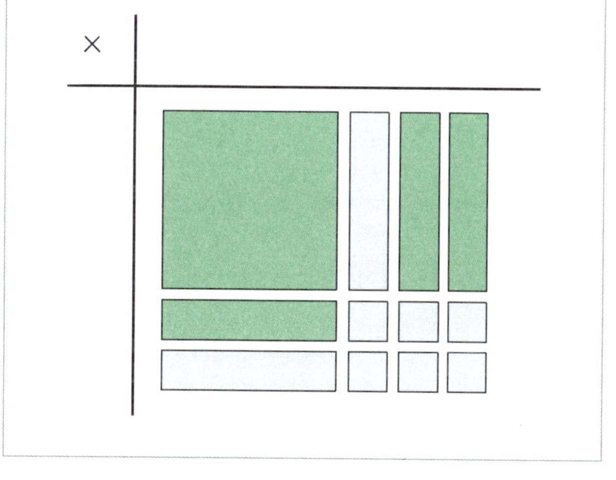

위와 같은 상태에서는 직사각형의 가로와 세로의 길이를 타일로 나타내기 어렵다. 직사각형의 가로와 세로의 길이를 타일로 잘 나타낼 수 있도록 어떻게 배열을

하면 좋은가?. 이의 문제해결을 위해 교사는 직사각형 구성에 대한 새로운 심미적 규칙이 필요함을 설명할 수 있다. 새롭게 적용될 심미적 규칙은 다음과 같다.

[규칙 3] 직사각형 안에 x 타일이 있는 어떤 열이나 행을 보아도 모두 같은 색의 x 타일이 놓여져 있어야 한다.

이제 이러한 규칙이 적용되면, 위의 그림은 다음과 같이 다시 배열될 수 있다.

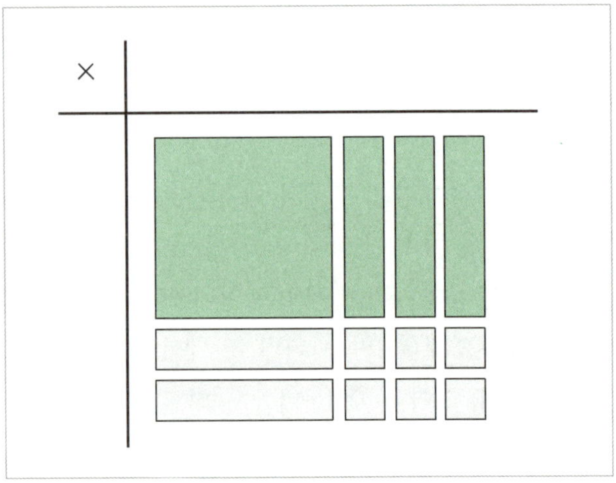

위와 같은 방법으로 학생들은 음수가 포함된 다항식의 인수분해를 해결할 수 있다. 0의 개념을 잘 이용해 대수타일로 직사각형을 만들고, 그 조작활동을 그림으로 나타낸 후, 직사각형의 가로의 길이와 세로의 길이를 나타내는 타일을 찾으면

$$x^2 + x - 6 = (x-2) \times (x+3)$$

와 같이 직사각형의 넓이를 표현하는 대수식을 기호로 나타낼 수 있게 된다. 이때 <표 6>과 같은 방법으로 문자 기호의 형식적인 처리를 정리해 줄 수 있다.

표 6 인수분해

×	x	3
x	x^2	$3x$
-2	$-2x$	-6

chapter

03

교구를 활용한 교수·학습 사례

이 장에서는 교구를 활용하여 수업을 실행한 수학교사들의 사례 보고 내용을 살펴보고자 한다. 앞에서 소개된 여러 가지 교구 중에서 대수타일을 그 예로 하여 국외 사례, 국내 사례의 경우를 하나씩 다루어 본다. 마지막으로는 수학 수업에 교구를 활용하고자 하는 교사가 유의해야 할 중점 사항들을 점검해 본다.

01 국외 사례

아래 제시하는 내용은 미국 시카고의 한 중등학교(Curie Metro High School) 수학 교사인 R. Marshal이 대수타일을 이용하여 수학수업을 실행한 사례이다[8]. 교사 Marshall은 대수타일을 다항식의 곱셈과 인수분해의 지도 과정에 활용하였다. 이 교사의 수업은 2장 5절에서 소개된 대수타일의 활용 내용과 유사하지만 '직사각형 만들기 게임'이라는 활동 요소를 도입하여 학생들로 하여금 대수타일을 다루는 충분한 경험을 하도록 배려한 것이 특징이다. 이 교사의 수업을 목표, 준비물, 지도 전략의 세 부분으로 정리하여 제시한다.

1) 목표

① 대수타일을 사용한 활동을 도입하여, 학생들이 다항식의 전개와 인수분해를 학습하는데서 겪는 좌절감이나 불안을 없앤다.
② 대수타일을 가지고 정확하고 바른 조작 활동을 하게 함으로써 수학의 학습 내용을 잘 이해하도록 한다.

2) 준비물

① 대수타일
② 교차선이 그려져 있는 판(곱셈판)
③ 학생들이 학습할 내용과 문제를 담은 활동지

3) 지도 전략

① 직사각형 만들기 게임

먼저, 대수타일로 학습을 시작하기 전에 '직사각형 만들기 게임'을 실행한다. 각 학생들에게 다음 세 종류의 타일을 적당한 개수만큼씩 주고

8) http://www.iit.edu/%7Esmile/ma8711.html에서 발췌

"주어진 세 종류의 타일만으로 가장 큰 직사각형을 만들어 보아라"

라는 문제를 내준다. 학생들이 자기들 나름대로의 방법으로 직사각형을 구성해 보도록 한 후, 앞으로 대수타일을 이용하여 수업을 할 때 알아야 할 직사각형 구성의 기본 규칙을 지도한다.

① 모든 타일이 타일판 위에 놓여져야 한다.
② 타일은 한 층으로만 놓여져야 한다
③ 직사각형은 그 내부가 완전히 채워져야 한다.

교사는 학생들이 타일을 가지고 직사각형 만들기 게임을 실제로 해보는 과정 속에서 가능한 한 넓이가 가장 큰 직사각형을 빨리 만드는 전략을 발견할 수 있도록 안내한다.

② 타일 이름 도입

학생들이 직사각형 만들기 게임에서 대수타일로 충분한 조작활동을 경험을 하고 나면, 대수타일을 수학학습에 활용하는 활동에 의욕을 갖고 임하게 된다. 이때 교사는 타일의 이름을 정하는 과정을 도입한다. 2장 5절에서 제시된 방법으로 타일의 크기와 관련지어 이름으로 정하고, 각 타일의 모양과 크기에 맞는 이름을 대수타일의 그림과 함께 칠판 위에 제시해 놓는다.

③ 다항식의 곱셈

일단 학생들이 타일의 이름을 익히고 나면, 다항식의 곱셈(전개)의 학습을 시작할 수 있다. <그림 3-1>의 ①, ②의 위치에 곱해야 할 다항식을 놓는 과정, ①, ②에 놓은 타일을 이용하여 타일판 안쪽 부분 ③에 직사각형을 만드는 과정을 익힌다. 이 때 ①과 ②에 놓은 타일이 직사각형의 가로와 세로의 길이를 결정함을 알고 ③에 직사각형을 만들 때에는 직사각형 게임에서 적용했던 기본 규칙을 잘 사용한다. 한편, 2장 5절에서 제시한 심미적 규칙도 잘 적용하면서 직사각형을 만든다. 교사는 먼저 학생들이 스스로 직사각형을 만들어 보는 충분한 시간을 갖도록 하고 자신이 행한 결과를 다른 학생의 결과와 서로 비교해 보도록 한 후, 그 결과를 분석할 수 있도록 안내한다.

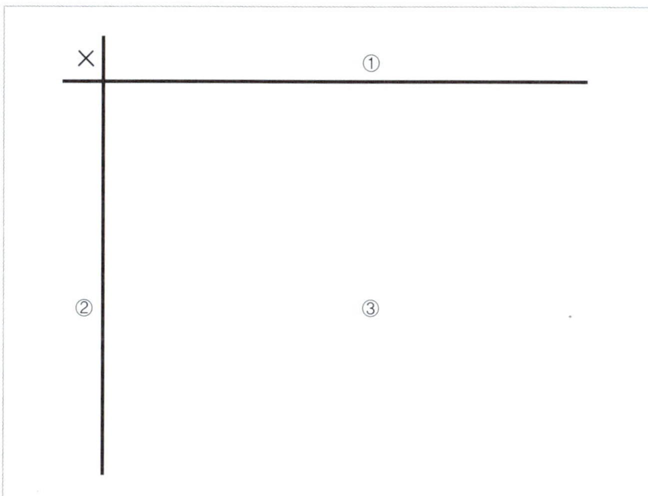

그림 3-1 곱셈판

④ 다항식의 인수분해

다항식의 곱셈을 학습하고 나면 대수타일을 가지고 다항식의 인수분해도 자연스럽게 도입할 수 있다(대수타일로 인수분해를 먼저 지도하고 다항식의 곱셈을 나중에 할 수도 있다). 교사는 자칫 형식적인 방법으로 지도하기 쉬운 인수분해의 아이디어를 대수타일을 이용하여 실제적 맥락 속에서 구체화하여 설명할 수 있다.

인수분해 과정을 대수타일의 조작 활동을 통해 학습하다 보면 학생들은 앞에서 행했던 직사각형 만들기 게임이 결국 이차다항식의 인수분해에 대한 구체적 모델이 됨을 인식하게 된다. 이러한 인식이 이루어지면 학생들은 어려운 인수분해 문제라도 간단한 퍼즐 형태의 문제로 받아들이고 즐겁게 문제 해결에 임할 수 있게 된다.

교사 Marshall은 수학 시간에 위와 같은 일련의 활동들이 순조롭게 잘 진행되기만 하면 학생들이 교구의 조작 활동 속에서 적절한 순간에 수학의 학습 내용을 쉽게 이해하게 될 뿐만 아니라 그 동안 수학학습에서 느꼈던 어려움과 불안을 떨쳐버릴 수 있다고 주장한다.

02 국내 사례

아래 제시하는 내용은 인수분해를 본격적으로 배우기 이전 학년인 중학교 1학년 학생들 34명을 대상으로 대수타일을 이용하여 인수분해의 아이디어를 지도한 수업 사례이다[9]. 이 수업 사례에서는 인수분해나 인수라는 용어를 명시적으로 사용하지 않고 모델을 이용한 구체적 조작 활동으로 인수분해의 아이디어를 다룬다. 그리고 대수타일을 수업에 활용하는 과정에서 교사가 느낀 교구 사용의 교육적 효과와 제한점을 분석한다. 이 수업사례의 내용을 대수타일 제작, 수업 방법, 수업 내용, 수업 후 학생 활동 결과, 수업의 교육적 효과로 나누어 정리해 본다.

1) 대수타일 제작

교사는 먼저 수업에 사용할 대수타일을 제작하였다. 대수타일 조각들의 크기와 색, 개수 등을 정하여 반투명 아크릴판(판 두께 5mm)으로 10세트(4인 1조에 1 세트씩 사용)를 제작하였다. 대수타일은 나무, 플라스틱, 종이 등의 어떤 재질로 만들어도 가능하지만 반투명 아크릴 판으로 대수타일을 제작한 것은 다음의 두 가지 이유에서이다. 첫째, 반투명한 아크릴 판을 OHP위에 놓으면 그 크기와 색상이 그대로 화면에 비쳐지기 때문에 교사가 칠판에 그림을 그리는 수고를 덜어주면서 대수타일의 조작활동을 교사가 앞에서 시연해 보이는 것이 가능하다. 둘째, 반투명을 이용하면 타일 조각들을 겹쳤을 때 겹쳐진 조각들이 무엇인지 쉽게 확인해 볼 수 있다. 음수를 갖는 다항식의 인수분해에서 타일 조각들을 모두 펼쳐 직사각형으로 배열하는 학습 방법을 취하지 않고 수학사랑(1999)에서 제시한 바와 같이 뺄셈을 타일 조각들을 겹쳐놓아 넓이의 축소로 지도하는 경우에 겹쳐진 타일들이 무엇인지 시각적으로 확인할 수 있다.

반투명 아크릴로 제작한 대수타일의 크기와 색은 <그림 3-2>에 제시된 바와 같다. 대수타일의 특징을 잘 고려하여 수의 부호를 색으로 구분하고, 인수분해 결과가 유일게 나올 수 있도록 1, x, y 를 나타내는 타일의 가로의 길이의 비를 정수비가 되지 않도록 하였다. 타일의 개수는 수업에 필요한 개수 이상으로 충분히 제작하였다.

---

9) 김남희 (2000). 대수타일을 이용한 수학학습, 대한수학교육학회지 학교수학 제2권 제1호, 259-281.에서 발췌

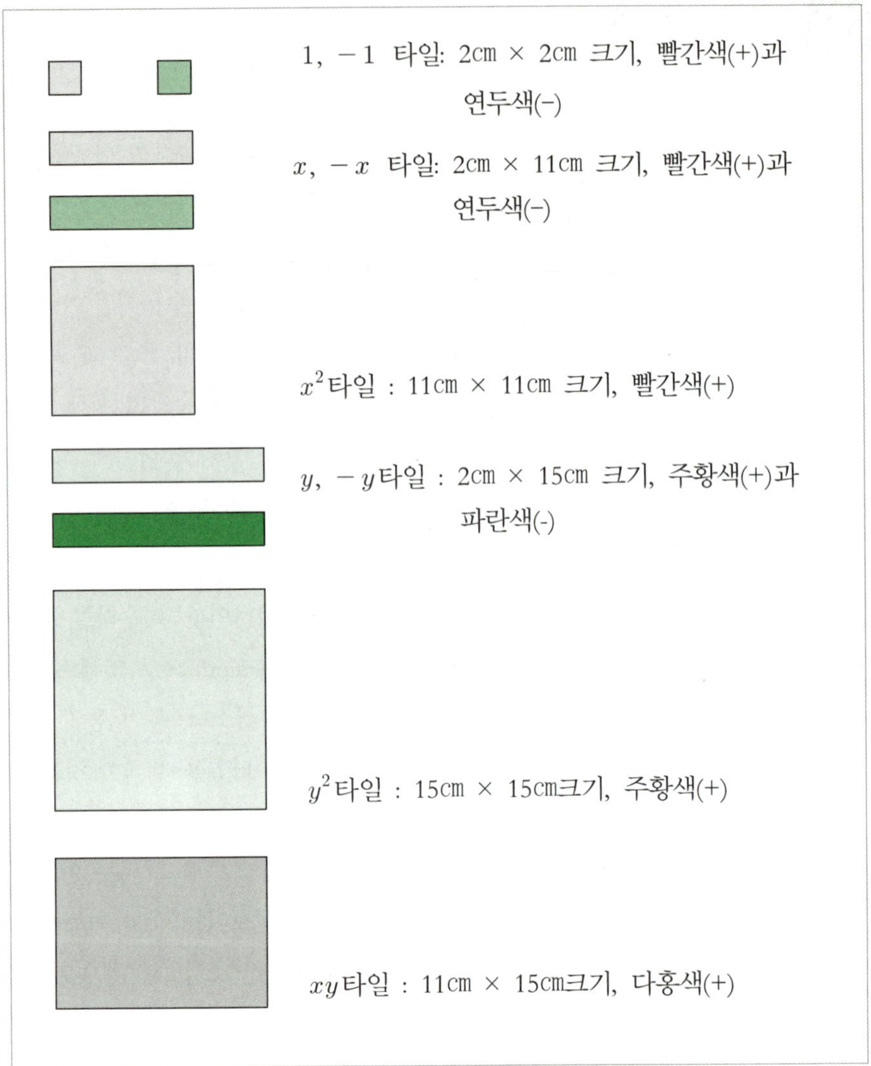

그림 3-2 자체 제작한 대수막대의 크기 및 색상

대수타일의 적용 범위를 간단한 다항식의 예에서만 다루고자 하였으므로 $-x^2$ y^2, $-xy$를 나타내는 타일을 별도로 제작하지는 않았다.

2) 수업 방법

인수분해는 우리나라 수학 교육과정에서 중학교 3학년에서 지도한다. 교사는 중학교 1학년 수학 교과서의 학습을 모두 마친 시기 즉, 겨울방학이 시작되기 직전의 시간을 활용하여 실험 수업을 실시하였다. 학교에서 운영되고 있는 열린수학 교실[10)]에서 조별로 자리를 배치하여 앉아 수업을 하였다. 남녀 구분 없이 자유의사에 따라 조를 편성[11)]하여 수업을 진행하였다.

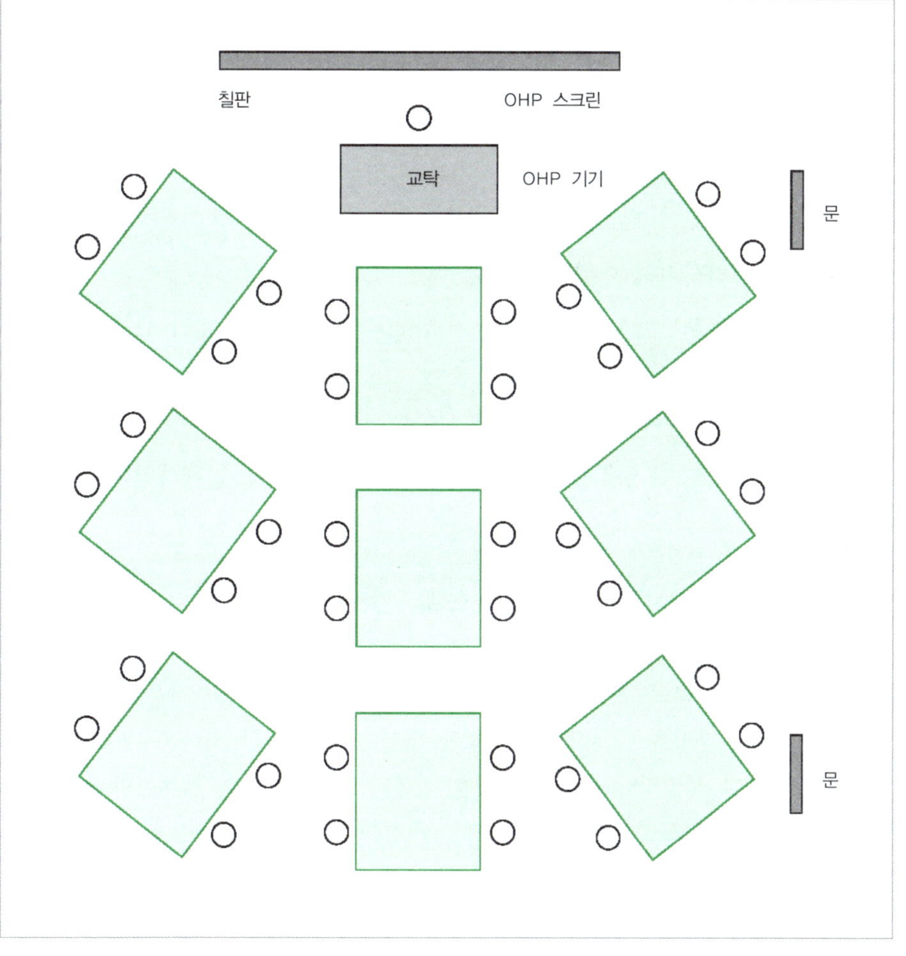

그림 3-3 수학 교실 모형

10) 교실의 앞, 뒤에는 수학학습과 관련된 입체도형 모형, 각종 퍼즐 세트, 수학 포스터 등이 비치되어 있어 수학학습의 분위기가 잘 형성되고, OHP기기가 있어 수학교사가 언제든지 수업의 도구로 쉽게 활용할 수 있게 되어있다

11) 4인 1조로 9개 조를 편성, 2개 조는 3인으로 구성

각 조 학생들에게는 아래 학습 자료를 배부하였다.

- 대수타일(조별 1세트씩)
- 교차선이 그려져 있는 종이판(곱셈판, B4용지 크기)
- 활동지(학습 내용과 관련된 문제가 제시됨)

3) 수업 내용

실험수업에서 대수타일의 조작활동과 함께 다룬 내용은 다음과 같다.

- 대수타일 교구에 대한 기본 설명
- 대수타일의 이름 도입
- 다항식의 덧셈과 뺄셈에 대한 조작 및 표현
- 곱셈판에서 직사각형을 구성하고 가로, 세로, 넓이 관계 파악
- 다항식의 곱셈(전개)

위 지도 내용을 2차시로 나누어 다음의 순서로 진행하였다.

- 1차시(2시간 연속수업으로 진행)

처음 1시간은 조 편성을 한 후, 조별로 자리에 앉아 각 조당 1 세트씩 받은 대수타일의 구성요소를 확인하고 대수타일을 가지고 자유로운 활동을 하게하여 대수타일을 탐색하는 기회를 주었다. 그 다음 한 시간은 대수타일 교구에 대한 기본 설명과 대수타일의 이름 정하기 및 다항식의 간단한 합(또는 차)의 표현에 대한 지도를 하였다.

- 2차시(2시간 연속수업으로 진행)

곱셈판을 이용하여 대수타일의 조작 활동을 안내하였다. 곱셈판 위에서 직사각형을 구성해 보고 직사각형의 가로와 세로의 길이에 해당하는 타일들을 파악하는 과정과 이의 반대 과정으로 두 변의 길이를 주고 직사각형을 구성하는 활동과정을 지도하였다. 위 두 과정을 그림으로 그려보고 식으로 표현해 보는 연습을 통해 인수분해의 아이디어와 다항식의 전개의 의미를 구체적 조작활동과 연관지어 이해할 수 있도록 하였다.

---

4) 학생 활동 결과

학생들에게 제시된 문제와 각 조별 활동지에 나타난 학생들의 활동 결과들 중의 일부를 제시하면 다음과 같다.

<그림 3-4>은 다항식의 곱셈을 대수타일의 조작활동으로 해결하도록 제시한 문제이다. <그림 3-5>는 이 문제를 올바로 해결했을 때의 조작 결과를 보여준다.

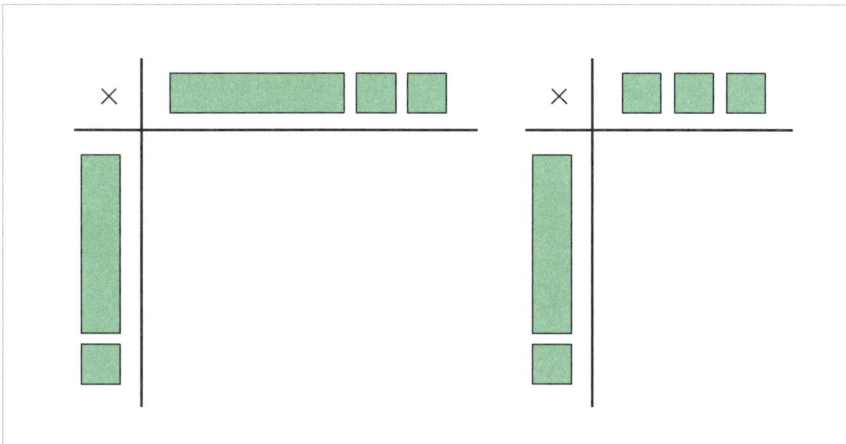

그림 3-4 주어진 자료을 이용해 직사각형을 구성하는 문제

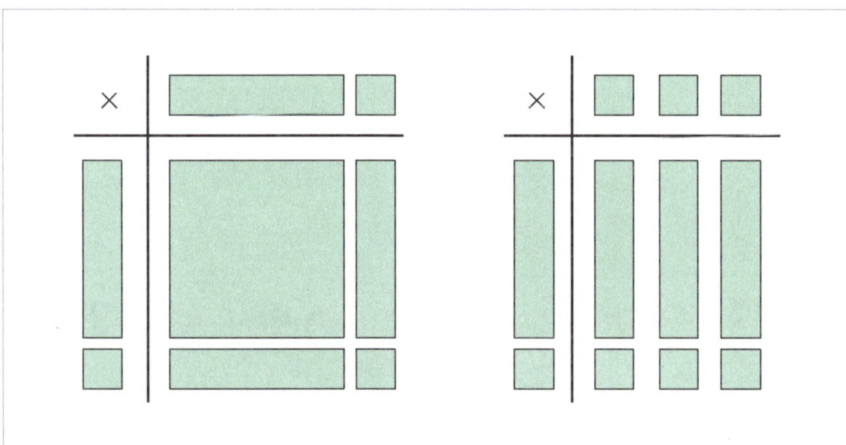

그림 3-5 〈그림 3-4〉 문제에 대한 올바른 해결

위 제시 문제를 대수타일의 조작활동으로 나타내고 그 결과를 식으로 잘 표현한 학생들의 답안이 <예 1> ~ <예 3>이다. <예 1>은 식을 올바른 규칙에 따라 정확히 표현하였고, <예 2>는 계수는 문자 앞에 쓰는 규칙을 사용하지 않았을 뿐 역시 그 결과는 맞다. <예 3>은 대수타일의 조작규칙이나 대수타일의 이름 등에 대한 지식 부족으로 바르지 못한 답안을 낸 경우이다. 이 조는 수학성취도가 낮은 학생들로 구성된 조로서 다른 경우에서도 대수타일조작을 통한 문제해결에 어려움을 겪는 것으로 관찰되었다.

〈예 1〉

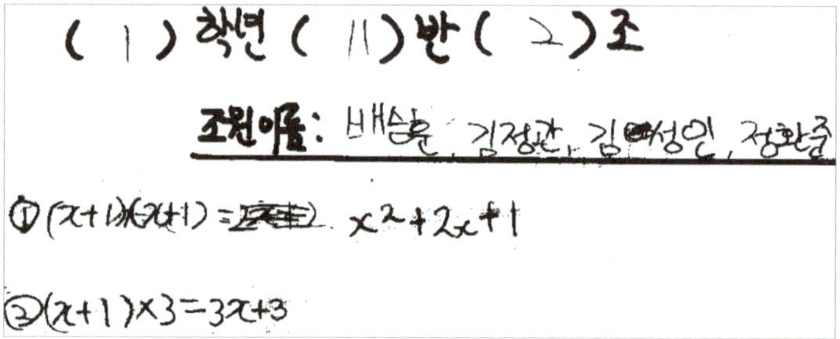
(1) 학년 (11) 반 (2) 조

조원이름: 배승윤, 김정관, 김성인, 정환준

① $(x+1)(x+1) = x^2+2x+1$

② $(x+1)\times 3 = 3x+3$

〈예 2〉

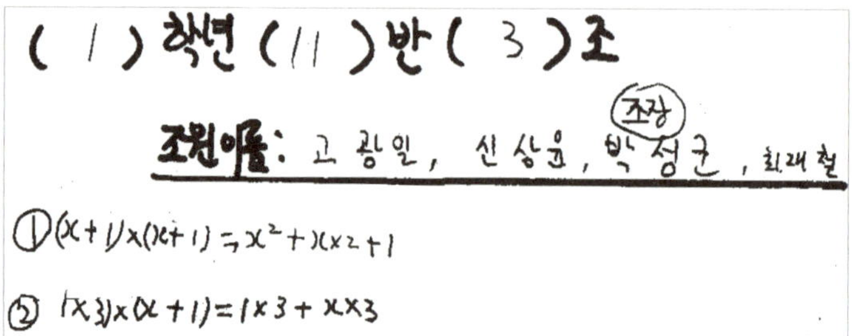
(1) 학년 (11) 반 (3) 조

조원이름: 고광일, 신상윤, 박성근(조장), 최재철

① $(x+1)\times(x+1) = x^2+x\times 2+1$

② $(1\times 3)\times(x+1) = 1\times 3+x\times 3$

〈예 3〉

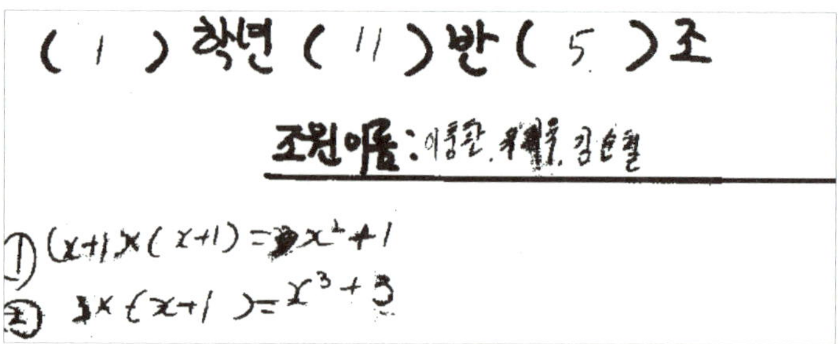
(1) 학년 (11) 반 (5) 조

조원이름: 이종관, 김은철

① $(x+1)\times(x+1) = x^2+1$

② $3\times(x+1) = x^3+3$

<예 4>와 <예 5>는 <그림 3-6>에 제시된 조작 활동으로 다항식의 덧셈과 뺄셈을 한 결과를 식으로 나타낸 학생들의 답안이다. <예 4>와 같은 올바른 답안이 여러 조에서 나왔다. <예 5>의 답안을 보인 조는 첫 번째 문제 해결을 바르게 한 것으로 보아, 문제해결의 방법은 알고 있으나 문제에 답을 굳이 모두 써야 할 필요성을 느끼지 못한 경우인 것으로 보인다.

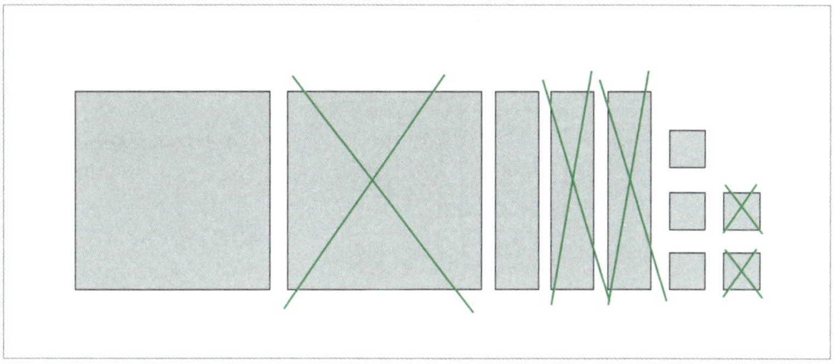

그림 3-6 $(2x^2+3x+5)-(x^2+2x+2)$의 조작활동

〈예 4〉

③ $(2x^2+3x+5)-(x^2+2x+2)=x^2+x+3$

④ $(x^2-3x-2)+(x^2-2x-1)=2x^2-5x-3$

⑤ $(2x^2+2x-3)-(x^2+x-2)=x^2+x-5$

〈예 5〉

③ $(2x^2+3x+5)-(x^2+2x+2)=x^2+x+3$

④ $(x^2-3x-2)+(x^2-2x-1)=$

⑤ $(2x^2+2x-3)-(x^2+x-2)=$

<예 6> ~ <예 9>는 곱셈판의 안쪽 직사각형을 보고 대수타일로 직사각형의 가로의 길이와 세로의 길이를 나타내는 것이다. 인수분해나 인수라는 용어는 명시적으로 사용하지 않았다. 그러나 학생들의 답안을 보면 기호 사용에 약간의 실수가 있기는 하지만 대수타일의 조작활동으로도 중학교 1학년의 학생들이 인수분해의 아이디어를 기하적으로 의미있게 내면화하고 있음을 확인할 수 있다.

〈예 6〉

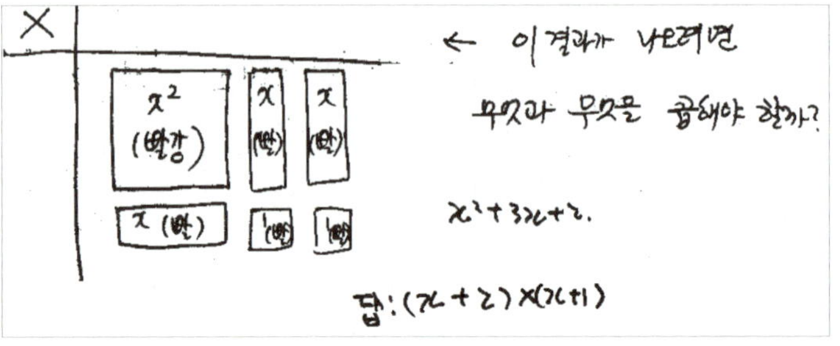

〈예 7〉

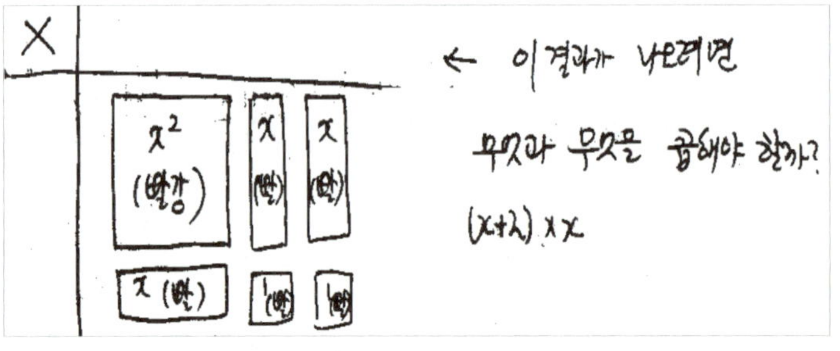

〈예 8〉

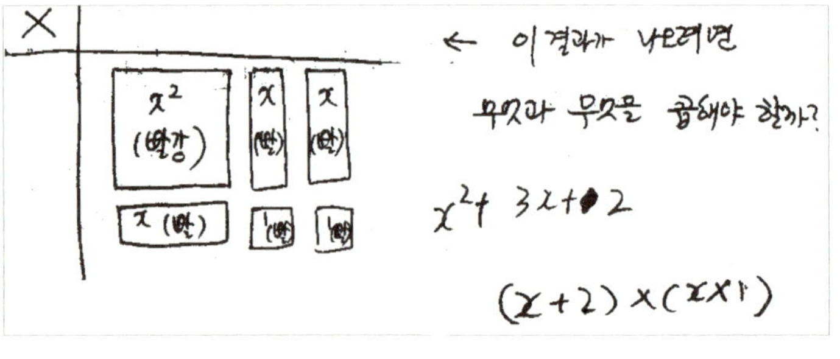

〈예 9〉

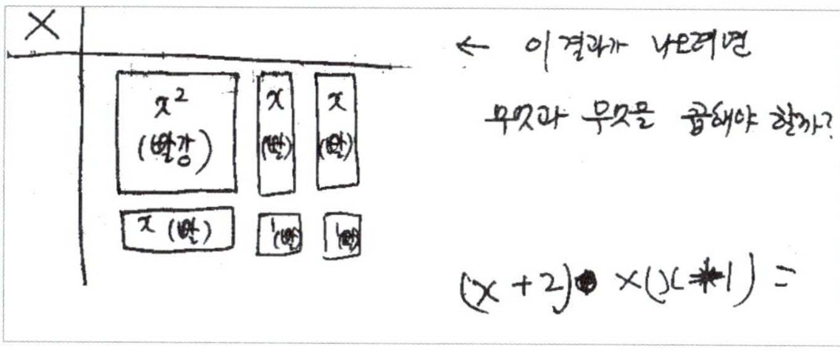

대수타일로 음수가 있는 다항식의 인수분해 지도를 시도하였다.

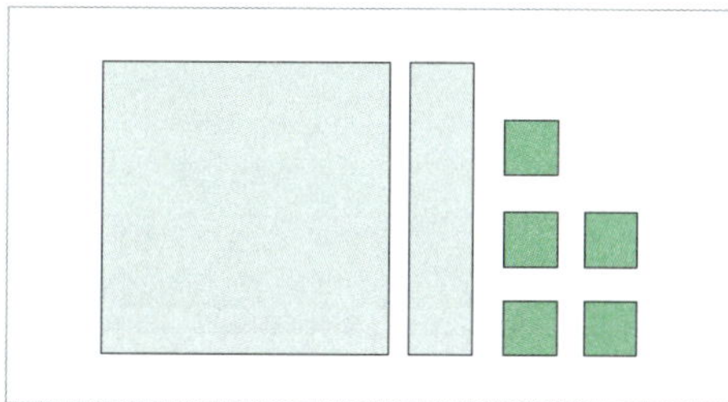

그림 3-7 x^2+x-6

〈예 10〉

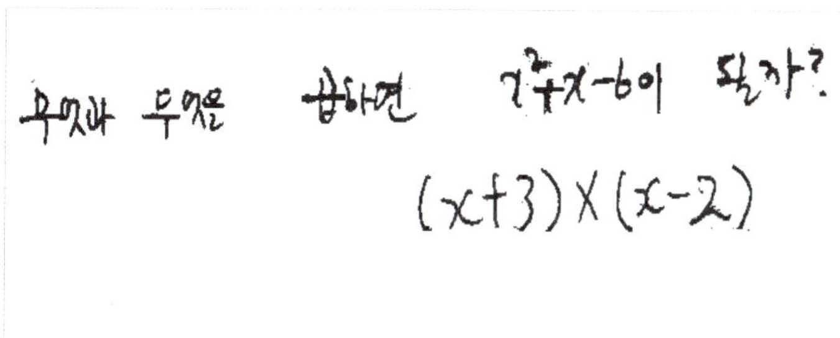

간단한 예로 <그림 3-7>과 같이 x^2+x-6을 나타내는 타일의 집합을 만들고, 이를 곱셈판 위에서 직사각형으로 구성해 나가는 조작 활동을 통해 x^2+x-6을 두 일차식의 곱으로 나타낸 답안이 <예 10>이다. <그림 3-8>은 이 과정에서 학생의 활동으로 기대되는 올바른 조작활동이다. <그림 3-8>에서 ①은 직사각형을

꽉 채우기 위해 0을 두 번 첨가하는 과정이고 ②는 같은 색의 타일끼리 배열하여 직사각형의 가로와 세로에 해당하는 타일을 찾는 과정이다.

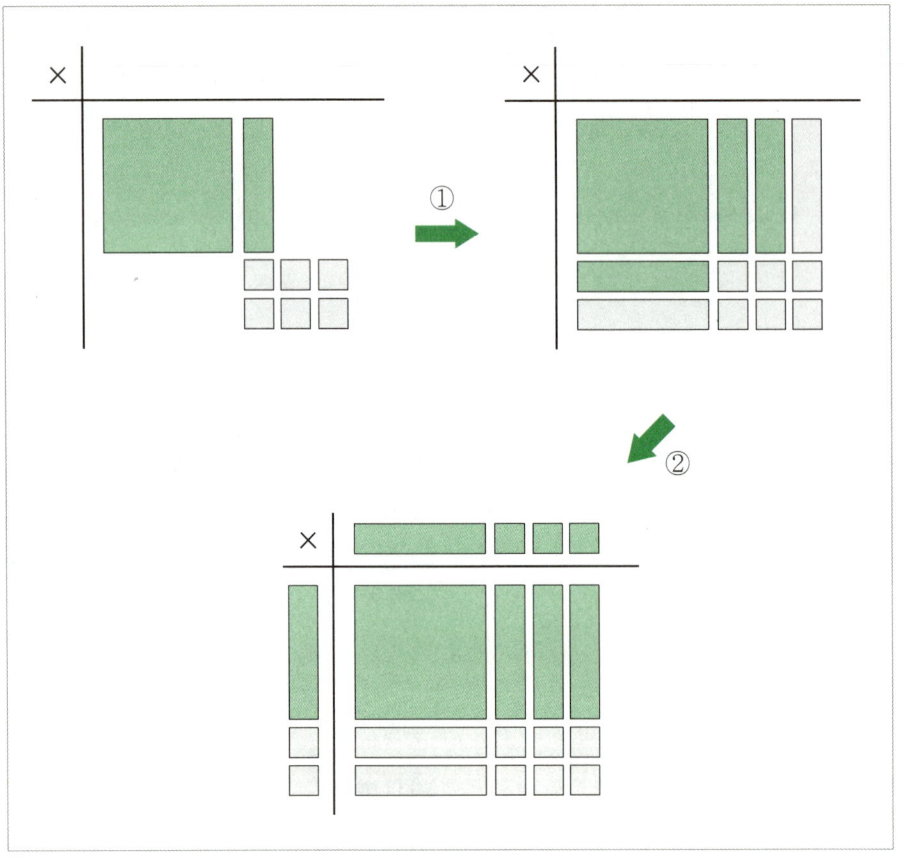

그림 3-8 음수가 있는 다항식 x^2+x-6의 두 인수를 찾는 과정

<예 11> 역시 학생들이 음수가 있는 다항식의 인수를 대수타일로 직사각형을 구성해 보면서 찾은 결과를 보여준다. <예 12>는 인수의 곱을 식으로 나타내지는 않았지만 자신이 생각한 조작활동을 문제 위에 그림으로 그려서 보여주고 있다. 인수분해를 본격적으로 배우기 이전인 중학교 1학년 학생들이라도 인수분해의 기본 아이디어를 기하적 해석을 통해 발견적으로 학습할 수 있음이 잘 드러나 있다.

〈예 11〉

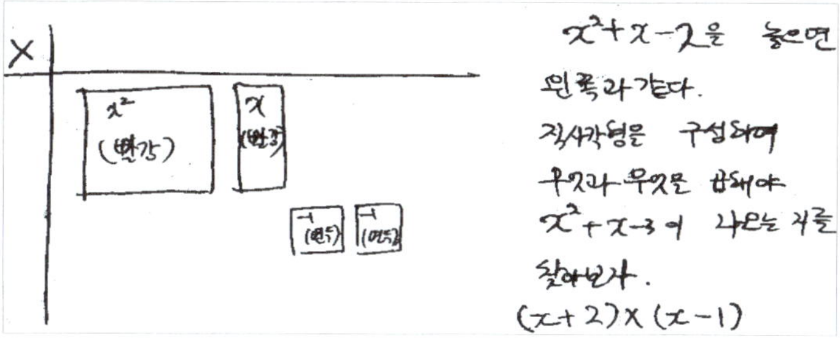

〈예 12〉

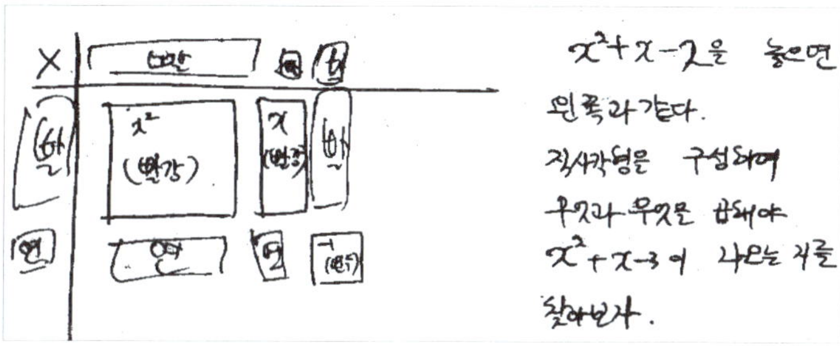

5) 실험 수업에서 본 교구 활용의 교육적 효과

교구를 활용한 실험수업을 관찰해보면 무엇보다도 수학 수업의 분위기가 생기있고 활발하며 교사의 단순한 설명식 수업보다 학생들의 참여도가 높다는 것을 알 수 있다. 실험 수당을 실시한 교사가 대수타일을 활용한 위 실험 수업에서 얻은 교육적 효과를 정리해 제시한 내용을 보면 다음과 같다.

첫째, 학생들의 능동적인 참여수업이 이루질 수 있다. 학생들은 손으로 만지고 다루면서 수학을 배워나가는 것에 상당히 흥미를 느꼈다. 조작활동을 하면서 수업시간에 교사의 설명을 아주 재미있게 듣는 학생들이 많았고 실험수업이 끝난 후에도 다음 시간에도 이러한 형태의 수업계획이 있는가를 물어보면서 다음 수업의 내용을 기대하는 학생들이 관찰되었다.

둘째, 교구를 이용한 수업에서는 학생들끼리 수학에 대해 이야기할 수 있는 기회를 주어 토론과 협동학습을 가능하게 하였다. 교구를 다루는 조작활동은 학생들에게 생각해 볼 문제 상황과 토론할 소재를 제공해 준다. 학생들은 수업시간에 수학에 대해 서로 이야기하는 경우에서 자신의 학습 내용을 되돌아보고 이해 상태를 점검하며, 동료들의 생각을 반영하여 사고를 발전시킨다.

셋째, 교구의 사용은 새로운 수학의 내용을 도입하는 단계에서 개념 이해를 도와주는 중요한 역할을 하였다. 추상적이고 형식적인 수학의 내용을 구체적인 조작 활동 속에서 다루게 되므로 학습해야 할 개념이 어떤 의미를 가지는 것인지에 대해 구체적인 이미지를 갖게 도와준다.

넷째, 수학에 대한 풍부한 해석의 기회를 제공하였다. 대수타일은 대수의 내용을 기하학적으로 해석할 수 있게 해 준다. 대수적인 기호 조작을 기하학적으로 해석하면서 개념의 의미를 시각화할 뿐만 아니라 대수와 기하의 연결성을 경험하게 한다.

다섯째, 학생들이 수학을 배우면서 느낄 수 있는 좌절감이나 불안을 조금이나마 해소시켜 줄 수 있었다. 교구를 다루는 일련의 활동은 대부분의 학생들에게 놀이와 같은 차원에서 재미와 흥미, 탐구의욕을 갖게 해준다. 산술에서 대수 단계로 접어들면서 문자기호를 이용한 대수적 처리를 어려워하는 학생들은 대수타일의 시각화로 기호조작을 이해하게 되면서 학습의 어려움을 완화할 수 있었다.

여섯째, 교구 활용은 교사에게 새롭고 쉬운 방식으로 학습 내용을 지도할 수 있도록 도와주었다. 교사는 변수가 포함된 다항식의 연산에서 동류항의 의미, 다항식의 전개에서 곱셈의 분배법칙, 인수분해에서 다항식을 인수의 곱으로 나타내는 것 등을 구체화된 시각적 자료를 가지고 학생들이 좀더 쉽게 접근할 수 있도록 설명할 수 있게 된다.

03 바람직한 교구 활용을 위한 검토

교사가 수학 수업에 교구를 활용하고자 한다면 우선 다루고자 하는 교구의 특징과 사용방법에 대해 명확히 이해해야 한다. 뿐만 아니라 교구의 조작활동이 수학의 내용 학습에 얼마나 도움을 줄 수 있는가, 교구의 사용이 이후 수학학습에 부정적인 영향을 줄 가능성은 없는가 등에 대한 충분한 검토를 해야 한다. 교구에 대한 이해와 검토가 선행되어야 교구를 어떤 수학 내용에, 어떤 범위에서, 어떤 방법으로 활용할 것인가를 교사가 신중하게 결정할 수 있다.

1) 수학 모델로서의 적절성

모델은 원형의 대체물로서 우리가 다루고자 하는 원래의 상황보다 인간 사고의 본성에 좀더 적합하게 만들어진 것이라고 볼 수 있다. 우리는 추상적이고 형식적인 것보다는 실제로 조작할 수 있는 것, 행동으로 조종 가능한 것에 더 익숙하다. 우리는 모델을 통하여 원래의 자료나 성질, 관계, 과정을 직관적으로 수용 가능한 형태로 바꾸어 해석할 수 있다.

좋은 모델은 원형에 충실한 것이어야 한다. 모델을 통해서 학습자가 원형에 대해 부정확하고 불완전한 해석을 하게 된다면 모델은 원형과 학습자 사이의 불완전한 중개자가 될 수 있다. 모델을 사용하는 것은 모델을 사용하여 생산적인 사고를 하기 위함인데, 수학의 경우에 문제해결자가 원형과 동형이 될 수 없는 모델에 너무 사로잡히게 되면 모델의 성질로부터 원형에 적절하지 않은 결론을 끌어낼 위험성이 증가한다. 특히 모델의 성질이 수학의 추론활동에 부적절하게 개입될 때 그 위험성은 더욱 커진다. 원형과 맞지 않은 모델의 성질이 학습자의 사고에 작용하게 되면 학습자가 원형의 개념을 다룰 때, 모델의 그러한 성질이 암묵적으로 작용하여 개념의 해석을 왜곡시킬 수도 있다.

대수타일을 예로 들어 설명해 보자. 대수타일은 다항식의 곱셈을 직사각형의 넓이모델로 설명한다. 대수타일의 넓이모델은 대수를 기하적인 아이디어로 해석하여 직관적이고 시각적인 이해를 할 수 있도록 도와준다. 그러나 다항식에 음수가 포함되면 대수타일의 넓이모델이 기하적으로 바르지 않은 경우가 발생되는 문제점이 생긴다. 이에 대한 설명을 위해 몇 가지 다항식의 전개를 예로 들어보자.

학생들에게 대수타일로 $(x+3)(x+2)$, $(x+3)(x-2)$, $(x-3)(x+2)$, $(x-3)(x-2)$의 곱셈을 실행해 보도록 한다고 생각해 보자. 아마도 학생들은 $(x+3)(x-2)$에서 곱셈을 할 때, $(x+3)(x+2)$에서 대수타일로 했던 조작활동과 똑같은 작업을 실행할 것이다. 다만, 식에 있는 -2와 곱셈의 결과에서 나오는 $-2x$, -6에 대해 반대부호를 나타내기 위해 $2x$, 6과 다른 색으로 된 타일을 사용하는 것만이 차이가 난다. $(x-3)(x-2)$에 대해서도 마찬가지로 학생들은 $(x+3)(x+2)$에서 했던 조작활동과 똑같은 작업을 할 것이다. 다만, 식에 있는 -2와 곱셈의 결과에서 나오는 $-2x$, $-3x$를 다른 색 타일로 사용하는 것만이 차이가 난다. $(x-3)(x+2)$의 곱셈에 대해서도 마찬가지이다.

우리가 여기서 생각해 보아야 할 것은 대수타일의 넓이모델은 $(x+3)(x+2)$, $(x+3)(x-2)$, $(x-3)(x+2)$,$(x-3)(x-2)$에 해당하는 직사각형을 구성했을 때 그 넓이가 사실상 모두 똑같이 나온다는 것이다. 이는 대수타일의 넓이모델이 중대한 결함을 가지고 있음을 암시한다. 왜냐하면 $x+3$은 분명히 $x-3$보다는 더 길어야 하고, $x+2$도 $x-2$보다는 더 커야 하기 때문이다.

교사가 수업시간에 직사각형의 두 변의 길이와 넓이의 관계에만 주목하고 서로 다른 직사각형끼리 그 넓이를 비교하는 문제는 간과할 수도 있다. 그러나, 학생들이 기하적으로 표현된 넓이와 연관지어 대수식을 이해하게 된다면 잘못된 개념 이미지를 갖게 할 가능성이 있음을 배제할 수 없다.

다항식의 곱셈결과에서 나타나는 면적의 크기 문제의 결함을 극복하기 위하여 대수타일의 조작 활동 일부를 다소 수정하여 지도하는 사례도 찾아볼 수 있다. 예를 들어, 다항식의 인수분해에서 음수를 다루게 될 때 조각들을 모두 펼쳐 직사각형으로 배열하지 않도 빼는 수에 해당되는 조각을 겹쳐 놓아 음수의 아이디어를 넓이의 축소로 지도하는 경우이다. <그림 3-9> ~ <그림 3-11>이 그 예이다. <그림 3-9>은 중학교 3학년을 대상으로 한 수행평가(프로젝트형)문항에 대한 예시답안 일부이고 <그림 3-10>와 <그림 3-11>은 수학교사들을 위한 수업활동 자료집에 실린 대수타일 활동자료이다. 이들 자료에서 제시한 방법은 직사각형의 넓이모델에서 발생하는 문제점을 해결하는 하나의 대안이 될 수 있다. 그러나 이 방법도 역시 한계를 드러낸다. 예를 들어 x^2-2x-1과 같이 음수의 절대값이 작은 경우에는 문제가 없지만 $x^2-18x+81$와 같이 음수의 절대값이 큰 계수가 포함된 다항식의 곱셈에서는 x^2타일 위에 $-x$타일을 모두 놓아 넓이를 축소한다는 것이 사실상 불가능해지기 때문이다. 왜냐하면 원래 주어진 크기보다 빼야할 크기가 더 커서 이론적으로는 넓이가 0보다 작아지는 엉뚱한 결과가 생기는 것이다.

◇ 이차식 x^2-2x+1의 인수분해

넓이가 x^2인 정사각형 1개, 넓이가 $-x$인 사각형 2개, 넓이가 1인 정사각형 1개를 가져온다. 넓이 x^2과 1을 더한 넓이에서 2x만큼 빼야 한다. 다른 대수막대 위에 얹어 놓으면 얹어 놓은 만큼의 넓이는 0이 되므로 그만큼의 넓이가 줄어들게 된다. 아래 그림과 같이 넓이가 x^2인 정사각형 위에 넓이가 $-x$인 직사각형을 엇갈리게 얹고 $-x$가 밖으로 나간 부분에 1을 얹으면 겹친 부분의 넓이는 0이 되어 없어지고 남은 부분은 넓이가 x^2-2x+1인 직사각형이 된다. 따라서 $x^2-2x+1=(x-1)^2$이다.

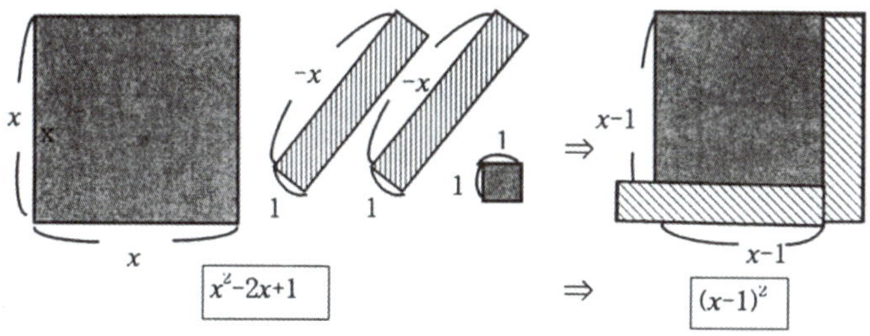

그림 3-9 대수타일에서 음의 계수를 가진 항의 처리(한국교육과정평가원, 1999; 172)

인수분해 활동지 3

학년 반 번 이름(   )

x^2+2x-3를 종이조각을 이용하여 인수분해해 보자.

x^2+2x-3는 큰 정사각형 1개(x^2), 직사각형 2개($2x$), 작은 녹색 정사각형 3개(-3)로 나타낼 수 있다. 이 6개의 조각을 책상 위에 놓은 다음 재배열하여 직사각형모양이 되게 해보자. 그대로는 잘 안될 것이다. 그러면 흰색 직사각형 1개(x)와 녹색직사각형 1개($-x$)를 더 가져다가 다시 시도해보자. $x+(-x)=0$ 이므로 식에는 변화가 없다!

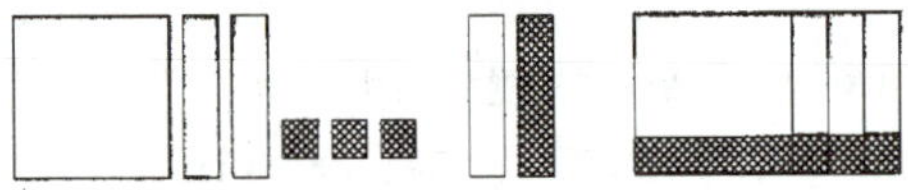

x^2+2x-3와 $(x+3)(x-1)$는 같은 넓이를 나타내기 때문에

$x^2+2x-3=(x+3)(x-1)$ 이다.

따라서, x^2+2x-3를 인수분해하면 $(x+3)(x-1)$이다.

활동

다음 각 식을 종이조각을 이용하여 인수분해해 보고, 아래에 그 결과를 그림으로 나타내어라.

1. x^2+3x-4
2. x^2+x-6
3. $x^2+3x-10$
4. $x^2+2x-15$

그림 표현

그림 3-10 넓이 축소로 음수를 처리(1)(수학사랑, 1999; 201)

인수분해 활동지 4

학년 반 번 이름(   )

x^2-2x-3를 종이조각을 이용하여 인수분해해 보자.

x^2-2x-3는 큰 정사각형 1개(x^2), 녹색 직사각형 2개($-2x$), 작은 녹색 정사각형 3개(-3)로 나타낼 수 있다. 이 6개의 조각을 책상 위에 놓은 다음 재배열하여 직사각형모양이 되게 해보자. 그대로는 잘 안될 것이다. 그러면 흰색 직사각형 1개(x)와 녹색직사각형 1개($-x$)를 더 가져다가 다시 시도해보자. $x+(-x)=0$ 이므로 식에는 변화가 없다!

x^2-2x-3와 $(x+1)(x-3)$는 같은 넓이를 나타내기 때문에

$x^2-2x-3=(x+1)(x-3)$이다.

따라서, x^2-2x-3를 인수분해하면 $(x+1)(x-3)$이다.

활동

다음 각 식을 종이조각을 이용하여 인수분해해 보고, 아래에 그 결과를 그림으로 나타내어라.

1. x^2-x-2
2. x^2-3x-4
3. x^2-x-6
4. x^2-2x-8

그림 표현

그림 3-11 넓이 축소로 음수를 처리(2)(수학사랑, 1999; 203)

다항식의 곱셈을 표현한 대수타일의 넓이모델은 완전하지 않다는 것을 수학교사가 인식하는 것은 매우 중요하다. 대수타일이 다항식의 연산을 완전하게 설명할 수는 없다는 것을 교사가 분명히 인식하고 있어야만, 자신의 수업에서 이 교구를 어느 정도의 학습 범위에서 활용해야 할 것인가를 지혜롭게 결정할 수 있다. 다시 말하면, 수학교사는 다루고자 하는 교구가 수학 모델로서 완전한가의 여부를 살펴보고 그 한계점을 분명히 인식해야 만이 적절한 수준과 범위에서 교구를 활용할 수 있는 안목을 가질 수 있게 되는 것이다.

2) 교구 활용에 대한 비판적 시각

학교수학의 교수·학습에 교구를 활용하는 것은 활동주의 수학교육, 구체적 조작 활동에 대한 관심과 함께 대체로 긍정적인 지지를 받는 경우가 대부분이다. 그러나 때로는 교구 활용에 대해 비판적인 입장을 보이는 사람들도 있다. 어떤 수학교육학자들은 특정한 교구가 갖고 있는 문제점이 무엇인지를 설득력있게 제시하기도 한다. 교구를 활용하려는 교사는 다루고자 하는 교구를 바르게 이해하고 사용하기 위해, 교구의 활용에 대한 비판적 입장의 시각을 참고하는 것이 좋다.

교구 사용에 대한 비판적인 시각의 내용 사례를 퀴즈네어 막대의 경우를 예로 하여 살펴보자. 피아제는 수학교육에 퀴즈네어 막대를 활용하는 것에 대해 상당히 긍정적인 입장을 보였지만 한편으로는 수학학습에 영향을 주는 색채에 의한 형상적 측면, 곧 지각과 이미지가 항상 우선시될 위험성이 있다는 것을 지적하기도 하였다(우정호, 1998; 177). 또한 퀴즈네어 막대를 활용하는 다양한 방법들이 여러 경로를 통해 제시되고는 있지만 실제 수학학습에 활용될 때에는 의외의 해석, 변형된 방법으로 응용되는 경우가 많아서, 퀴즈네어 막대를 사용하는 통일된 방법이 존재하기 어렵다는 것을 지적하였다. 따라서 피아제는 퀴즈네어 막대에 대한 교사의 충분한 이해가 없이는 이 교구를 활용한 교수·학습에서 그다지 큰 교육적 효과를 얻기 어려울 수도 있다고 말하였다(Piaget, 1970; 50).

퀴즈네어 막대는 크기에 따라 다른 색으로 구분하기 때문에 수나 다른 기호를 사용하지 않고도 여러 패턴이나 관계를 나타낼 때 색이 중요한 역할을 할 수 있다[12]. 그러나 수 사이의 대수적 관계를 색 사이의 관계로 대치하는 것이 과연 유용한가에 대한 논쟁도 있다. '2 + 4 = 6'을 나타내는 <그림 3-12>의 막대의 배열은 (빨강) + (분홍) = (초록)으로 설명되는데 이 등식이 실제 색깔사이의 관계를 나타낼 수는 없는 것이다. 즉, 빨간색과 분홍색을 섞으면 현실적으로 초록색이 나오는 것은 아니다. 이런 부분에 대한 문제를 어떻게 해결할 것인가에 대한 논의는 아직도 구체적으로 제시되지 않았다.

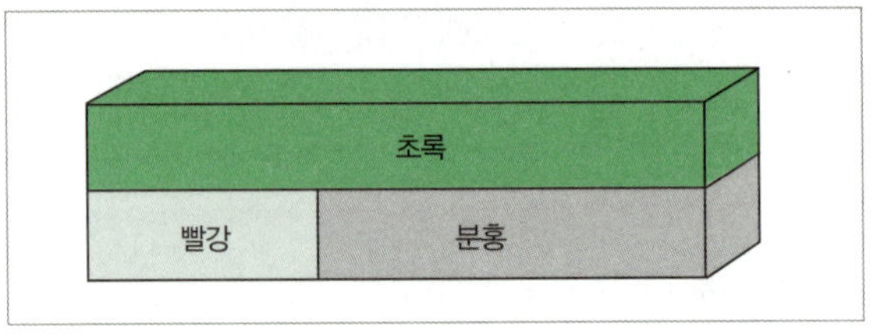

그림 3-12 '2+4+6'의 막대 배열

퀴즈네어 막대 활용의 효과를 연구한 프로그램들 중에는 보통의 방법으로 지도한 그룹과 퀴즈네어 막대를 활용하여 지도한 그룹을 비교하여 다양한 테스트를 실행한 것이 있는데, 어떤 실험 결과는 실험집단과 통제집단 사이에 의미있는 차이를 보이지 않았다는 결과로 교구의 효율성에 대해 의문을 제기하기도 한다. 또 어떤 실험 결과는 교사가 가르치고자 하는 수학의 내용을 잘 분석하고, 학생의 수준, 심리를 충분히 고려하면서 퀴즈네어 막대의 조작활동을 효과적으로 사용한 경우에 있어서만 부분적으로 학생들의 학습이 진전되었음을 보여주기도 한다. 맹목적인 퀴즈네어 막대 사용에 대한 우려의 시각도 있다. 수학교육자 딘즈가 바로 그러한 입장을 취하고 있는데, 그는 퀴즈네어 막대의 유용성을 인정하기는 하지만 교실에서 그 자료만을 유일하게 사용하는 것에 대해서는 유보의 입장을 나타내었다. 그는 아동의 학습이 구체적 자료에만 국한될 수 있다는 가능성 그리고 이것이 원하는 개념을 추상화시키는 과정을 방해할 수도 있다는 가능성을 강조하였다 (Resnick & Ford, 1981; 120). 딘즈는 아동의 수학학습이 특정 구체물에 얽매이게 되어 오히려 개념의 추상화 과정을 방해할 가능성도 있음을 조심스럽게 지적하고 있는 것이다(강완, 백석윤, 1998; 169).

12) 어떤 학생이 퀴즈네어 막대로 '빨간색 막대 1개와 주황색 막대 1개를 연결한 길이는 주황색 막대 1개와 빨강색 막대 1개를 연결한 길이와 같다'는 사실을 발견한 것은 산술의 기본 법칙 중 하나인 교환법칙 (빨강) + (주황) = (주황) + (빨강)을 나타내는 대수적 모델을 세운 것과 다름이 없는 것이다.

3) 교구에 의한 오개념 형성 가능성

교구가 수학의 원형을 충실하게 반영하는 모델로서 완전한가의 문제, 교구 활용에 대한 비판적 시각의 내용들을 검토하는 것과 더불어 교구로 인한 학습의 어려움이나 새로운 오개념 형성의 가능성이 있는가에 대해서도 생각해 볼 필요가 있다. 2장에 소개된 교구 중에서 대수타일을 예로 하여 교구 사용으로 인해 유발될 수 있는 오개념과 학습의 어려움을 생각해 본다.

● 대수타일 교구의 사용으로 인한 오개념 사례

① x는 양수이고 $-x$는 음수라고 생각하는 오개념

음수의 표현은 다항식의 조작모델에서 가장 논쟁의 여지가 많은 부분이다. 대수타일은 음수와 양수를 타일의 색으로 구분하여 다룬다. 양수를 나타내는 타일의 색이 A라면, 다른 색 B로 칠해진 같은 크기의 타일은 음수를 나타낸다. 예를 들어 1, x 타일을 빨간색으로 하면 -1, $-x$ 타일은 크기는 각각 같지만 다른 색으로 나타낸다. 대수타일은 색으로 서로 다른 부호를 구분하기 때문에 학생들은 x는 양수이고 $-x$는 음수라는 생각을 가지기 쉽다. 이는 변수에 대한 잘못된 해석을 낳게 된다.

이러한 오개념 가능성의 문제를 해결하기 위해 대수타일의 색을 고정시켜 항상 정해진 색의 규칙에 따라 양과 음을 다루지 말고, 양과 음에 대한 타일의 색을 서로 바꾸어(즉, B색깔의 타일을 양수로 하고 A색깔의 타일을 음수로 바꾸어) 기존에 했던 동일한 조작을 반복해보는 경험을 제공하는 것이 도움이 될 수도 있다.

② −를 포함한 복잡한 다항식의 연산 어려움

대수타일로 다항식의 연산이나 인수분해를 하는 조작 활동에서 가끔 똑같은 개수 만큼 음수 타일과 양수 타일을 첨가하는 경우가 종종 있다. 이는 주어진 식의 값은 그대로 유지하면서 필요한 만큼 0을 첨가하는 과정에서 발생한다. 앞에 제시된 <그림 3-8>의 경우가 그 예가 된다.

역사적으로 음수가 그 존재를 정당하게 인정받기까지 오랜 시간이 걸렸다. 수와 관련된 수학의 역사에는 아무 것도 없는 것 즉, 0보다 더 작은 것이 과연 무엇인가, 작은 것에서 큰 것을 빼면 그 결과가 어떻게 되는 것인가, 그것을 어떻게 표현할 수 있는가… 등의 문제를 해결하고자 오랫동안 고민했던 흔적이 스며들어 있다. 대수타일의 조작 활동에서도 음수를 처리하는 것과 관련된 여러 의문들이 여전히 존재한다. 대수타일로 다항식의 차를 다루는 몇 가지 경우를 살펴보자.

<그림 3-6>과 같이 $(2x^2+3x+5)-(x^2+2x+2)$는 이미 존재하는 타일에서 몇 개의 타일을 빼는 활동으로 지도한다. 학생들이 $5x-(x-1)$와 같은 식을 대수타일로 조작하려면 어떻게 해야 하는가? 일반적으로 기호적 조작에서는 괄호가 있을 때에는 이를 먼저 없애고 처리할 수 있는데, 대수타일에서는 괄호를 어떻게 처리하는가? 대수타일로 위 문제를 해결하려면 <그림 3-6>에 제시된 문제해결활동과 같이 앞의 식을 나타내는 타일의 집합에서 뒤의 식을 나타내는 타일의 집합을 빼야한다. 뒤의 식을 어떻게 빼야 하는가? 이를 해결하려면 $5x$를 $5x+0$으로 생각하여 $5x+1-1$에 해당하는 타일의 집합을 만들고 여기서 x 한 개와 -1 한 개를 빼야 한다. 빼는 행위를 정당화하기 위해 앞의 항에 빼야할 타일이 모두 들어 있도록 0에 해당하는 적당한 개수의 타일을 첨가하는 과정을 지도해야 한다. 음수를 실재로서 받아들인 일부 학생들의 이해 수준에서는 빼는 식에 해당되는 타일을 미리 만들어 놓아야 한다는 조작행위 자체가 불필요한 작업으로 느껴질 수도 있다. 다항식의 연산을 모두 대수타일을 이용하여 해결하려하는 시도는 무모해 보인다. 특히 뺄셈과 함께 괄호가 있는 복잡한 다항식의 경우에는 대수타일의 활용이 오히려 학습의 어려움을 가중시킬 수도 있다.

한편, 대수타일의 조작 활동은 삼차 이상의 다항식의 연산에는 적용될 수 없다. 따라서 다항식의 연산을 위해 수업시간에 다루는 모든 문제를 대수타일로 구체화하려는 시도는 바람직하지 않다. 대수타일의 활용은 간단한 다항식에서 동류항의 의미를 지도하거나, 동류항끼리의 합과 차를 시각적으로 설명하거나, 간단한 다항식의 연산을 조작 활동으로 보여주는 정도의 범위 내에서 수업에 이용되는 것이 바람직할 것으로 보인다.

③ 이미 알고 있는 개념을 다룰 때의 비효율성

개념적으로 이미 이해가 되어 있는 학습내용을 대수타일의 조작 활동으로 다시 학습하는 경우는 학생들에게 오히려 불필요한 학습과정을 부과시키는 상황이 연출될 수도 있다.

중학교 3학년 학생들에게 이 활동을 실시한 바 있는데 몇 가지 문제점이 발견되었다. 이미 인수분해 내용을 미리 배운 경험이 있는 학생들이 상당수 있어서 타일을 이용하는 것을 오히려 번거롭게 여기는 현상이 발생한 점이다. 이런 현상은 이미 알고 있는 알고리즘을 그대로 행하는 데 구체적 조작물을 사용하는 것이 때로는 비효과적일 수도 있다는 선행연구의 결과와도 일치하는 것이다. 따라서 대수타일 사용 활동은 인수분해를 배우기 이전에 발견적인 학습과정에 도입해야 한다고 생각한다(김효정, 1995; 63).

교구를 다루는 시기는 교구 사용에 의한 학습의 효과가 극대화될 때가 가장 좋을 것이다. 김효정(1995)의 연구는 이미 형식적인 사고 수준에서 인수분해를 학습한 학생들에게는 대수타일의 조작이 오히려 학습에 방해가 될 수도 있음을 암시한다. 대수타일의 활용수업은 학습 내용의 새로움과 신선감이 유지될 수 있고 발견적 학습의 흥미를 자아낼 수 있는 시기에 계획되어야 할 것이다. 3장 2절에 소개된 수업 사례처럼 개념을 명시적으로 다루기 이전 단계에서 개념에 대한 아이디어와 심상을 다루는 목적으로 교구를 활용한 수업을 진행하는 것이 바람직해 보인다.

부 록

-교구 종이 모형-

① 기하판 종이 모형

② 딘즈블럭 종이 모형

③ 퀴즈네어 막대 종이 모형

④ 탱그램 종이 모형

⑤ 대수타일 종이 모형

① 기하판 종이 모형

② 딘즈블럭 종이 모형

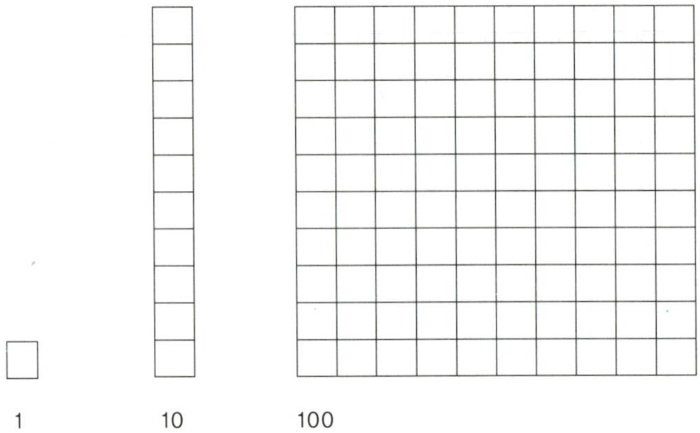

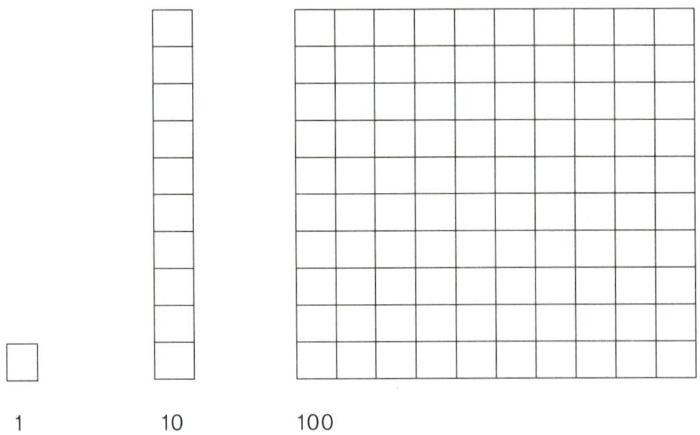

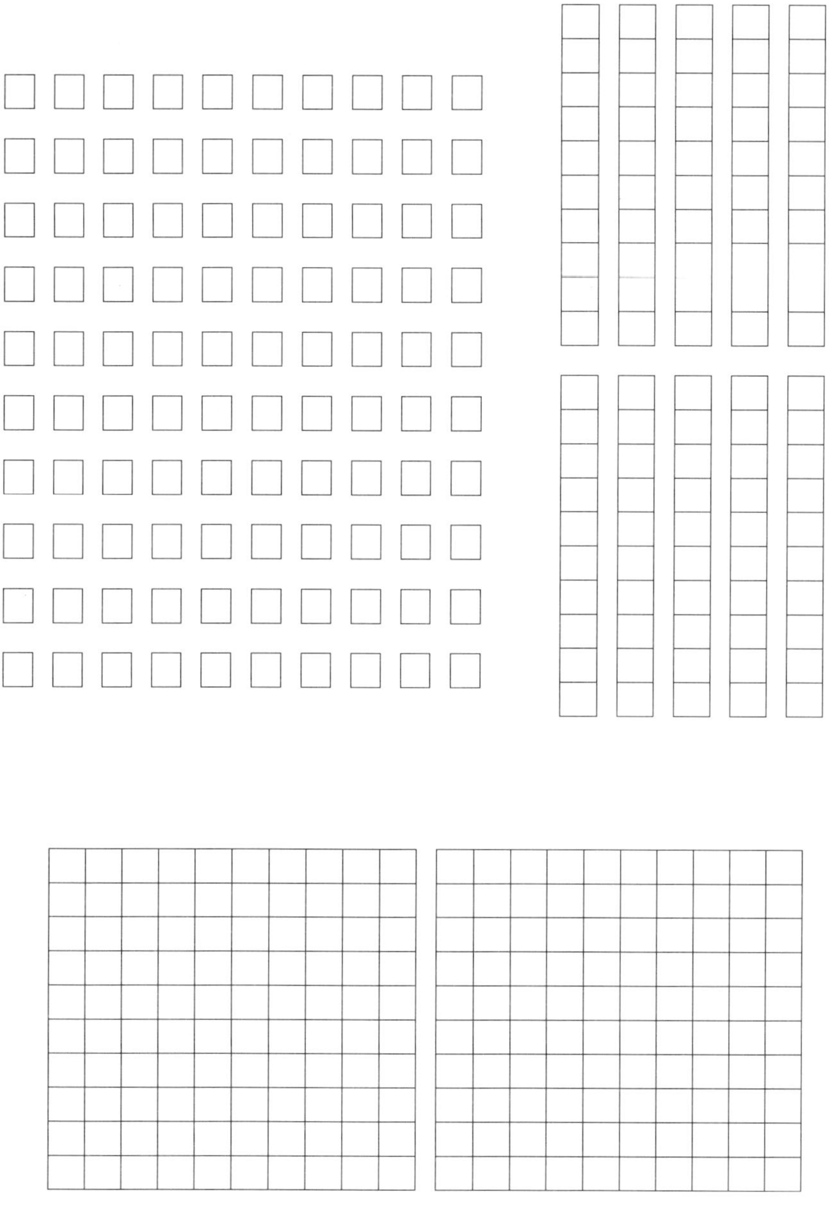

③ 퀴즈네어 막대 종이 모형(직육면체 막대를 직사각형으로 표현함)

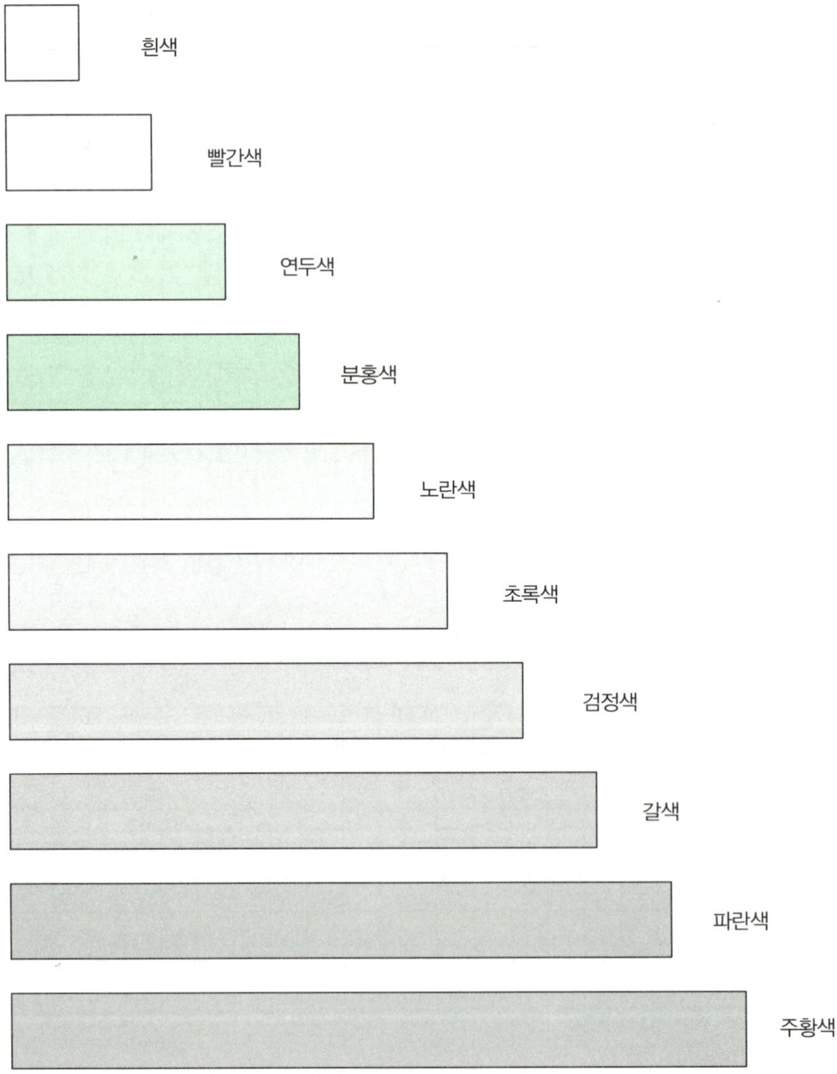

④ **탱그램 종이 모형**

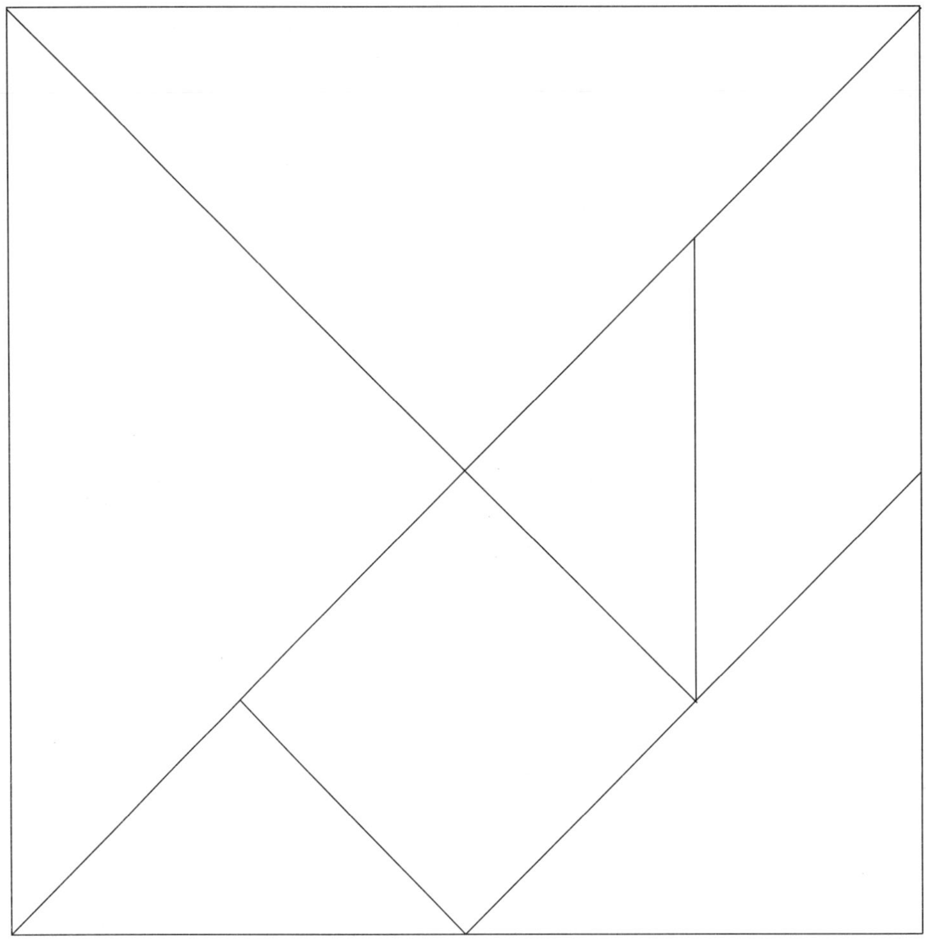

⑤ 대수타일 종이 모형

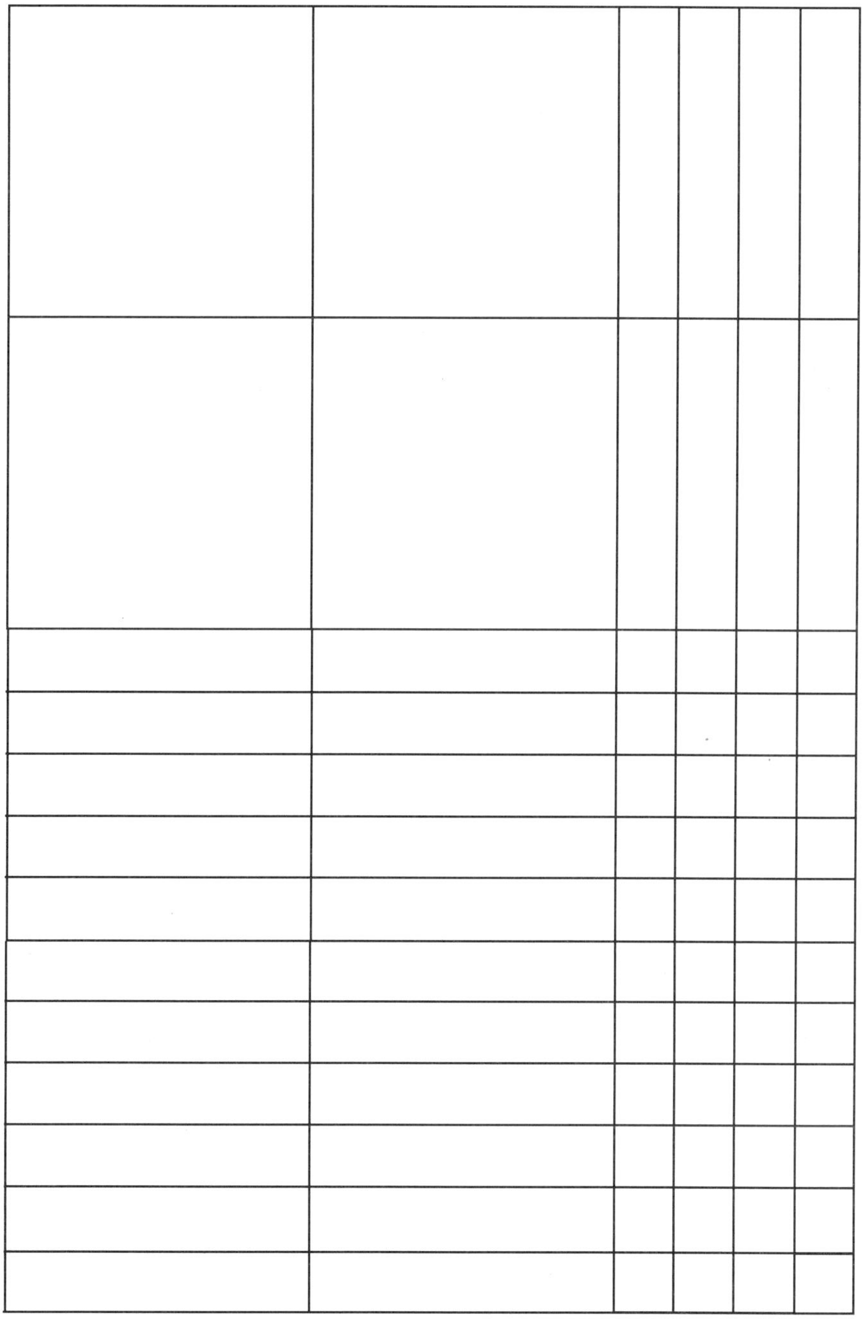

(1, x, x^2 용)

(1, y, y^2 용)

(xy 용)

참고문헌

- 강문봉 외 12인 (2001). **초등 수학교육의 이해.** 경문사.
- 강옥기 외 2인 (2000). **중학교 수학 7-나.** (주)두산
- 강옥기 외 2인 (2001). **중학교 수학 8-가.** (주)두산
- 강완 · 백석윤 (1998). **초등수학교육론.** 동명사.
- 강흥규 (2005). **Dewey의 경험주의 수학교육론 연구.** 서울대학교 대학원 박사학위 논문.
- 교육인적자원부 (2000). **수학 2-가.** 대한교과서주식회사.
- 교육인적자원부 (2000). **수학 익힘책 2-가.** 대한교과서주식회사.
- 교육인적자원부 (2001). **수학 3-가.** 대한교과서주식회사.
- 교육인적자원부 (2001). **수학 4-가.** 대한교과서주식회사.
- 강행고 외 8인 (2002). **중학교 수학 9-가.** (주)중앙교육진흥연구소
- 교육부 (1997). **수학과 교육과정.** 대한교과서주식회사
- 교육부 (1997). **수학 5-1.** 국정교과서주식회사
- 교육인적자원부 (2007). **수학과 교육과정.** 대한교과서주식회사.
- 김남희 (1999). 수학의 기본 구조 지도와 딘즈블럭, **대한수학교육학회지 학교수학 제1권 제1호.** 305-324.
- 김남희 (1999). 학교수학 학습에서의 퀴즈네어 막대 활용, **대한수학교육학회지 학교수학 제1권 제2호.** 699-721.
- 김남희 (2000). 교구 이용에 대한 교수학적 논의, - 대수 모델의 활용 사례를 통한 교구의 효과 분석을 중심으로 -, **대한수학교육학회지 학교수학 제2권 제1호.** 29-51.
- 김남희 (2000). 대수타일을 이용한 수학학습, **대한수학교육학회지 학교수학 제2권 제1호. 259-281.**
- 김남희 (2000). 탱그램 활용을 통한 수학적인 생각의 구체화. **대한수학교육학회지 학교수학 제2권 제2호,** 563-587.
- 김남희 (2001). 기하판을 활용한 학교수학의 지도. **대한수학교육학회지 학교수학 제3권 제1호,** 155-184.
- 김남희 외 5인 (2006). **수학교육과정과 교재 연구.** 경문사
- 김연식 · 김흥기 (1994). **중학교 수학 1.** 두산동아.
- 김연식 · 우정호 · 박영배 · 박교식 (1994). 수학교육학 용어 해설(1), **대한수학교육학회 논문집 제4권 제2호,** 245-260.

- 김용태 · 황우형 · 이중권 · 안병곤 (1998). **진단과 처방수학**. 경문사.
- 김응태 · 박한식 · 우정호 (1985). (증보) **수학교육학개론**. 서울대학교 출판부.
- 김지선 · 김용태 (2008). 퀴즈네어 막대를 활용한 효율적인 분수 나눗셈에 관한 연구, **수학교육학논총 제 32집,** 대한수학교육학회, 161–179.
- 김효정 (1995). 구체적 조작물을 이용한 활동 지향적 수학 수업에 관한 연구, 교육학 석사 학위 논문, 이화여자 대학교 교육대학원.
- 대한수학교육학회 (2000). Realistic Mathematics Education. **2000년도 하계 집중세미나(제 30회)자료집.**
- 박교식 (2004). **탱그램 다시보기**. 수학사랑.
- 수학사랑 (1999). **수학사랑 1999년 여름호**. 통권 16호.
- 수학사랑 (1999). 수학사랑에서만 쉬~리, **제 2회 수학사랑 세미나팀 연구 발표회 자료집.** 197–207.
- 수학사랑 (2000). **수학사랑 2000년 10월호**. 통권 23호.
- 우정호 (1998). **학교수학의 교육적 기초**. 서울대학교출판부.
- 우정호 (2000). **수학 학습 – 지도 원리와 방법**. 서울대학교출판부.
- 이영자 (1995). **유아를 위한 교수매체 (13판)**. 서울:교문사.
- 이영주 · 장인옥 · 김동우 (1999). 수학교육에서의 퀴즈네어 막대 활용방안, 한국수학 교육학회지 시리즈 F, **수학교육 학술지 제 3집**, 29–67.
- 이인환 · 류기천 · 이석희 (1999). 수학교육과 탱그램 활동. 한국수학교육학회시리즈 F, **수학교육학술지 제 3집**. 139–168.
- 이준열 · 장훈 · 최부림 · 이상은 (2000). **중학교 수학 7–나**. (주)도서출판 디딤돌.
- 임재훈 외 7인 (2001). **고등학교 수학 10–나**. (주)두산.
- 전평국 (1999). 수학과 교수 · 학습에서의 교수매체의 역할. 한국수학교육 학술지 시리즈 F, **수학교육 학술지 제 3집**, 21–25.
- 조태근 · 임성모 · 정상권이재학 · 이성재 (2002) **중학교 수학 9–가**. (주)금성출판사.
- 片桐重男 (1988). **數學的인 생각態度와 그 指導 II: 問題解決過程과 發問分析**(이용률 외 3인 역, 1992). 경문사.
- 한국교육과정평가원 (1998). 중학교 수학과 수행평가 시행방안 및 자료개발 연구 참고자료집. 한국교육과정평가원 수학교육연구실.
- 한국교육과정평가원 (1999). 중학교 수학과 수행평가 시행방안 및 자료 개발 연구. **연구보고 CRE 99–5,** 170–174.
- 한국수학교육학회 (1999). 제 1 회 초등학교 수학 교수 방법 개선을 위한 워크샵;

주제: 제7차 교육과정 적용을 위한 교수매체 활용. 한국수학교육학회지 시리즈 F, **수학교육 학술지 제3집.** 29–168.

- 황혜정 외 5인(2001). **수학교육학신론.** 문음사.

- Anghileri, J. & Johnson, D., C.(1992). Arithmetic Operations on Whole Numbers: Multiplication and Division. In Post, T., R.(ed), *Teaching mathematics in Grades K–8: Research–Based Methods, 2nd ed.*, Allyn and Bacon, 157–200.
- Behr, M., J. & Post, T., R.(1992). **Teaching Rational Number and Decimal Concepts, In Post, T., R.(ed),** *Teaching mathematics in Grades K–8:Research–Based Methods, 2nd ed.*, Allyn and Bacon, pp.201–248.
- Copeland, R., W.(1970). *How Children Learn Mathematics: Teaching Implications of Piaget's Research.* The Macmillan Company.
- Dewey, J. & McLellan, J. A.(1895). **The Psychology of Number: And Its Applications to Methods of Teaching Arithmetic.** New York: D. Appleton & Company.
- Dienes, Z., P.(1960). **Building up Mathematics.** Hutchinson Educational.
- Freudenthal(1973). **Mathematics as an Educational task.** D. Reidel Publishing Company.
- Gattegno, C.(1963). **For the Teaching of Mathematics, Vol.2,** Educational Explorers Company.
- Geddes, D. & Fortunato, I. (1993). Geometry: Research and Classroom Activities. In *Research Ideas for the classroom: Middle Grades mathematics (NCTM).* 199–222.
- Jamski, W., D.(1990). **Mathematical Challenges For The Middle Grades From The Arithmetic Teacher.** NCTM.
- Moser, J., M.(1992). Arithmetic Operations on Whole Numbers: Addition and Subtraction, In Post, T., R.(ed), **Teaching mathematics in Grades K–8:Research–Based Methods, 2nd ed.,** Allyn and Bacon, 123–155.
- NCTM(1989). **Curriculum and Evaluation Standards for School Mathematics.** 수학교육과정과 평가의 새로운 방향(구광조 외 2인 역, 1992). 경문사.
- NCTM(2000). **Principles and Standards for school Mathematics.** The

National Council of Teachers of Mathematics.

- Piaget, J. (1970). **Science of Education and the psychology of the child, translated from the French by Derek Coltmn,** Orion Press New York.
- Resnick, L. B. & Ford, W. W. (1981). **The psychology of mathematics for instruction. Hillsdale,** NJ; lawrence Erlbaum Associates, 구광조 외 2인 역 (1995). **수학 학습 심리학**. 교우사.
- Robert., E., R. et al. (1998). **Helping Children Learn Mathematics,** 강문봉 외 18인 역(1999), **초등 수학 학습 지도의 이해**. 양서원.

- http://cf.synergylearning.org/displayarticle.cfm?selectedarticle=591
- http://hometown.aol.com/sth777/page24.html
- http://mathforum.org/alejandre/algfac1.html
- http://plato.acadiau.ca/courses/educ/reid/Virtual-manipulatives/tiles/tiles.html
- http://www.cuisenaire.co.uk/
- http://www.iit.edu/%7Esmile/ma8711.html

Index

⑮ 초등수학교육

예비교사와 현직교사를 위한

학교수학과 교구

지은이 김남희
펴낸이 박문규
펴낸날 2008년 9월 1일
펴낸곳 KM 경문사
등 록 1979년 11월 9일 제9-9호
주 소 121-818, 서울특별시 마포구 동교동 184-17
전 화 (02)332-2004 팩스 (02)336-5193
E-mail kms2004@kyungmoon.com

값 13,000원

ISBN 978-89-6105-138-5
ISBN 89-7282-760-6 (세트)

경문사 중등수학 교육학시리즈

1. 새 교수·학습이론에 의한 수학교육론
신현성 지음/398쪽/2007

2. 수학과 교재론 (제3판)
석용징·신현성·이준열 지음/472쪽/2005

3. 수학적 문제해결
신현성·김경희 지음/432쪽/1999

4. 고등수학적 사고
데이비드 톨 지음/류희찬 외 옮김
386쪽/2003

5. 수학과 학습지도와 평가론 (제2판)
강옥기 지음/270쪽/2004

6. 문제해결의 수학적 전략
스티븐 G. 크란츠 지음/좌준수 외 옮김
520쪽/2006

7. 증명의 본질
Harold P. Fawcett 지음/장경윤 외 옮김
168쪽/2006

8. 수학수업 Know-how
쿠조 쯔네죠 지음/김부윤·이영숙 옮김
262쪽/2006

9. 퇴플리츠의 미분적분학
Otto Toeplitz 지음/우정호 외 옮김
218쪽/2006

10. 예비교사와 현직교사를 위한
수학교육과정과 교재연구
김남희 외 지음/416쪽/2006

11. 한 줄에 꿰는 수학이야기
Lewinter·Widulski 지음/장경윤 옮김
300쪽/2004

12. 중등수학 교재연구
강옥기 지음/520쪽/2006

13. 수학의 철학과 역사
Anglin 지음/류희찬 외 옮김/368쪽/2006

14. 간추린 수학사
Struik 지음/장경윤 외 옮김/290쪽/2002

15. 학교수학을 위한 원리와 규준 (제2판)
(Principles and Standards for School Mathematics)
NCTM 지음/류희찬 외 옮김/490쪽/2007

16. 수학걱정 뛰어넘기
Shiela Tobias 지음/허혜자 옮김
244쪽/2005

17. 우리나라의 수학교육과정
이중권 지음/552쪽/2004

18. 세계 여러 나라의 수학교육과정
이중권 지음/268쪽/2004

19. 수학을 하려면 엑셀을 밟아라 (제2판)
고상숙 지음/240쪽/2007

20. 수학수업 Know-how 2
쿠조 쯔네죠 지음/김부윤·이영숙 옮김
262쪽/2007

21. 수학지도 설계 및 수업모형
신현성 지음/306쪽/2008

22. 통계교육 (제2판)
김응환·이석훈 지음/418쪽/2007

23. 예비교사와 현직교사를 위한
수학교육에서의 컴퓨터 활용
김남희· 박경미 지음/292쪽/2008

24. 수학교육학 연구방법론
우정호 외 지음/260쪽/2006

경문사 초등수학 교육학시리즈

1 초등수학교육의 이해 (제2판)
김수미 외 지음/296쪽/2007

2 수학 학습 심리와 교수-학습전략
박성택 지음/268쪽/2006

3 초등수학교육의 이해 (제2판)
최창우 지음/404쪽/2007

4 수학교육론
린 D. 잉글리쉬·그레엄 S. 핼포드 지음
고상숙 외 옮김/470쪽/2004

5 Piaget의 발생론적 인식론을 적용한 수학수업 1학년
Constance Kamii 지음/ 강완 외 옮김
310쪽/2005

6 Piaget의 발생론적 인식론을 적용한 수학수업 2학년
Constance Kamii 지음/ 강완 외 옮김
262쪽/2006

7 Piaget의 발생론적 인식론을 적용한 수학수업 3학년 (증보)
Constance Kamii 지음/ 강 완 외 옮김
316쪽/2008

8 테크놀로지와 함께하는 수학교육
권성룡 외 지음/366쪽/2006

9 수학의 힘을 길러주자
권성룡 외 지음/618쪽/2005

10 구성주의에 입각한 초등수학 학습·지도
나카하라 다다오 지음/임문규 옮김/194쪽/2007

11 문제해결을 통한 수학적 경험
이대현 외 지음/268쪽/2006

12 구성주의 수학교실－나눗셈
마리안 위켓 외 지음/김진호 외 옮김
384쪽/2007

13 어린이의 마음을 알면 교육이 보인다
－임상면담의 첫걸음－
Herbert P. Ginsburg 지음/신준식 외 옮김
276쪽/2007

14 초등수학 교육론
강완 지음/330쪽/2008

15 예비교사와 현직교사를 위한
학교수학과 교구
김남희 지음/216쪽/2008